供应链数据分析实战

Excel+Power BI

尚西 著

机械工业出版社
CHINA MACHINE PRESS

本书基于 Excel 和 Power BI 两大工具，从基础功能讲起，通过丰富的案例详细讲解供应链数据分析常用的技术和方法，帮助读者快速入门。全书共 9 章：供应链数据分析概述、供应链数据分析常用的方法与工具、数据分析利器——Excel、数据分析利器——Power BI、供应链预测分析、生产数据分析、采购数据分析、物流数据分析、使用 Power BI 制作供应链数据分析可视化看板。

本书通俗易懂、循序渐进、内容全面、讲解详细、案例丰富、实用性强，适合从事销售、计划、采购、生产、仓储物流等供应链相关领域的职场人士学习参考，也可作为大专院校的教材。

本书配有全套案例文件、案例数据集、教学 PPT 课件，读者可通过扫描关注机械工业出版社计算机分社官方微信公众号——IT 有得聊，回复 78620，或添加作者微信（574606609）获取。

图书在版编目（CIP）数据

供应链数据分析实战：Excel+Power BI / 尚西著.
北京：机械工业出版社，2025.6. -- ISBN 978-7-111-78620-7

Ⅰ．F252.1

中国国家版本馆 CIP 数据核字第 2025UK0044 号

机械工业出版社（北京市百万庄大街 22 号　邮政编码 100037）
策划编辑：王　斌　　　　　　　　　责任编辑：王　斌　马新娟
责任校对：任婷婷　张慧敏　景　飞　责任印制：任维东
天津市光明印务有限公司印刷
2025 年 7 月第 1 版第 1 次印刷
184mm×240mm・14 印张・309 千字
标准书号：ISBN 978-7-111-78620-7
定价：89.00 元

电话服务　　　　　　　　　　　网络服务
客服电话：010-88361066　　　　机　工　官　网：www.cmpbook.com
　　　　　010-88379833　　　　机　工　官　博：weibo.com/cmp1952
　　　　　010-68326294　　　　金　书　网：www.golden-book.com
封底无防伪标均为盗版　　　　　机工教育服务网：www.cmpedu.com

前言

如今，随着移动互联网、大数据、5G 的发展，建设数字化供应链已成为诸多企业的战略目标，"得供应链者得天下"的理念已深入人心。因此，如何让供应链管理更加高效和智能就显得尤为重要。数据是供应链管理的关键，供应链各个环节，如计划、采购、制造、物流如何高效协同，就需要运用合适的工具采集各环节数据，运用供应链数据分析技术进行数据分析，洞察数据背后隐藏的规律，从而精准预测和决策，实现供应链高效运行。Excel 和 Power BI 就是进行这一工作常用且高效的工具。本书结合这两个工具的使用，通过大量实践案例，详细介绍了如何进行供应链数据分析。

全书共 9 章，各章内容概述如下：

第 1 章介绍供应链数据分析的基本概念、特征、面临的问题，以及供应链数据分析的类型、要点和步骤。

第 2 章介绍供应链数据分析常用的方法与工具，为后续的案例实践打下基础。

第 3 章介绍最为常用的数据分析利器——Excel，重点针对常用的 Excel 函数、报表处理工具和可视化图表进行详细讲解。

第 4 章介绍另一种常用的数据分析利器——Power BI，内容包括 Power BI 的基本概念、组件构成、软件安装及操作界面介绍。同时，本章通过介绍一个完整使用 Power BI 进行数据分析的示例，让读者充分认识从数据获取、数据整理、数据建模及可视化制作到报表发布的数据分析全过程。

第 5 章介绍供应链预测分析，内容包括非季节性和季节性变动趋势预测两大场景。非季节性变动趋势预测重点讲解移动平均法、指数平滑法、一元和多元线性回归、二次多项式、指数回归方程、函数预测、切比雪夫不等式等方法，季节性变动趋势预测重点介绍居中移动平均法、规划求解法、线性回归系数调整法等方法。

第 6 章介绍生产数据分析，重点阐述如何使用生产计划自动排程、模拟分析、规划求解等实现最优生产效率。

第 7 章介绍采购数据分析，重点阐述如何使用评价指标法、模拟分析和 EOQ 模型实现最优采购决策。

第 8 章介绍物流数据分析，内容包括 ABC 分类法、EIQ 分析法、重心法、模拟运算表、规划求解。

第 9 章介绍使用 Power BI 制作供应链数据分析可视化看板，通过 Power BI 在供应链领域的实际案例，展示了数据清洗、数据建模与数据可视化全过程，引领读者学以致用。

供应链数据分析涉及的方法理论性较强，背后的原理推导相对较深，所以本书力求避免单纯的理论介绍，各章均采取案例式教学方式，案例数量多，且具有代表性，通过浅显易懂的文字配合清晰直观的截图（受篇幅所限，书中截图显示了部分内容，但文件中是全的），以及完整、清晰的操作步骤，做到实操环节全程无盲区、无遗漏，让零基础的读者轻松实现一看就懂、一学就会，能够举一反三，将所学知识有效应用于工作实践。另外，本书配备了全套的案例数据集、Excel 案例源文件和 Power BI 案例源文件，方便读者上手练习。

如果读者需要进一步系统学习 Power BI 的使用，可以参考笔者的畅销书《Power BI 数据分析从入门到进阶》。另外，笔者另一本新书《AI+Power BI：高效财务数据分析》即将出版，对财务数据分析有需求的读者朋友可以持续关注。

因笔者水平所限，书中难免有不足之处，恳请广大读者批评指正。

尚　西

目录

前言

第1章 供应链数据分析概述 1

本章介绍了供应链数据分析的基本概念，让读者了解供应链数据分析的含义、特征、类型和分析思路等，帮助读者建立对供应链数据分析的基本认知。

- 1.1 供应链是什么 1
- 1.2 供应链业务数据的特征 1
  - 1.2.1 来源多系统 2
  - 1.2.2 结构多维化 2
  - 1.2.3 数据独立性 2
- 1.3 供应链数据分析面临的问题 2
  - 1.3.1 信息孤岛现象普遍，数据系统难打通 2
  - 1.3.2 多表难以合并和关联 3
  - 1.3.3 种类繁多的数据分析软件难掌握 3
- 1.4 供应链数据分析的四种类型 4
  - 1.4.1 销售数据分析：商业预测，驱动需求计划 4
  - 1.4.2 采购数据分析：库存控制，实现最优采购决策 4
  - 1.4.3 生产数据分析：科学排产，确保订单及时交付 5
  - 1.4.4 物流数据分析：最优模型，实现成本与效率最佳平衡 5
- 1.5 供应链数据分析的三个要点 6
  - 1.5.1 看趋势：了解过去，预测未来 6
  - 1.5.2 看对比：对比数据，发现问题 6
  - 1.5.3 看构成：降本增效，提升利润 6
- 1.6 供应链数据分析的八个步骤 7
  - 1.6.1 需求分析 7
  - 1.6.2 流程梳理 7
  - 1.6.3 指标构建 7
  - 1.6.4 数据获取 7
  - 1.6.5 数据清洗 7
  - 1.6.6 数据验证 8
  - 1.6.7 数据分析 8
  - 1.6.8 结果呈现 8

第2章 供应链数据分析常用的方法与工具 9

本章重点介绍供应链常用的方法和工具，让读者对这些方法和工具有一个系统性的认识。本章内容是全书后续内容的总括，详细的实操将在后面章节中结合具体案例逐一讲解。

- 2.1 供应链数据分析常用的方法 9
  - 2.1.1 预测分析 9
  - 2.1.2 规划求解 10
  - 2.1.3 模拟分析 11
  - 2.1.4 EOQ 法 11
  - 2.1.5 ABC 分类法 13
  - 2.1.6 EIQ 仓储布局规划法 14
  - 2.1.7 SLP 仓储布局规划法 16

2.1.8 评价指标法 ⋯⋯⋯⋯⋯⋯⋯ 17
2.1.9 重心法选址 ⋯⋯⋯⋯⋯⋯⋯ 18
2.1.10 供应链绩效指标评估法 ⋯⋯ 18
2.2 供应链数据分析常用的工具 ⋯⋯ 20
 2.2.1 Excel ⋯⋯⋯⋯⋯⋯⋯⋯⋯ 20
 2.2.2 Power BI ⋯⋯⋯⋯⋯⋯⋯⋯ 20
 2.2.3 FlexSim ⋯⋯⋯⋯⋯⋯⋯⋯ 21
 2.2.4 SPSS ⋯⋯⋯⋯⋯⋯⋯⋯⋯ 21
 2.2.5 其他工具 ⋯⋯⋯⋯⋯⋯⋯ 22
 2.2.6 Excel 与 Power BI 的互补关系 ⋯ 22

第 3 章 数据分析利器——Excel ⋯⋯⋯⋯ 24

Excel 是大多数企业离不开的实用工具，Excel 功能丰富，很多资深用户也往往只掌握了其 10% 的功能。从供应链数据分析的角度，掌握 Excel 常用的功能尤为重要。

3.1 数据分析必会的 Excel 函数 ⋯⋯ 24
 3.1.1 按条件查找引用函数：VLOOKUP ⋯⋯⋯⋯⋯⋯⋯ 24
 3.1.2 按条件求和函数：SUMIF、SUMIFS ⋯⋯⋯⋯⋯⋯⋯⋯ 26
 3.1.3 按条件计数函数：COUNTIF、COUNTIFS ⋯⋯⋯⋯⋯⋯⋯ 27
 3.1.4 批量乘积求和函数：SUMPRODUCT ⋯⋯⋯⋯⋯⋯⋯ 30
 3.1.5 多场景分类汇总函数：SUBTOTAL ⋯⋯⋯⋯⋯⋯⋯⋯ 31
 3.1.6 字符串截取函数：LEFT、RIGHT、MID ⋯⋯⋯⋯⋯⋯⋯⋯⋯ 32
 3.1.7 统计日期差函数：DATEDIF ⋯ 33
 3.1.8 多重逻辑嵌套判断函数：IF ⋯ 34
3.2 Excel 报表常用的处理工具 ⋯⋯ 36
 3.2.1 数据透视表：多维度汇总数据 ⋯ 36
 3.2.2 条件格式：按条件显示不同颜色 ⋯⋯⋯⋯⋯⋯⋯⋯⋯ 40
 3.2.3 数据有效性：确保正确的数据输入 ⋯⋯⋯⋯⋯⋯⋯⋯⋯ 42
 3.2.4 数据分列：灵活拆分特定数据 ⋯ 44
 3.2.5 数据合并：高效便捷的多表合并 ⋯⋯⋯⋯⋯⋯⋯⋯⋯ 46
3.3 常用的 Excel 图表 ⋯⋯⋯⋯⋯⋯ 48
 3.3.1 选择、制作 Excel 图表的要点 ⋯ 48
 3.3.2 趋势分析——折线图 ⋯⋯⋯ 49
 3.3.3 结构分析——复合饼图 ⋯⋯ 50
 3.3.4 转化分析——漏斗图 ⋯⋯⋯ 50
 3.3.5 绩效分析——雷达图 ⋯⋯⋯ 51
 3.3.6 频率分析——直方图 ⋯⋯⋯ 52
 3.3.7 构成分析——瀑布图 ⋯⋯⋯ 52

第 4 章 数据分析利器——Power BI ⋯⋯ 54

本章重点介绍数据分析利器——Power BI 的基本概念、组件构成、基本术语、工作流程；学习 Power BI 的必要性；Power BI Desktop 软件安装方法及操作界面；通过一个完整的数据分析可视化案例，让读者对数据分析的过程有一个系统性的认识。

4.1 认识 Power BI ⋯⋯⋯⋯⋯⋯⋯ 54
 4.1.1 Power BI 是什么 ⋯⋯⋯⋯⋯ 54
 4.1.2 Power BI 能做什么 ⋯⋯⋯⋯ 55
 4.1.3 为什么要学习 Power BI ⋯⋯ 55
4.2 Power BI Desktop 概述 ⋯⋯⋯⋯ 56
 4.2.1 Power BI Desktop 的安装方法 ⋯ 56
 4.2.2 Power BI 账号注册 ⋯⋯⋯⋯ 60
 4.2.3 Power BI Desktop 主界面介绍 ⋯ 60
4.3 上手 Power BI——数据分析与可视化制作全过程 ⋯⋯⋯⋯⋯ 63

4.3.1	数据获取与清洗 …………… 63	4.3.3	数据可视化：图表制作与美化 …… 71
4.3.2	数据建模：构建关系、新建列和度量值 …………… 67	4.3.4	报表发布 …………… 83

第 5 章 供应链预测分析 …………… 88

需求预测是供应链计划中最关键的一环，预测虽然并非精准结果，但有助于我们基于客观数据做出相对合理的预测并指导决策。

5.1	非季节性变动趋势预测 …………… 88	5.1.9	非季节性变动预测方法使用场景总结 …………… 105
5.1.1	移动平均法预测市场推广成本 … 88	5.2	季节性变动趋势下产品销量预测 …………… 106
5.1.2	指数平滑法预测汽车用品销量 … 91	5.2.1	使用居中移动平均法求季节指数 …………… 107
5.1.3	一元线性回归预测仓储收入 …… 95	5.2.2	使用居中移动平均法进行年度产品销售量预测分解 …… 111
5.1.4	多元线性回归预测物流运输时间 …………… 97	5.2.3	使用规划求解法进行年度产品总销量预测 …………… 115
5.1.5	二次多项式预测小家电产量 …… 99	5.2.4	使用线性回归系数调整法预测产品销量 …………… 119
5.1.6	指数回归方程预测小家电产量 …………… 101	5.2.5	季节性变动预测方法适用场景 … 121
5.1.7	使用 Excel 函数预测仓储收入 …………… 102		
5.1.8	应用切比雪夫不等式模型进行订货预测 …………… 104		

第 6 章 生产数据分析 …………… 123

生产数据即与生产有关的数据，如原料数据、设备数据、工艺数据、产品数据等，生产数据分析主要包括生产计划自动排程、生产成本与效率分析、生产优化分析等。

6.1	使用 Excel 函数实现生产计划自动排程 …………… 123		下的最优生产量分配 …………… 127
6.2	使用模拟分析实现总成本约束	6.3	使用规划求解实现利润最大化下的最优目标产量分配 …… 131

第 7 章 采购数据分析 …………… 136

降本增效是采购的核心价值。如何实现降本增效？首先要基于采购数据进行深入的多维度数据分析，如价格分析、市场分析、产品分析、品类分析、区域分析、采购经济批量分析、供货水平分析、供应商服务能力分析等。

7.1	用评价指标法选择合适的供应商 …………… 136		方案 …………… 138
7.2	用模拟分析实现最优采购	7.3	用 EOQ 模型实现最优订货方案 …………… 141

VII

第 8 章　物流数据分析 152

物流数据分析主要包括仓储规划分析、进销存分析、存货周转分析、存货分析、物流成本分析、时效分析、物流网络布局规划等。

8.1　ABC 分类法的实战应用案例 152

8.2　采用 EIQ 分析法优化仓储布局 159

8.3　采用重心法进行仓库选址 163

 8.3.1　仓库选址的原则 163

 8.3.2　仓库选址需要考虑的因素 164

 8.3.3　仓库选址的方法 164

 8.3.4　采用重心法进行仓库选址的案例 165

8.4　采用模拟运算表测算物流成本率的变化 167

8.5　用规划求解实现多点配送模式下车辆指派最优 171

8.6　用规划求解设计最优运输方案 173

第 9 章　使用 Power BI 制作供应链数据分析可视化看板 179

供应链数据具有来源多系统、结构多维化、数据独立性的特征。因此，针对供应链数据，需要构建多维度、可视化的动态数据分析看板，便于清晰直观地对数据进行深入分析和钻取，从而洞察数据背后的业务规律。

9.1　某连锁门店销售分析可视化分析 179

 9.1.1　数据清洗——数据的导入、合并查询与新建自定义列 180

 9.1.2　数据建模——规划导航页、添加书签、构建维度表及度量值 185

 9.1.3　数据可视化——建立多维度可视化看板 190

9.2　某制造业成品物流发货数据可视化分析 198

 9.2.1　数据清洗——数据的导入、删空、删重与自定义列 199

 9.2.2　数据建模——创建计算列、计算表、维度表及度量值 201

 9.2.3　数据可视化——建立基于货量、运费、产品及区域等多维度的可视化看板 203

9.3　某零售企业库龄与存货周转率可视化分析 206

 9.3.1　数据清洗——数据导入与整理 207

 9.3.2　数据建模——构建库龄与库存周转率指标 208

 9.3.3　数据可视化——制作多维度存货分析可视化看板 210

第1章
供应链数据分析概述

本章介绍了供应链数据分析的基本概念，让读者了解供应链数据分析的含义、特征、类型和分析思路等，帮助读者建立对供应链数据分析的基本认知。本章将会介绍以下几方面的内容：

- 供应链的概念。
- 供应链业务数据的特征。
- 供应链数据分析面临的问题。
- 供应链数据分析的四种类型。
- 供应链数据分析的三个要点。
- 供应链数据分析的八个步骤。

1.1 供应链是什么

狭义上，供应链是指从原材料供应商到最终消费者之间的一系列活动和流程，涵盖了产品或服务的采购、计划、生产、运输、仓储、分销等环节的协同。这一定义不包括信息流和资金流方面，主要强调实际的产品供应和物流操作过程，以及它们之间的关系和流程。

广义上，供应链是指从原材料采购到最终消费者的整个价值链，涵盖了物流、信息流和资金流等多个方面。它包括产品或服务的设计、计划、采购、生产、仓储、运输、销售和售后等各个环节和活动。这一定义不仅关注产品供应和物流操作过程，还注重各环节之间的信息流和资金流的关系和交互，旨在协调和优化整个供应链各个环节和活动，以实现企业的降本增效。

1.2 供应链业务数据的特征

从上述供应链的狭义和广义解释可以看到，供应链涉及的环节较多，这使得供应链活动产生的业务数据呈现出数据多源、结构多维、各环节数据相对独立等复杂特征。

1.2.1 来源多系统

供应链业务涵盖了物流、信息流和资金流等多个方面，使得支撑供应链活动的业务数据来源于多个系统，如 ERP（企业资源计划）、CRM（客户关系管理）、MES（制造执行系统）、SRM（供应商关系管理）、WMS（仓库管理系统）、TMS（运输管理系统）、BMS（费用管理系统）、OA（办公自动化）等企业的内部系统，以及与外部材料供应商和物流商对接的协调平台。

1.2.2 结构多维化

供应链本身是一个整体合作、协调一致的系统，通过连接上下游各个环节的业务数据，驱动供应链中信息流、物流和资金流的协调和整合。各环节具有独立的业务特征，使得整合后的供应链数据在结构上复杂且多维。例如，有交易性基础数据，包括供应商、制造商、物流服务提供商、零售商等各个参与方的基本信息和业务数据；有供应链交易数据，包括供应链各个环节的采购、生产、物流和销售等交易数据；有供应链运营数据，包括供应链各个环节的库存、运输时效、质量指标、库存周转率等运营数据；有供应链财务数据，包括供应链各个环节的收入、成本、利润等财务数据；有供应链绩效数据，包括供应链各个环节的绩效数据，例如订单处理时效、缺货率、产品质量、客户满意度等。

1.2.3 数据独立性

供应链涉及每个环节的活动都有对应的业务系统，每个系统之间虽然可以通过"关键字段"建立关联，但是从各业务环节角度看，各个系统之间的业务数据具有相对独立性，互不影响，使得单环节的业务数据分析相对清晰和聚焦，同时也容易造成各业务系统之间缺乏统一的基础数据维护标准。

1.3 供应链数据分析面临的问题

1.3.1 信息孤岛现象普遍，数据系统难打通

信息孤岛，意思是系统与系统之间信息不能共享，上下游之间的数据不会自动更新同步，几乎没有协同。国内很多企业，包括一些大型企业，信息孤岛现象很普遍，各系统独立运作，企业内部的业务流程难以形成闭环，信息传递和决策过程存在滞后和延误，导致数据分析过程出现断层，影响决策的准确性。企业的业务执行分布在各个部门/板块，但是不同部门都有着自己的业务系统，比如销售部门用 CRM、财务部门用 ERP、车间部门用 MES、

质量和采购部门用 SRM、仓储部门用 WMS、物流部门用 TMS、人事行政部门用 OA 等。不同的业务数据存储在不同的业务系统中，彼此相互隔离，即"孤岛"状态，这种情况使得关键数据无法集中管理和统一分析。

造成信息孤岛的原因主要有两方面：一是战略层面，公司对信息化缺乏统一规划，各部门只好各自为政，加之 IT（信息技术）人员流动频繁，导致业务系统反复规划、重复建设，功能模块分散重叠；二是技术层面，公司分别采购不同厂商的业务系统，彼此技术架构不兼容，没有预留标准接口对接其他系统，在后续系统升级和系统集成时无法落地，使得孤岛效应更加恶化。

供应链数据孤岛存在于计划、采购、制造和交付等业务环节，供应链数据分别承载在 ERP、SRM、MES、WMS 及 TMS 之中。供应链数据分析的前提就是需要通过标准接口打通这些系统，数据同步更新，并且各个系统之间的基础信息实现标准化，如物料编码、订单编号、产品参数等基础信息的维护实现统一，否则供应链数据分析就无从谈起。

1.3.2　多表难以合并和关联

供应链数据分析，往往需要对来自多个系统的数据通过关键字段进行关联，实现多表联动分析，甚至需要对一些表格进行合并查询，但实际却很难实现，主要原因是基础信息未在整个供应链系统中实现统一化和标准化。例如，物料编码、物料参数、包装规格、产品描述等数据在各个系统中未实现标准化。

同时，各个系统之间由于缺乏关联字段而无法建立联系，导致多表之间难以进行联动分析。同一个字段名称在不同系统中有不同的命名，如物料编码在 MES 中定义为"产品编码"，在 WMS 中定义为"商品编码"，导致导出的多个报表难以合并和关联。可以说，"烟囱式"的系统规划导致基础数据治理缺失，这是多表难以合并和关联的深层次原因。

1.3.3　种类繁多的数据分析软件难掌握

如今，随着移动互联网和电商的发展，业务场景和企业数据呈现复杂化、多维化、海量化的特征，传统的 Excel 工具已经不堪重负。因此，企业人员急需一款易于上手、简单实用的数据分析软件，便于从大数据中进行数据清洗、数据建模，并形成可视化动态图表分析，实现数据驱动业务决策。在此背景下，市面上涌现出不少数据分析软件，令人眼花缭乱。从是否需要编程的角度，这些软件可以分为两类：

1）需要编程的，如 Python、R、ECharts 等。

2）无须编程的，如 Excel、Power BI、Tableau、SPSS、FlexSim、FineBI 等。

从事供应链业务数据分析的人员绝大部分非 IT 背景，文科专业居多，对计算机编程并不擅长。这几年 Python 很火，很多专家建议供应链数据分析人员学习 Python，Python 功能确实强大、容易入门，但是想彻底掌握很难，毕竟 Python 属于编程语言，需要编写代码完成任务，这对大多数做供应链业务数据分析的人来说，使用上存在困难。对于类似 SPSS（统计分析软件）、FlexSim（建模优化软件）等工具，虽然不用编程，但是软件的背后需要掌握非常专业的统计学和运筹学知识，用户需要付出较高的学习和使用成本。

相反，无须编程的 Excel 和 Power BI，相对实用且容易掌握。小规模数据用 Excel 分析即可；对于大数据、多维度数据分析、可视化动态看板生成等需求，可以选择 Power BI。二者结合，相得益彰。

1.4 供应链数据分析的四种类型

供应链中，销售、采购、生产、物流各个环节不是分散发挥作用的，而是利用数据分析协调整合，促进整个供应链绩效的优化提升。供应链数据分析，需要将数据分析从生产源头延伸到终端销售，因为企业越来越重视销售数据，将其视为需求信号，进而将需求反馈给原材料及零部件供应商，带动整个供应链做出改变。

1.4.1 销售数据分析：商业预测，驱动需求计划

销售数据分析的重点在于销售预测，通过销售预测驱动供应链需求计划，供应链可以更好地响应市场需求、减少库存风险、提高客户满意度，并实现供应链的高效运作和资源的最佳利用。这样可以帮助企业实现供需平衡，降低成本，增加竞争力。销售数据分析主要包括以下三项：

- 需求分析。销售预测可以驱动供应链需求计划，以确保供应链的有效运作和满足市场需求。通过销售预测，可以预测未来一段时间内产品或服务的需求量，这个需求量可以作为供应链需求计划的基础。
- 能力评估。根据销售预测的需求量，评估当前供应链的能力和资源是否足够满足需求；根据供应链的生产能力、库存水平、物流能力等因素，确定供应链的瓶颈和能力限制。
- 产能和库存调整。根据销售预测和供应链能力的分析，进行产能和库存的调整。如果销售预测显示需求将增加，供应链可能需要增加生产能力或增加库存水平，以满足未来的需求。相反，如果销售预测显示需求将下降，供应链可能需要减少产能或减少库存，以避免过度供应。

1.4.2 采购数据分析：库存控制，实现最优采购决策

通过采购数据分析可以驱动库存控制，制订合理的采购计划，实现最优采购决策，以确保库存的合理控制和供应链的高效运作。采购数据分析主要包含以下内容：

- 采购数据整理。主要从 ERP、WMS、SRM 等系统收集和整理与采购相关的数据，包

括供应商信息、采购订单数据、库存数据等，确保数据的完整性和准确性。
- 库存水平分析。对库存数据进行分析，包括库存量、库存周转率、库存覆盖周期等指标。通过分析库存数据，可以了解库存水平和变化趋势，识别过多或过少的库存情况。
- 采购决策分析。通过专业的数据分析方法，如 EOQ（经济订货批量）模型，对采购数据进行分析，可以确定采购的订货点、订货周期和最佳订货批量，优化采购决策。
- 采购决策优化与调整。定期监控库存和采购情况，与实际销售数据进行对比，及时调整采购计划和库存策略。根据市场需求和供应链的变化，灵活调整采购决策。通过采购数据分析驱动库存控制，并实现最优采购决策，可以帮助企业减少库存积压风险、降低成本，提高供应链的效率和灵活性。

1.4.3 生产数据分析：科学排产，确保订单及时交付

生产数据分析可以驱动科学排产，帮助企业合理安排生产资源、优化生产结构，提高生产线的利用率和生产能力。同时，这还可以减少生产过程中的浪费和缺陷，提升产品质量和交付准时率，满足客户需求，增强竞争力。生产数据分析的主要内容如下：
- 生产数据整理。主要通过 MES 收集和整理与生产相关的数据，包括生产计划、生产进度、生产时间、设备利用率、工艺参数等。
- 生产效率分析。对生产数据进行分析，包括生产周期、生产效率、生产线平衡度等指标。通过分析生产数据，了解生产过程中的瓶颈和效率问题，识别生产效率低下的环节。
- 产能评估分析：基于生产数据和生产计划，评估当前的生产能力和资源利用情况。考虑设备容量、人力资源、原材料供应等约束因素，确定生产能力的限制和瓶颈。
- 订单需求分析。分析客户需求和订单情况，了解订单的数量、交付日期、优先级等信息。根据订单的要求，确定合理的生产计划和排产策略。
- 科学排产决策分析。基于生产数据、生产能力和订单情况，进行科学排产。通过优化生产计划、调整生产周期、平衡生产线等方式，保障生产资源的合理分配，确保订单及时交付。

1.4.4 物流数据分析：最优模型，实现成本与效率最佳平衡

物流数据分析的目标是满足客户需求的同时，降低物流成本，实现成本与效率的平衡。通过物流数据分析可以构建最优模型，帮助企业降低物流成本，提高物流效率，降低库存水平，同时提升客户满意度。物流数据分析的内容如下：
- 物流数据整理。主要从 WMS 和 TMS 中导出仓储物流相关数据，包括运输时效、运输成本、仓储费用、物流网络数据等。

- 仓储优化分析。根据物流数据，基于仓储分析技术，如 EIQ、SLP 仓储布局优化技术，分析仓储需求和仓储成本。通过仓储布局优化、库存管理策略等方式，实现仓储空间的最佳利用和库存成本的最小化。
- 运输路线优化分析。基于物流数据，使用运输路线优化算法，如利用规划求解技术对物流网络进行优化。通过分析运输距离、运输时间、运输成本等约束因素，确定最优的运输路线和配送方案。
- 运输成本分析。基于物流数据，使用模拟分析技术对运输成本进行模拟分析。考虑运输模式、运输距离、货物重量等因素，评估不同运输方案的成本，并找到成本最优的运输模式组合。
- 成本与效率平衡方案分析。基于物流数据分析的结果进行成本与效率的平衡。权衡运输成本和运输效率，制定合理的物流策略和决策，以实现最佳的成本与效率平衡。

1.5 供应链数据分析的三个要点

日常工作中，大家经常遇到这种情况：领导交给你一项任务，让你做分析、出结果，或者给你一堆数据，要求找出问题、分析问题并提出解决方案。很多人遇到这种场景往往无从下手。这里，给大家分享一种实用好记的分析方法，即看趋势、看对比、看构成。

1.5.1 看趋势：了解过去，预测未来

看趋势，即看目标数据的时间走向趋势，是波动大还是较平缓，是上升还是下降，哪个阶段变化较大，异常点落在哪个时间段。看趋势的目的是洞察数据的整体走向规律。可以通过时间序列图来看趋势。

1.5.2 看对比：对比数据，发现问题

通过对比，如同比和环比，就能发现问题所在。不过，环比和同比代表的是现象比较，往往发现不了深层次的问题，尤其是环比和同比结果相差不大的时候。这就需要进一步深入对比研究，发现问题的本质。例如：可以与上月对比看看，稳定性如何？集中度有变化吗？变量之间有关系吗？相关关系是什么？对比数据可通过堆积柱形图、方差分析、相关分析、回归分析等来实现。

1.5.3 看构成：降本增效，提升利润

数据分析的任务是洞察数据背后的业务问题，为业务赋能，达到降本增效、提升利润的目的。这可以通过看构成，也就是对某一业务主题进行拆解，分析并计算主题下各个组成因素的构成比例，识别出关键因素，并对关键因素进行进一步分析来实现。看构成可以通过饼

图、瀑布图来实现。

1.6 供应链数据分析的八个步骤

1.6.1 需求分析

供应链数据分析，针对业务场景的需求分析是重要的第一步。针对业务部门的现状、场景、痛点需求进行拆分和梳理，结合现有的数据情况，提出数据分析需求的整体方向和分析内容，在数据分析方向上与业务需求方达成一致。需求分析在供应链数据分析中起到了引导和定位的作用，帮助企业明确需求、确定关键业务场景、分析场景需求，并为后续的数据分析提供了指导。

1.6.2 流程梳理

流程梳理可以确保供应链数据分析工作有序进行，提高分析的效率和准确性，为决策提供有力的支持，高效地利用数据资源并得出准确的结论。通过流程梳理，可以清晰地了解业务的现状结构，有助于快速理解业务状况和观察业务流程存在的潜在问题，为下一步数据分析提供重要参考。

1.6.3 指标构建

指标构建是供应链数据分析的关键环节，它能够将供应链的复杂性转化为可衡量和可比较的指标，为供应链管理和决策提供重要的依据，帮助企业量化和评估供应链的表现，从而更好地了解供应链的运作情况，识别问题和机会。

1.6.4 数据获取

数据获取是供应链数据分析工作的基础。数据获取主要有两种途径：内部数据和外部数据。内部数据主要是来自企业内部系统的数据，如企业 ERP 系统、销售系统、生产系统、物流系统数据等；外部数据主要是通过客户或公共渠道获取的数据，如权威的市场调查机构、行业协会、政府部门网站等。

1.6.5 数据清洗

数据清洗也叫数据预处理，是将原始数据通过一定的数据分析工具和方法，转化为可用于分析的数据。这些方法主要有数据集成（多个数据表合并）、数据清洗（修正不完整数据）、数据转换（通过行列变换使之适合分析）、数据降噪（去粗取精，精简数据量）等。通过数据清洗可以获得高质量的数据，确保供应链数据分析工作的顺利开展。

1.6.6 数据验证

数据验证是为了确保数据的准确性、完整性和可靠性，其作用非常重要。通过数据验证，可以识别出极端值、空值、录入错误、格式错误等异常数据，为后续的工作提供高质量的数据基础。

1.6.7 数据分析

数据分析是指基于构建的量化指标，通过相关的数据分析工具构建分析模型，输出数据结果，通过数据洞察数据背后的业务规律。数据分析的方法有定性和定量分析法，对于供应链的数据分析方法和相关工具有很多，在后续章节会一一介绍。

1.6.8 结果呈现

数据分析结果呈现的最佳形式是数据可视化，即通过生成各种图表直观形象地展示数据。数据可视化的图表类型很多，常用的类型有柱形图、条形图、饼图、折线图、瀑布图、散点图、气泡图、树状图等。此外，还有一些第三方自定义图表、动态图表等。不同的图表适用于不同的分析类型，需要根据分析的目的选择合适的图表。

第 2 章
供应链数据分析常用的方法与工具

本章重点介绍供应链常用的方法和工具，让读者对这些方法和工具有一个系统性的认识。本章内容是全书后续内容的总括，详细的实操将在后面章节中结合具体案例逐一讲解。本章将会介绍以下几方面的内容：
- 供应链预测分析方法的分类。
- 规划求解的原理和分析步骤。
- 模拟分析的原理和入口路径。
- EOQ 模型的基本概念和公式。
- ABC 分类法的管理方式和分析步骤。
- EIQ 仓储布局规划的分析思路。
- 评价指标法和重心法选址的原理与计算公式。
- 行业常用的数据分析工具。

2.1 供应链数据分析常用的方法

2.1.1 预测分析

预测，是根据过去和现在的已知情况，运用人们的知识、经验和统计学方法，对未来进行预先估计，并推测事物未来发展趋势的过程。具体而言，预测指在掌握"历史信息"和"现时信息"的基础上，基于一定的"方法"和"规律"对未来的事情进行"测算"，以预先了解事情发展的可能过程与结果。那些不经过历史数据和现时数据的分析与计算，单纯"拍脑袋"而得出结果的所谓预测，不是预测，而是预言，预言是完全定性或者没有事实依据而得出的结果。

供应链数据分析中的预测分析主要为时间序列分析，基于时间的变化和历史数据，拟合出变化趋势。常用的预测分析方法有移动平均法、指数平滑法、一元线性回归预测、指数回归预测、曲线回归预测、二次多项式预测、规划求解法。图 2-1 所示为预测分析方法的分类，其中大部分方法将在第 5 章中详细讲解。

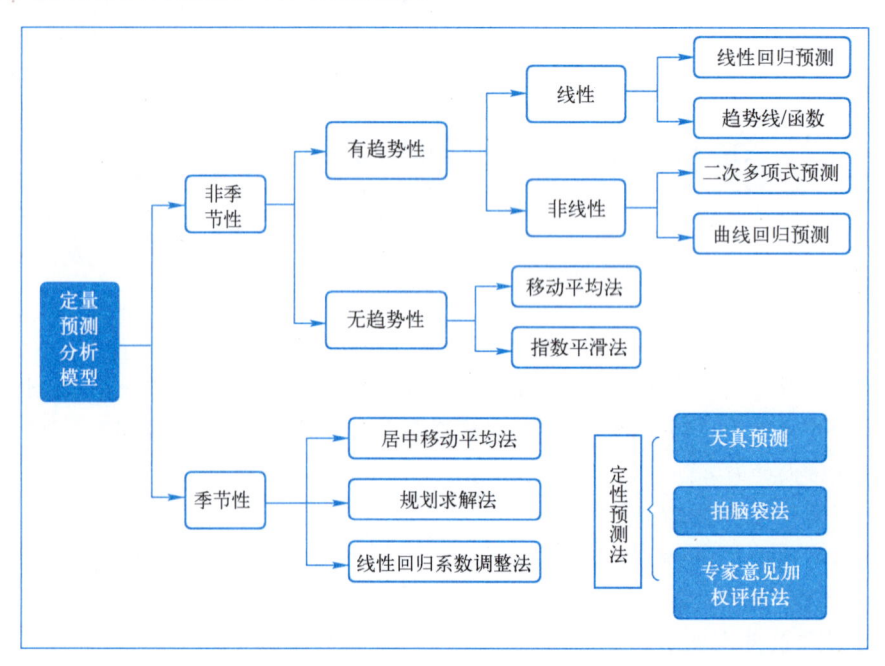

图 2-1　预测分析方法的分类

2.1.2　规划求解

规划求解的原理源自运筹学，分为线性规划求解和非线性规划求解。供应链应用中主要使用线性规划求解。线性规划求解模型由一个目标函数和若干个约束方程组成，目标函数和约束方程是线性函数。用线性规划求解解决的典型问题有运输资源调配问题、人员任务分配问题、人员分工问题，以及网络最大流量、生产投资决策、仓储网络最优布局、物流配送路径优化问题等。

线性规划求解模型的建模步骤一般分为五步：
1）根据题意设置问题的决策变量和目标函数。
2）根据题意及决策变量与目标函数，得出问题的线性规划模型。
3）打开 Excel 菜单栏的"规划求解"工具，根据约束条件构建 Excel 模型。
4）根据规划模型，输入目标函数、约束条件和可变（决策）单元格区域。
5）运行 Excel，获得规划求解结果，获取目标函数，得到最优解决方案。

规划求解功能内置在 Excel 中，路径为：菜单栏→数据→规划求解。图 2-2 所示为

Excel 规划求解的功能界面。

图 2-2　Excel 规划求解的功能界面

2.1.3　模拟分析

模拟分析又叫假设分析、What-If 分析，主要用来分析变量的变化对结果的影响。模拟分析内置在 Excel 中，分为模拟运算表、单变量求解、方案管理器。在供应链数据分析实践中，最常用和最重要的是模拟运算表。图 2-3 所示为 Excel 中的模拟分析功能，Excel 访问路径为：菜单栏中的数据→模拟分析→模拟运算表。

Excel 中提供了两种模拟运算表，分别是单变量模拟运算表和变量模拟运算表。

图 2-3　Excel 中的模拟分析功能

模拟运算表，需要将公式套用进去，公式中如果有一个变量，就是单变量，如果有两个变量，就是双变量，否则会出错。模拟运算，本质上是通过对变量的不断试算展示对结果的影响，常用于成本利润点测算、最优采购方案设计、最佳平衡点计算等。

2.1.4　EOQ 法

仓储管理库存控制需要解决两个问题：库存需要补充时应该补充多少，即订货量是多少；应该在何时对库存进行补充，即存储量和订货时间是多少。哈里斯·威尔逊确立了存储费用模型，后经不断优化，通过微积分的推导，求得了最佳批量公式，即 EOQ 公式，标志

11

着仓储管理真正作为一门理论发展起来了。

仓储模型通常要考虑以下几个要素：
- 需求。这是库存系统的输出，一般通过预测后得出。
- 补充供应。这是库存系统的输入，可通过订货或生产解决。
- 存储策略。确定何时补充及补充多少。
- 费用。衡量标准是费用高低。

仓储管理控制中涉及以下几个变量名词：
- 需求量（D）：某物资在单位时间内的需求量。
- 批量（Q）：为补充存储而供应一批物资的数量。
- 订货点（R）：为补充存储而发出订货时的存储水平。
- 存储费（C_1）：包括仓储场地费用、存储损耗、税金、保险费用等。
- 订货费（K）：为补充存储而订货时所支付的费用，如订单费、货物装卸费等。
- 缺货损失费（C_2）：包括停工待料的损失和未履行交货合同而产生的实际罚款等。

总费用=存储费+订货费+缺货损失费

存储模型的目标是总费用最小，因此需要确定批量和订货点，批量和订货点既是决策变量，也是需要求得的目标。

EOQ 的模型假设为：EOQ 可以用来确定企业一次订货（外购或自制）的数量。当企业按照经济订货批量来订货时，可实现订货成本和存储成本之和最小化。主要假设如下：
- 已知全部需求的满足数。
- 已知连续不变的需求速率。
- 已知不变的补给完成周期时间。
- 产品价格在订货期保持不变。
- 多种存货项目之间不存在交互作用。
- 没有在途存货。

经济订货批量是通过平衡采购进货成本和保管仓储成本核算，以实现总库存成本最低的最佳订货量。经济订货批量是固定订货批量模型的一种。图 2-4 和图 2-5 所示分别为经济订货批量公式模型和经济订货批量最优订货点几何图解。

$$Q^* = \text{SQRT}(2kD/h)$$

Q^*：经济订货批量
D：需求量
k：每次订货成本
h：单位时间内的存储成本

图 2-4 经济订货批量公式模型

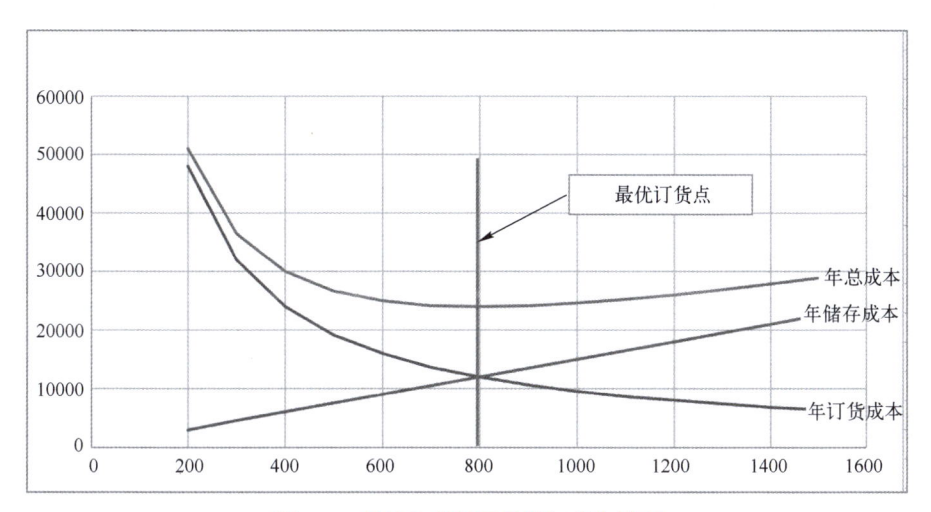

图 2-5　经济订货批量最优订货点模型

2.1.5　ABC 分类法

1. ABC 分类法的含义

ABC 分类法是指将库存物品按品种和占用资金的多少，分为特别重要的库存（A 类）、一般重要的库存（B 类）和不重要的库存（C 类）三个等级，然后针对不同等级分别进行管理和控制。ABC 分类法又称帕累托分析法，依据二八原则，目的是按利用价值区别对待存货单元，以便采用不同的策略来控制库存。把重要的少数和不重要的多数区别开来，将工作重心放在管理重要的少数库存品上，既加强了管理，又节约了成本。

2. ABC 分类法的管理方式

ABC 分类法的管理方式见表 2-1。

表 2-1　ABC 分类法的管理方式

项目	分类		
	A	B	C
价值	高	中	低
管理要点	将库存压缩到最低水平	库存控制有时可严些，有时可松些	集中大量订货，以较高库存来节约订货费用
订货量	少	较多	多
订购量计算方法	按经济批量计算	按过去的记录	按经验估算
定额综合程度	按品种和规格	按大类品种	按总金额
检查库存情况	经常检查	一般检查	季度或年度检查
进出统计	详细统计	一般统计	按金额统计
保险储备量	低	较高	允许较高
控制程度	严格控制	一般控制	控制总金额

3．ABC 分类法的缺点

ABC 分类法虽然是大部分企业常用的存货管理方法，但是也存在判别标准不全面、划分粗糙、分类标准过于单一的缺点，主要表现在：

- 判别标准不全面。很多物料尽管价值不高，但可能属于战略物资，或者生产周期长，或者市场供需紧张，对生产影响大。对于这类物料的划分，还应考虑物料的重要性和采购周期，综合多种因素。
- 只是一种粗略的划分。物料较多时，需要更详细、具体的细分。
- 分类标准过于单一。还要考虑采购难易程度、采购提前期、供方垄断及生产依赖性等因素。

4．ABC 分类法的一般实施步骤

ABC 分类法的一般实施步骤如下：

1）搜集数据。从系统中导出原始数据。
2）处理数据。计算各种库存品的年耗用金额。
3）编制 ABC 分析表。按耗用金额排序，计算累计百分比。
4）确定分类。根据企业实际制定分类标准，无统一标准。
5）绘制 ABC 分类图。把库存商品与资金分类情况绘制在柏拉图上。

2.1.6　EIQ 仓储布局规划法

1．EIQ 的含义

EIQ 是指根据订单，以订单（E）、品项（I）、数量（Q）分析手法来进行物流中心的系统规划，即从客户订单的品项、数量与订购次数等观点出发，进行出货特性的分析。EIQ 是简明有效的仓储物流布局规划与分析工具。

2．EIQ 分析的作用

EIQ 是进行物流系统规划的基础。通过 EIQ 分析，可以了解物流的基本特性。从客户处接收的订单，依客户的不同而具有不同的特性。通过统计分析这些特性，可得出客户的订货特性。

从各个具有"订货特性"的客户而来的订单，加以搜集累积后，即成为一天的接单，长久分析后可看出配送中心的"接单特性"。

除了接单特性外，再加上入库特性、保管特性，即构成物流配送中心特性。

将客户订单（E）中的品项（I）、数量（Q）加以收集，得到一日、一月、一年中的接单特性，当业务状态稳定时即形成一定的特性，此特性即为 EIQ 特性。

事先建立物流设备选择时所需的条件，只要 EIQ 分析结果符合这些条件要求，即可得出所需的物流设备。

3. EIQ 的分析步骤

EIQ 的分析步骤如图 2-6 所示。

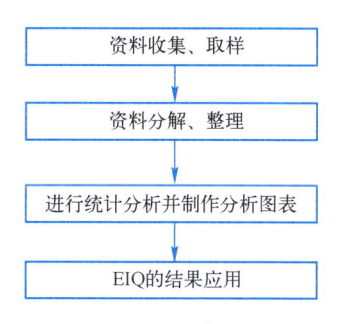

图 2-6 EIQ 的分析步骤

（1）资料收集、取样

进行分析之前，需要取得 EIQ（订单（E）、品项（I）、数量（Q））资料，以一日、一月或一年的 EIQ 资料进行分析。

当 EIQ 的资料量过大、不易处理时，通常可依据物流配送中心的作业周期性，先取一个周期内的资料加以分析（若物流配送中心作业量有周期性的波动）。

同时，也可依商品特性或客户特性将订单资料分成数个群组，针对不同的群组分别进行 EIQ 分析（分组分析）。

（2）资料分解、整理

EIQ 分析就是利用订单（E）、品项（I）、数量（Q）这三个物流关键要素，来研究物流配送中心的需求特性，为物流配送中心提供规划依据。

因此，物流配送中心规划者从原始资料获取以后，应对资料做进一步的分解、整理，以作为规划设计的参考依据。

同时，应注意考虑 EIQ 资料时间的范围与单位。

（3）进行统计分析并制作分析图表

将第一步取样得到的 EIQ 资料经第二步分类统计整理后，可利用统计方法进行 EQ（订单数量）、EN（订单品项数）、IQ（品项数量）、IK 等分析。

在进行 EQ、EN、IQ、IK 等分析后，还应将所得出的分析数据加以图表化，这些数据、图表即为 EIQ 的资料分析结果。

通过 EIQ 分析，可以得到许多有用的信息，对配送中心的规划和改善具有重要意义。

（4）EIQ 的结果应用

EQ、EN、IQ 等分析结果对研究出货拣选方式、搬运设备要求、仓储现场布局优化具有指导意义，见表 2-2 和表 2-3。

表 2-2　EIQ 的结果应用（一）

分析项目	说明	目的
EQ	单张订单出货数量的分析	研究订单对货物搬运作业能力的要求
EN	单张订单出货品项数的分析	研究订单对拣选设备及作业能力的要求
IQ	每单一品项（SKU）出货总数量的分析	研究出货的拆零比例
IK	每单一品项出货次数的分析	对拣选作业频率的统计，主要决定拣选作业方式和拣选作业区的规划

表 2-3　EIQ 的结果应用（二）

IK	IQ		
	高	中	低
高	可采用批量拣货方式，再配合分类作业处理	可采用批量拣货方式，视出货量及品项数是否便于拣取时分类而定	可采用批量拣货方式，并以拣取时分类方式处理
中	以订单别拣取为宜	以订单别拣取为宜	以订单别拣取为宜
低	以订单别拣取为宜，并集中于接近出入口位置处	以订单别拣取为宜	拣货区和仓储区可合并，设置为零星拣货区

2.1.7　SLP 仓储布局规划法

1. SLP 的含义

SLP（System Layout Planning），意为系统布局规划，源于工业工程领域的系统布局方法，在物流领域主要用于物流园区平面布局规划、物流配送中心布局规划等。例如，运用 SLP 对物流园区进行布局规划，分析内容包括确定基本要素（如物流对象分析、物流量分析、作业流程分析、辅助服务分析、物流技术分析等）、物流关系分析、非物流关系分析、综合关系分析等。

2. SLP 的实施步骤

SLP 的实施步骤如图 2-7 所示。

SLP 分为物流关系分析和非物流关系分析。物流关系分析主要基于作业单元之间的物流强度分析（如日货物进出吞吐量）。非物流关系分析主要基于关系层面的原因选择、定性分析和从园区整体运营角度对非物流关系进行分类。非物流关系分析一般从作业流程连续性、作业性质相似度、服务的频繁程度、管理的便利性、物料搬运、环境卫生等 6 个维度进行评估和打分。

在确定各功能区之间的综合关系后，可以得出它们之间的邻近关系，随后通过它们之间的紧密度确定各工作单元的相对位置。

最后，填写工作单元的面积要求。当进入各自相应的位置时，一些约束条件确定了初始布局，对布局方案进行评价和修改，并获取最终方案。

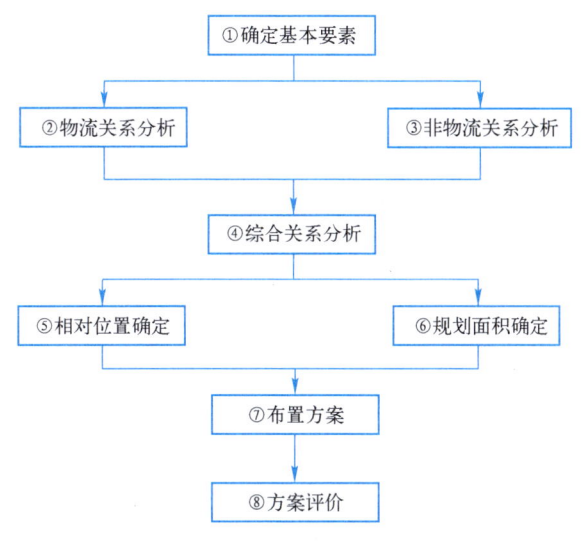

```
        ①确定基本要素
       ┌──────┴──────┐
  ②物流关系分析    ③非物流关系分析
       └──────┬──────┘
        ④综合关系分析
       ┌──────┴──────┐
  ⑤相对位置确定    ⑥规划面积确定
       └──────┬──────┘
         ⑦布置方案
              │
         ⑧方案评价
```

图 2-7　SLP 的实施步骤

2.1.8　评价指标法

1. 评价指标法的含义

评价指标法是指设计多个指标对多个参评对象进行评价的方法。其基本思想是将多个指标转化为一个能够反映综合情况的指标来进行评价。在供应链数据分析中，经常用指标评价法进行供应商的选择评估。

2. 评价指标法的特点

1）评价过程不是逐个指标顺序完成的，而是通过矩阵式打分将多个指标的评价同时完成。

2）指标的设置基于重要性进行加权处理。

3）评价结果以指数或分值表示参评对象"综合状况"的排序。

3. 评价指标法的操作流程

评价指标法在选择供应商时的操作流程如下：

1）确定评价指标。

2）确定评价指标权重。

3）m 个专家根据评价指标对 n 个供应商打分。

4）分析处理 m 个专家的分值，得出每个供应商每项指标的平均得分。

5）根据指标权重和指标得分，计算每个供应商的综合得分。

6）基于排名选择供应商，选择得分最高，即评价结果最好的供应商。

2.1.9 重心法选址

1. 重心法的含义

重心法（The Centre of Gravity Method）是一种确定单一供应节点的方法，其目的是降低供应链运营成本。重心法是单仓（单设施）选址中常用的模型，在这种方法中选址要素只包含运输费率和该点的货物运输量，在数字上被归纳为静态连续选址模型。重心法是一种模拟方法，它将物流系统中的需求点和资源点看作分布在某一平面范围内的物流系统，各点的需求量和资源量分别看作物体的重量，将物体系统的重心作为物流网点的最佳设置点。利用求物体系统重心的方法来确定物流最佳网点的位置。

2. 重心法的计算公式

利用函数求出由仓库至顾客间运输成本最小的地点，因为选址要素只包括运输费率和该点的货物运输量。

$$\text{Min TC} = \sum V_i R_i d_i$$

式中　TC——总运输成本；

V_i——i 点的运输量；

R_i——到 i 点的运输费率；

d_i——从位置待定的仓库到 i 点的距离。

3. 重心法计算的假设条件

1）模型通常假设需求量集中一点，而实际上需求来自分散于广阔区域内的多个消费点。

2）模型只计算运输成本，没有计算资本成本和运营成本。

3）运输成本在公式中是线性随运输距离增加的，而实际上，运费是由不随运输距离变化的固定部分和随运输距离变化的可变部分组成的。

4）模型中，仓库与其他网络节点之间的路线通常假定为直线，而应该选用实际运输的路线。

5）模型未考虑未来收入与成本的变化。

4. Excel 求解重心法选址的步骤

1）构建 Excel 求解模板框架。

2）构建距离求解关系。

3）根据公式建立目标函数。

4）调用 Excel 规划求解工具求解。

2.1.10 供应链绩效指标评估法

1. 供应链绩效指标评估法的含义

没有绩效，就没有管理，供应链绩效指标是供应链管理的重要内容，如何对供应链绩效指标进行设计、采取何种分析方法，是供应链数据分析的关键。供应链绩效指标评估法是一种用于评估供应链绩效的方法，通过量化和分析关键指标来衡量供应链的表现。它的含义是通过定量的方式评估供应链在不同方面的绩效，以便识别问题、改进效率和制定目标。供应链绩效指标主要从资产回报率、库存周转率、收入增长率、企业社会责任四个方面来衡量，本质是提倡轻资产运作，通过外包与资源整合，实现快速周转，降本增效，强化社会责任，保障可持续发展。

2. 供应链绩效指标评估法的分析步骤

以下通过一个案例来说明供应链绩效指标评估法的分析步骤。

假设要对一家电子产品公司的供应链进行绩效指标评估，步骤如下：

1）确定评估目标和维度。首先，需要明确评估的目标和维度。这可以根据供应链的特点和业务需求来确定，例如成本、效率、质量、服务水平等。对于电子产品公司的供应链，可以结合企业供应链战略需求，评估目标定位为降低成本和提高交货准时率。

2）构建关键指标。基于评估目标和维度，选择关键的指标来衡量供应链的绩效。这些指标应该与供应链的目标相匹配，并能够反映供应链的关键影响因素。对于电子产品公司供应链，选择的关键指标包括物料成本占销售额的比例和交货准时率。

3）定义指标计算方法。为每个选定的指标定义具体的计算方法。这可能涉及数据的加总、计算比例、平均值等操作，确保计算方法准确、可落地并且模板化，便于后续自动刷新。

4）数据收集和处理。收集和整理与指标相关的供应链数据，并进行必要的数据预处理和清洗，确保数据的准确性、一致性和可用性。

5）数据分析和指标计算。根据定义的指标和数据，进行数据分析和指标计算。根据不同的指标计算方法，计算出每个指标的值。对于这家电子产品公司，在指标计算方法上，物料成本占销售额的比例可以通过将所有物料成本总和除以销售额得出。交货准时率可以通过统计按时交付的订单数量与总订单数量的比例来计算。

6）指标评估和对比。对计算得出的指标进行评估和对比。将指标与目标、行业标准或历史数据进行比较，以了解供应链的绩效水平和差距。对于这家电子产品公司，在指标评估和对比阶段，将计算得出的指标值与设定的目标进行比较，例如，如果物料成本占销售额的比例超过了预设的上限，或者交货准时率低于预设的目标值，就可以认为供应链在这些方面存在问题。

7）发现问题和改进机会。通过分析和对比，识别供应链中存在的问题和改进机会。这可以帮助确定优先级和制定改进措施，以提高供应链的绩效。这家电子产品公司可以通过优化采购流程来降低成本，通过加强供应商管理来提高交货准时率。

8）持续过程监控。建立供应链绩效的监控体系，定期监测和反馈绩效指标的变化和改进情况。根据监控结果，调整评估方法和目标设定，实现持续改进。这家电子产品公司可以通过定期监测和反馈这些指标的变化和改进情况来持续改进供应链的绩效。

2.2 供应链数据分析常用的工具

供应链数据分析，工具是关键，即使对业务有再深刻的理解，如果没有适用的分析工具，那么一切都将无从谈起。从供应链业务数据的特征和广大从业人员的专业背景来看，"高大上"的专业软件并不适合，尤其是需要编程和高深统计学背景的软件，如 Python、SPSS、SAS、R 等。本着简单、实用的原则，供应链数据分析常用的工具主要是 Excel 和 Power BI，涉及供应链建模主要选择 FlexSim。

2.2.1 Excel

Excel 是职场人最常用的工具之一，其重要性无须赘述。对于供应链业务的数据分析，主要使用 Excel 的透视表和核心函数，如 VLOOKUP、SUMPRODUCT、SUMIF、SUMIFS、MID 等函数。此外，还会经常使用 Excel 的数据分析工具，如模拟运算、规划求解、回归分析、移动平均法、指数平滑法等。这些工具属于 Excel 的行业应用实践。图 2-8 所示为 Excel 学习者的三个层次，本书重点针对第三层"行业应用实践型"进行讲解。

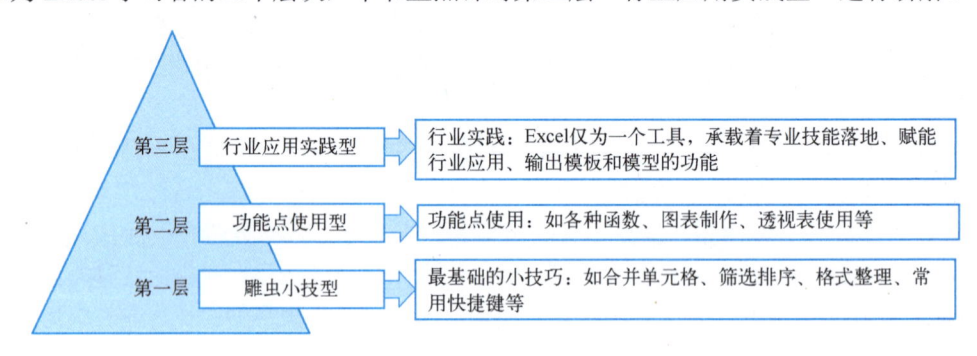

图 2-8 Excel 学习者的三个层次

- 第三层 行业应用实践型：Excel 仅为一个工具，承载着专业技能落地、赋能行业应用、输出模板和模型的功能
- 第二层 功能点使用型：如各种函数、图表制作、透视表使用等
- 第一层 雕虫小技型：最基础的小技巧：如合并单元格、筛选排序、格式整理、常用快捷键等

2.2.2 Power BI

Power BI 是微软（Microsoft）推出的一套可视化的商业数据分析软件，可以连接来自不同系统的上百个数据源，对数据进行提取、清理、整合、汇总、分析，并能根据需要改变条件，即时生成美观的统计报表进行发布共享，能帮助用户高效地完成数据挖掘与分析。

Power BI 可通过连接多种不同类型的数据进行数据指标建模、高级透视表分析、创建效果炫酷的视觉对象、创建专业报表、共享与协作。

实践中，Power BI 在供应链数据分析中的落地应用场景较多，例如，可以用 Power BI 构建仓库进销存 BI 看板、供应链补货决策模型、供应链控制塔、物流成本分析看板、生产与质量控制监控看板、采购成本分析模型、供应商费用自动化对账模板等。

2.2.3 FlexSim

FlexSim 是一款专业的物流仿真软件，用于建模、分析和优化复杂的生产和物流系统。它提供了强大的功能和工具，能够帮助用户对供应链中的各个环节进行建模、仿真和优化，以支持数据驱动的决策。

FlexSim 的主要功能包括：

- 仿真建模：FlexSim 提供了直观的建模界面和丰富的建模元素，用户可以轻松地构建供应链系统的三维模型，可以模拟各种工厂、仓库、运输网络等环节，并设定相关的规则、参数和约束。
- 仿真运行：FlexSim 可以对建立的模型进行仿真运行，模拟真实的供应链运作情况，可以模拟物料流、人员活动、机器运行等过程，并记录和分析系统的各种指标和性能。
- 数据分析：FlexSim 提供了丰富的数据分析工具，可以对仿真运行产生的数据进行统计分析、可视化和报告生成，可以通过图表和动态模拟结果来分析供应链系统的性能、瓶颈和改进机会。
- 优化和决策支持：FlexSim 可以通过设置不同的方案和参数，进行多次仿真运行，以评估不同策略和决策对供应链系统性能的影响，可以进行方案比较、优化分析和决策支持，帮助用户做出最佳的决策。

在供应链数据分析中，FlexSim 常用于以下几方面：

- 供应链优化：通过建模和仿真，分析供应链中的各个环节，识别瓶颈和优化机会，提高供应链的效率和可靠性。
- 库存管理：通过模拟库存流动和需求变化，优化库存水平和订货策略，实现库存成本的最小化和服务水平的最大化。
- 运输网络设计：通过建模和仿真，评估不同的运输网络方案，分析交通流量、运输成本和服务水平，优化物流运输的效率和成本。
- 作业流程优化：通过建模和仿真，分析作业流程中的瓶颈、资源利用率和作业时间等指标，优化作业流程，提高生产效率和质量。

2.2.4 SPSS

SPSS（Statistical Package for the Social Sciences）是一款统计分析软件，主要用于数据处理和统计分析。它提供了丰富的功能和工具，能够帮助用户进行数据探索、统计分析和预测建模。

SPSS 的主要功能包括：

- 数据导入和清洗：SPSS 可以导入多种数据格式，如 Excel、CSV 等，并提供数据清洗和预处理功能，如缺失值处理、异常值检测和数据转换等。
- 描述性统计分析：SPSS 可以对数据进行基本的描述性统计分析，如平均值、标准差、频数和百分比等统计指标的计算和展示。
- 统计推断分析：SPSS 提供了各种统计方法，包括假设检验、方差分析、回归分析、因子分析等，用于从样本数据中推断总体特征、变量间的关系和影响因素等。
- 数据可视化：SPSS 可以生成各种图表和图形，如柱状图、折线图、散点图和箱线图等，以直观地展示数据分布、趋势和相关性等。

在供应链数据分析中，SPSS 具有以下应用场景：
- 数据探索和描述性分析：使用 SPSS 可以对供应链数据进行探索性分析，了解数据的基本特征、分布和相关性，为后续的分析提供基础。
- 供应链绩效评估：通过对供应链数据进行统计分析，可以评估供应链的绩效指标，如成本、交货准时率、库存周转率等，并进行比较和优化。
- 需求预测和库存优化：使用 SPSS 的预测建模方法，可以基于历史数据和相关因素，预测未来的需求趋势，帮助优化库存管理和供应链规划。
- 供应链风险分析：通过统计方法和模型，可以对供应链中的风险进行分析和评估，如供应商风险、市场波动风险等，以制定相应的风险应对策略。

2.2.5　其他工具

1. SQL

SQL 是"结构化查询语言"的英文简称，主要用于存储、查询、更新和管理数据库。它一般用于批量处理已经确定了数据处理思路的数据。SQL 容易上手，但需要使用者具有一定的编程基础，并且掌握一定的数据库方面的知识。

2. R 语言

R 语言是一个免费、源代码开放并集合了多种算法程序包的软件，常用于统计分析和数据可视化。R 语言属于编程语言，对于非 IT 背景的业务人员，学起来有一定的难度。

3. Python

Python 是一种解释性的脚本语言，拥有强大的库，这些库提供了数据处理及算法分析等功能。Python 语言容易入门，但是深入学习并非易事，毕竟属于编程，深入学习需要有编程基础，对于非 IT 背景的业务人员，学习 Python 很容易从入门到放弃，因为学习 Python 很难像 Excel 或 Power BI 那样，所学即所得，短期很难看到结果，复杂的语法、代码及各种库的引用，让初学者难以坚持下去。针对供应链数据分析，Python 编程很难找到应用落地场景，实用性不如 Excel 和 Power BI。

2.2.6　Excel 与 Power BI 的互补关系

Excel 和 Power BI 两者可以很好地互补。Excel 在处理小数据方面，如数据录入和单表格数据整理的灵活性方面，要优于 Power BI。在数据的深度统计和预测分析方面，Power BI 目前的功能还相对较弱，在涉及诸如预测分析、指数平滑分析、回归分析、模拟分析、规划求解分析等方面，Excel 的功能较为成熟，使用起来简单直接，用 Power BI 就比较尴尬了。

但是，随着大数据的发展，面对多维度、多表联动、高级透视、动态可视化分析及报表发布共享等方面，Excel 就力不从心了，而 Power BI 恰恰可以弥补 Excel 的不足。Excel 与 Power BI 的功能比较见表 2-4。可以看出，整体上，Power BI 在复杂的数据分析、数据建模和可视化方面要优于 Excel。

表 2-4　Excel 与 Power BI 的功能比较

序号	Excel	Power BI
1	适合小数据分析。数据量大，处理速度慢，容易死机	大数据时代，能轻松处理几千万行数据，速度快
2	单机版，无法导入外部数据源	能导入和连接几百种各种数据文件和数据库
3	数据整理功能有限且烦琐，透视表功能简单，无法对多表进行复杂的联动透视分析	智能数据整理，海量大数据，轻松对数据进行行列转换、分组组合、透视与逆透视、合并与拆分、日期智能处理等数据清洗功能，可以进行复杂的多表联动透视分析
4	数据建模功能有限，且须通过 VBA 编程实现，难度较大	有特定的 DAX 函数，无须编程，容易上手，很多函数与 Excel 是通用的
5	无法进行有效的跨表关联和数据分析处理	轻松构建多表关系模型，通过强大的 DAX 函数构建度量值，通过鼠标拖拽即可建立各个表之间的关系，建立数据分析模型
6	可视化图表较少（30 多种），复杂图表（如动态图表）制作难度较大	200 多种图表任意选择，只需鼠标拖拽，图表任意组合，可以瞬间生成自定义的可视化动态仪表盘，对数据进行多维度、多角度分析，从而洞察数据背后的意义，辅助管理决策
7	数据报表无法发布和共享	可以对报表进行发布和分享，达到信息的共享和协作，并可以通过设置授权查看，支持移动端报表查看
8	版本更新速度慢，2～3 年更新一次	更新速度快，每个月更新一次
9	职场基本技能，学习人多，熟悉 Excel 是基本，小数据时代的核心技能	大数据时代，Power BI 还未大规模普及，学习 Power BI，能够增强职场竞争力
两者的联系：都是微软的产品，个人版都是免费的，入门都比较容易，部分函数在 Excel 和 Power BI 中是通用的		

第 3 章
数据分析利器——Excel

Excel 是大多数企业离不开的实用工具，Excel 功能丰富，很多资深用户也往往只掌握了其 10% 的功能。从供应链数据分析的角度，掌握 Excel 常用的功能尤为重要。本章将会介绍以下几个方面的内容：

- Excel 中常用的 12 个函数。
- 数据透视表、条件格式、数据有效性、数据分列与合并等数据处理方法。
- 常用的图表制作方法，如折线图、复合饼图、漏斗图、直方图和瀑布图等。

3.1 数据分析必会的 Excel 函数

函数是 Excel 的"灵魂"，是 Excel 最重要的功能之一，函数的类型有 400 多种，而作为日常业务的数据分析，只需要掌握 20 多种函数即可。

3.1.1 按条件查找引用函数：VLOOKUP

1. 函数语法

VLOOKUP 可称为"函数之王"，是日常办公中使用最为频繁的函数之一，主要用途是查找引用。职场人必须要掌握 VLOOKUP 函数。

VLOOKUP 函数的语法为：

> VLOOKUP（要查找的值，要查找的数据区域，返回数据在查找区域的第几列，精确查找还是模糊查找）。

VLOOKUP 函数一共有四个参数，含义见表 3-1。

第 3 章　数据分析利器——Excel

表 3-1　VLOOKUP 的参数含义

参数	含义	输入数据类型
lookup_value	要查找的值	数值、引用或文本字符串
table_array	要查找的数据区域	数据表区域
col_index_num	返回数据在查找区域的第几列	正整数
range_lookup	精确查找/模糊查找	FALSE（或 0）/TRUE（或 1）

四个参数的具体说明如下：第一个参数表示需要查找的值；第二个参数表示在哪个区域查找，查找的对象必须在该区域的第一列；第三个参数表示函数最终得出的结果在查找区域中的列数是多少；第四个参数表示精确查找还是模糊查找，0 或者 FALSE 表示精确查找，1 或者 TRUE 表示模糊查找，在物流数据分析中，大部分是精确查找，也就是一般用 0 或者 False 表示。

2. 案例

案例文件：第 3 章/案例 3-1 VLOOKUP 查找各单位终端安装量.xlsx

本案例需要查找 3G 加油站在相关单位 PC（个人计算机）终端的安装量，要求根据右侧 1 月各单位的安装量，将数据引用到左侧 B 列。

打开案例文件，在 B6 单元格输入公式：=VLOOKUP(A6,$L$4:$M$24,2,0)，按〈Enter〉键，并将公式下拉至该列底部，即可将安装量数据引用过来，如图 3-1 所示。

说明：#N/A 表示没有查到匹配项；第二个参数是绝对引用，选择 L4:M24 区域单元格后，在键盘上同时按下〈Fn+F4〉快捷键，公式栏中显示为$L$4:$M$24，表示绝对引用，意为将 B 列下拉公式到底部时，引用的 L4:M24 区域是始终不变的。

图 3-1　VLOOKUP 查找引用各单位终端安装量

3.1.2 按条件求和函数：SUMIF、SUMIFS

1. SUMIF 函数：单条件求和

（1）函数语法

SUMIF 函数用于按照某一条件进行求和。语法形式为：

SUMIF(条件区域，条件，求和区域)。

SUMIF 函数一共有三个参数：第一个参数为条件区域，用于条件判断的单元格区域。第二个参数为求和条件，由数字、逻辑表达式等组成判定条件。基于第二个参数的条件在第一个参数中寻找，如果符合条件就筛选出来。第三个参数为实际求和区域。当省略第三个参数时，条件区域就是实际求和区域。

需要注意的是，条件区域和求和区域绝大部分是绝对引用，需要按下〈Fn+F4〉快捷键添加“$”符号，表示此单元格区域属于绝对引用，确保下拉公式后该区域始终固定不变。

（2）案例

案例文件：第 3 章/案例 3-2 用 SUMIF 函数统计五个指定城市的包装数量.xlsx

本案例要求统计 L 列中发往五个指定城市的货物包装数量之和，并将结果输入 M 列中。

打开案例文件，在 M2 单元格中输入公式“=SUMIF($D$2:$D$23,L2,$I$2:$I$23)”，第一个和第三个参数选择绝对引用，按〈Enter〉键，并将公式下拉至底部，即可统计出 L 列五个指定城市的货物包装数量（件数），如图 3-2 所示。

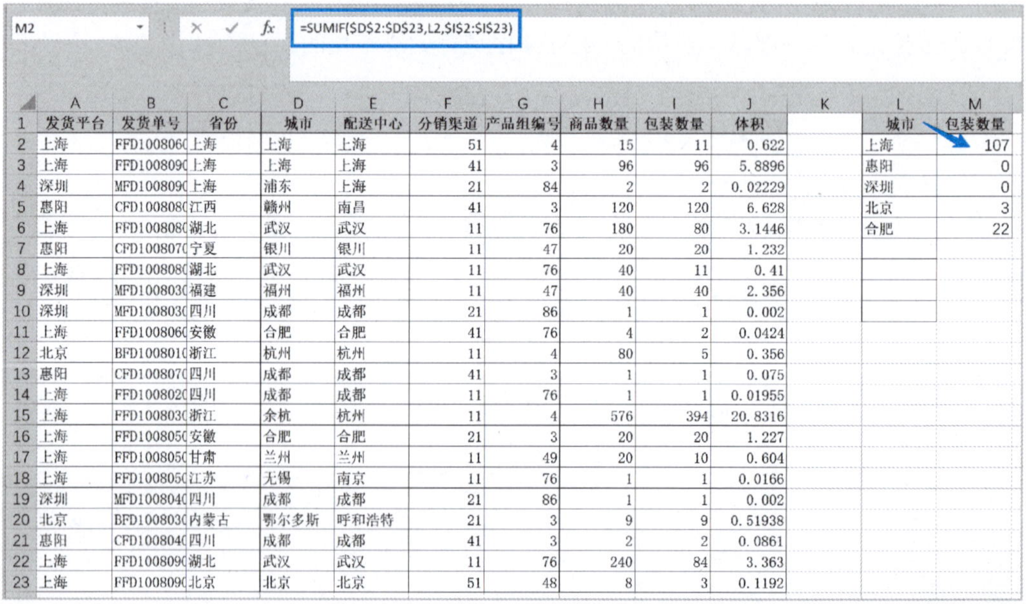

	A	B	C	D	E	F	G	H	I	J	K	L	M
1	发货平台	发货单号	省份	城市	配送中心	分销渠道	产品组编号	商品数量	包装数量	体积		城市	包装数量
2	上海	FFD1008060	上海	上海	上海	51	4	15	11	0.622		上海	107
3	上海	FFD1008090	上海	上海	上海	41	3	96	96	5.8896		惠阳	0
4	深圳	MFD1008090	上海	浦东	上海	21	84	2	2	0.02229		深圳	0
5	惠阳	CFD1008080	江西	赣州	南昌	41	3	120	120	6.628		北京	3
6	上海	FFD1008080	湖北	武汉	武汉	11	76	180	80	3.1446		合肥	22
7	惠阳	CFD1008070	宁夏	银川	银川	11	47	20	20	1.232			
8	上海	FFD1008080	湖北	武汉	武汉	11	76	40	11	0.41			
9	深圳	MFD1008030	福建	福州	福州	11	47	40	40	2.356			
10	深圳	MFD1008030	四川	成都	成都	21	86	1	1	0.002			
11	上海	FFD1008060	安徽	合肥	合肥	41	76	4	2	0.0424			
12	北京	BFD1008010	浙江	杭州	杭州	11	4	80	5	0.356			
13	惠阳	CFD1008070	四川	成都	成都	41	3	1	1	0.075			
14	上海	FFD1008020	四川	成都	成都	11	76	1	1	0.01955			
15	上海	FFD1008030	浙江	余杭	杭州	11	4	576	394	20.8316			
16	上海	FFD1008050	安徽	合肥	合肥	21	3	20	20	1.227			
17	上海	FFD1008050	甘肃	兰州	兰州	11	49	20	10	0.604			
18	上海	FFD1008050	江苏	无锡	南京	11	76	1	1	0.0166			
19	深圳	MFD1008040	四川	成都	成都	21	86	1	1	0.002			
20	北京	BFD1008030	内蒙古	鄂尔多斯	呼和浩特	21	3	9	9	0.51938			
21	惠阳	CFD1008040	四川	成都	成都	41	3	2	2	0.0861			
22	上海	FFD1008090	湖北	武汉	武汉	11	76	240	84	3.363			
23	上海	FFD1008090	北京	北京	北京	51	48	8	3	0.1192			

图 3-2 SUMIF 函数求五个指定城市的货物包装数量

2．SUMIFS 函数：多条件求和

（1）函数语法

SUMIFS 函数为多条件求和，用于对某一区域内满足多重条件（两个条件以上）的单元格求和。语法形式为：

> SUMIFS（求和区，第一个条件区，第一个对应的条件，第二个条件区，第二个对应的条件，第 N 个条件区，第 N 个对应的条件）。

（2）案例

案例文件：第 3 章/案例 3-3 用 SUMIFS 函数统计 8 月上半月的发往指定城市货物的体积之和.xlsx

本案例要求统计出在 8 月上半月发往四个指定城市的货物体积之和，并将结果输入 N 列。

打开案例文件，在 N4 单元格中输入公式"=SUMIFS($K$2:$K$23,$E$2:$E$23,M4,$C$2:$C$23,"<=2010-8-15")"。条件区域和求和区域的参数选择绝对引用，按〈Enter〉键，并将公式下拉至底部，即可统计出 N 列的货物体积之和，如图 3-3 所示。

图 3-3　SUMIFS 函数多条件求和

注意：日期条件要用引号，并且是英文输入法状态下的引号。此外，尤其要注意 SUMIFS 函数的语法，其参数展现的顺序和 SUMIF 相反，切勿混淆。

3.1.3　按条件计数函数：COUNTIF、COUNTIFS

1．COUNTIF 函数：单条件计数

（1）函数语法

COUNTIF 函数用于对指定区域中符合指定条件的单元格计数。语法形式为：

COUNTIF(条件区域，条件)。第一个参数表示要计算其中非空单元格数目的条件区域，第二个参数表示以数字、表达式或文本形式定义的条件。

（2）案例

案例文件：第 3 章/案例 3-4 COUNTIF 函数用法.xlsx

本案例要求统计 K 列中指定的五个城市在 D 列中出现的次数，即指定城市出现的频率。

打开案例文件，在 L3 单元格中输入公式“=COUNTIF($D$2:$D$23,K3)”，K 列中五个指定城市在 D 列中出现的次数就算出来了，如图 3-4 所示。

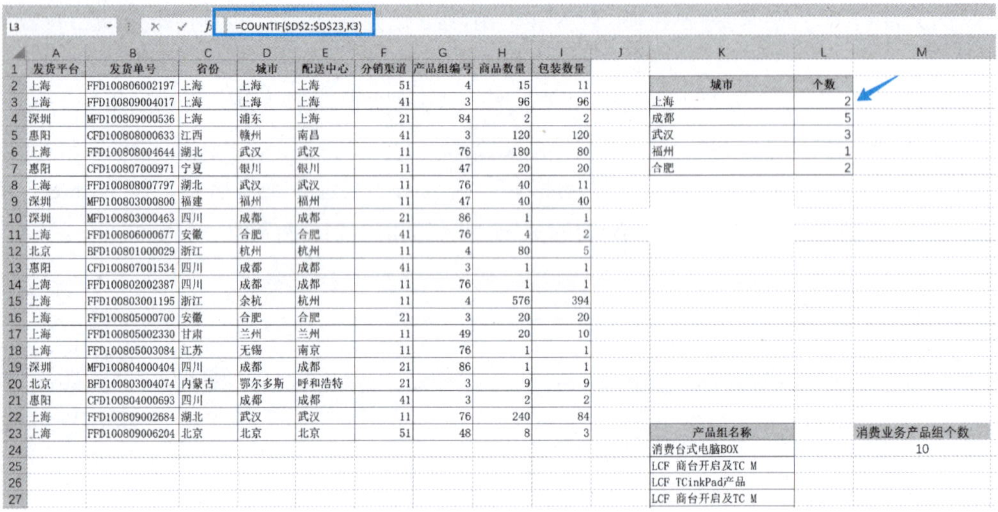

L3 =COUNTIF($D$2:$D$23,K3)

发货平台	发货单号	省份	城市	配送中心	分销渠道	产品组编号	商品数量	包装数量
上海	FFD100806002197	上海	上海	上海	51	4	15	11
上海	FFD100809004017	上海	上海	上海	41	3	96	96
深圳	MFD100809000536	上海	浦东	上海	21	84	2	2
惠阳	CFD100808000633	江西	赣州	南昌	41	3	120	120
上海	FFD100808004644	湖北	武汉	武汉	11	76	180	80
惠阳	CFD100807000971	宁夏	银川	银川	11	47	20	20
上海	FFD100808007797	湖北	武汉	武汉	11	76	40	11
深圳	MFD100803000800	福建	福州	福州	11	47	40	40
深圳	MFD100803000463	四川	成都	成都	21	86	1	1
上海	FFD100806000677	安徽	合肥	合肥	41	76	4	2
北京	BFD100801000029	浙江	杭州	杭州	11	4	80	5
惠阳	CFD100807001534	四川	成都	成都	41	3	1	1
上海	FFD100802002387	四川	成都	成都	11	76	1	1
上海	FFD100803001195	浙江	余杭	杭州	11	4	576	394
上海	FFD100805000700	安徽	合肥	合肥	21	3	20	20
上海	FFD100805002330	甘肃	兰州	兰州	11	49	20	10
上海	FFD100805003084	江苏	无锡	南京	11	76	1	1
深圳	MFD100804000404	四川	成都	成都	21	86	1	1
北京	BFD100803004074	内蒙古	鄂尔多斯	呼和浩特	21	3	9	9
惠阳	CFD100804000693	四川	成都	成都	41	3	2	2
上海	FFD100809002684	湖北	武汉	武汉	11	76	240	84
上海	FFD100809006204	北京	北京	北京	51	48	8	3

城市	个数
上海	2
成都	5
武汉	3
福州	1
合肥	2

产品组名称	消费业务产品组个数
消费台式电脑BOX	10
LCF 商台开启及TC M	
LCF TCinkPad产品	
LCF 商台开启及TC M	

图 3-4　COUNTIF 函数统计 K 列中五个指定城市在 D 列中出现的次数

此外，COUNTIF 函数还能实现模糊查找统计，通过使用通配符“*”实现。在 M24 单元格中输入公式“=COUNTIF(K24:K42,"消费*")”，即可统计 K 列文本中含有“消费”关键词出现了多少次，如图 3-5 所示。

2．COUNTIFS 函数：多条件计数

（1）函数语法

COUNTIFS 函数用于对某一区域内满足多重条件（两个条件以上）的单元格计数。语法形式为：COUNTIFS（第一个条件区，第一个对应的条件，第二个条件区，第二个对应的条件,…,第 N 个条件区，第 N 个条件对应的条件）。

（2）案例

案例文件：第 3 章/案例 3-5 COUNTIFS 函数用法.xlsx

本案例的目的是统计 M 列中 8 月上半月，发货到成都的发货单数。这里有两个条件：第一个条件是要求 8 月上半月发生的；第二个条件是针对成都这个城市。所以，它属于双条件查找出现的次数。

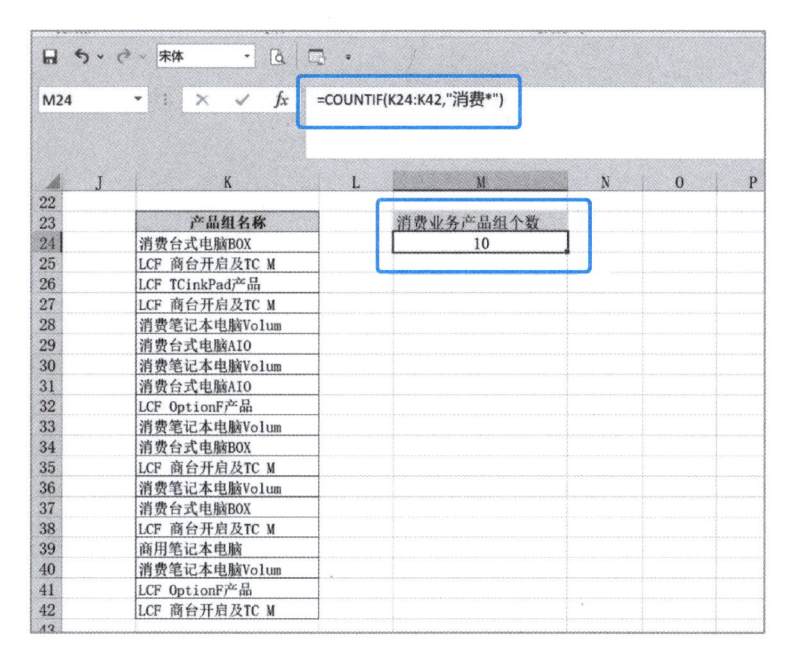

图 3-5　COUNTIF 函数实现模糊查找统计

打开案例文件，在 M5 单元格中输入公式"=COUNTIFS(C2:C23,"<=2010-8-15",E2:E23,"成都")"，即可输出 8 月上半月成都的发货单数，如图 3-6 所示。

图 3-6　COUNTIFS 函数统计 8 月上半月成都的发货单数

3.1.4 批量乘积求和函数：SUMPRODUCT

1. 函数语法

SUMPRODUCT 函数表示在给定的几组数组中，将数组间对应的元素相乘，并返回乘积之和。语法形式为：

>   SUMPRODUCT(数组1,数组2,数组3,…)。

2. 案例

案例文件： 第3章/案例3-6 SUMPRODUCT 函数用法.xlsx

本案例要求根据 G 列"体积"和 I 列"干线费率"，求总的干线运费，并将结果输入 M4 单元格。

打开案例文件，在 M4 单元格中输入公式"=SUMPRODUCT(G2:G32,I2:I32)"，即可求得干线总运费，如图 3-7 所示。J 列是用传统方法，先求每一行干线运费（体积×干线费率），然后再求和。用 SUMPRODUCT 函数计算则省时省力，避免了传统的先求每一行运费后再汇总的计算方式。SUMPRODUCT 函数在规划求解中应用特别广泛，在后面案例分析章节中，SUMPRODUCT 函数经常会被用到。

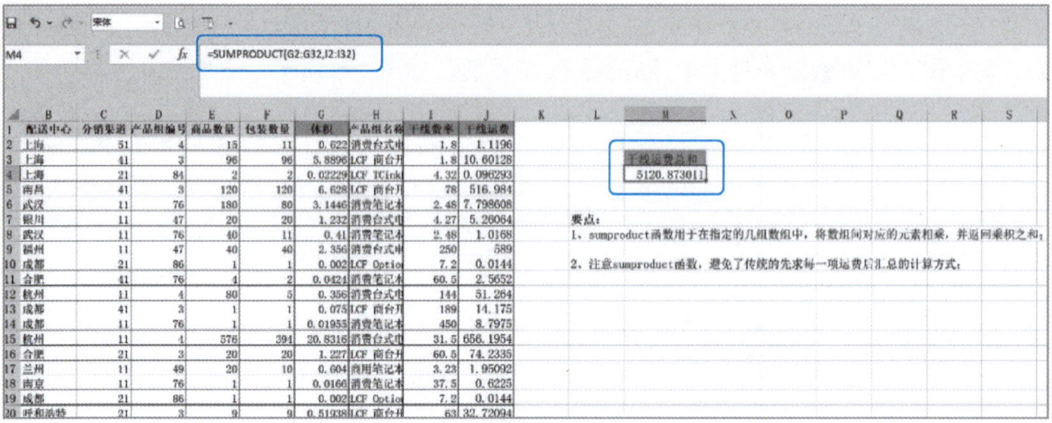

图 3-7 SUMPRODUCT 函数统计干线总运费

此外，SUMPRODUCT 函数还可以根据某些条件进行统计。仍然打开案例文件，切换到多条件求和页面，可以用 SUMPRODUCT 函数统计武汉和成都这两个城市的发货货物总体积。在 I3 单元格中输入公式"=SUMPRODUCT((A2:A32="武汉")+(A2:A32="成都"),G2:G32)"，注意类别之间用"+"表示，这表示"或者"，即表示只要出现武汉或者成都就统计求和，结果如图 3-8 所示。

图 3-8 中所示为 SUMPRODUCT 函数多条件求和的示例表格截图：

公式栏：=SUMPRODUCT((A2:A32="武汉")+(A2:A32="成都"),G2:G32)

行	A 城市	B 配送中心	C 分销渠道	D 产品组编号	E 商品数量	F 包装数量	G 体积	H	I
2	上海	上海	51	4	15	11	0.622		统计武汉和成都的总体积
3	上海	上海	41	3	96	96	5.8896		7.10225
4	浦东	上海	21	84	2	2	0.02229		
5	赣州	南昌	41	3	120	120	6.628		
6	武汉	武汉	11	76	180	80	3.1446		
7	银川	银川	11	47	20	20	1.232		
8	武汉	武汉	11	76	40	11	0.41		
9	福州	福州	11	47	40	40	2.356		
10	成都	成都	21	86	1	1	0.002		
11	合肥	合肥	41	76	4	2	0.0424		
12	杭州	杭州	11	4	80	5	0.356		
13	成都	成都	41	3	1	1	0.075		
14	成都	成都	11	76	1	1	0.01955		
15	余杭	杭州	11	4	576	394	20.8316		
16	合肥	合肥	21	3	20	20	1.227		

图 3-8　SUMPRODUCT 函数多条件求和

3.1.5　多场景分类汇总函数：SUBTOTAL

1. 函数语法

SUBTOTAL 函数返回列表或数据库中的分类汇总。通常，使用"数据"菜单中的"分类汇总"命令可以很容易地创建带有分类汇总的列表。一旦创建了分类汇总，就可以通过编辑 SUBTOTAL 函数对该列表进行修改。语法形式为：

SUBTOTAL(函数数字代码,参数 1,参数 2,…)

函数数字代码为 1～11（包含隐藏值）或 101～111（忽略隐藏值）的数字，指定使用何种函数在列表中进行分类汇总计算。不同的数字代表不同的函数，见表 3-2。

表 3-2　SUBTOTAL 函数数字代码

函数数字代码 （包含隐藏值）	函数数字代码 （忽略隐藏值）	函数
1	101	AVERAGE
2	102	COUNT
3	103	COUNTA
4	104	MAX
5	105	MIN
6	106	PRODUCT

（续）

函数数字代码（包含隐藏值）	函数数字代码（忽略隐藏值）	函数
7	107	STDEV
8	108	STDEVP
9	109	SUM
10	110	VAR
11	111	VARP

“参数 1，参数 2，…”为要对其进行分类汇总计算的第 1～29 个命名区域或引用，必须是对单元格区域的引用。

2．案例

SUBTOTAL 函数的具体应用案例如图 3-9 所示，第 7～8 行有隐藏，需要分别对包含隐藏值和忽略隐藏值的情况进行统计求和。

输入公式“=SUBTOTAL(9,B1:B10)”，返回结果是 160，隐藏值也被统计在内。

输入公式“=SUBTOTAL(109,B1:B10)”，返回结果是 127，隐藏的第 7～8 行数据就没有统计。

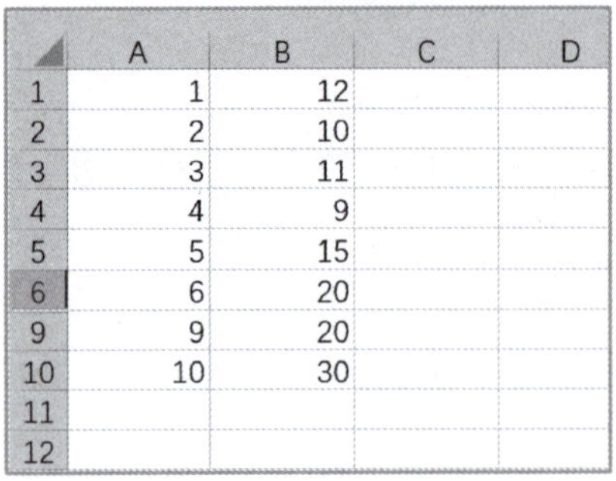

	A	B	C	D
1	1	12		
2	2	10		
3	3	11		
4	4	9		
5	5	15		
6	6	20		
9	9	20		
10	10	30		
11				
12				

图 3-9　SUBTOTAL 函数分类汇总

3.1.6　字符串截取函数：LEFT、RIGHT、MID

1．函数语法

对单元格中字符串的截取，主要用 LEFT、RIGHT、MID 函数，分别表示从左边截取、从右边截取、从任意位置截取。语法形式为：

- LEFT：LEFT（字符串，截取个数 *N*），从字符串左边截取 *N* 个字符。
- RIGHT：RIGHT（字符串，截取个数 *N*），从字符串右边截取 *N* 个字符。
- MID：MID（字符串，开始截取位置，截取字符个数），从左边第 n 位开始截取，从开始截取位置开始向右截取的长度。

2．案例

案例文件： 第 3 章/案例 3-7 LEFT、RIGHT、MID 函数用法.xlsx

打开案例文件，针对 B1 单元格的字符串，分别从左边、右边、任意位置截取（分别用 LEFT 函数、RIGHT 函数、MID 函数），如图 3-10 所示。其结果如图 3-11 所示。

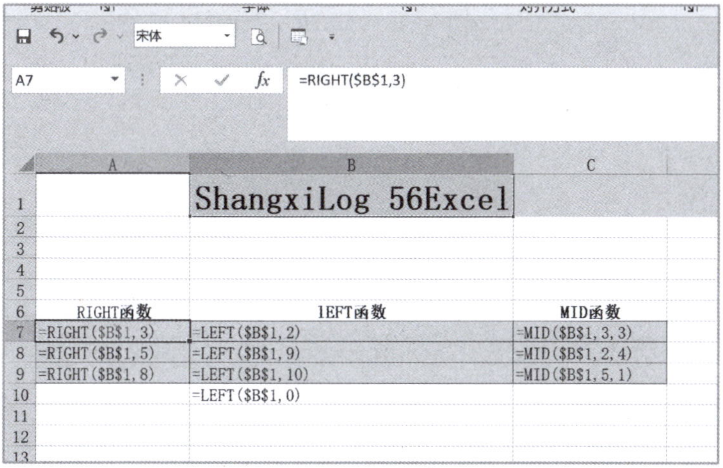

图 3-10 LEFT、RIGHT、MID 函数用法

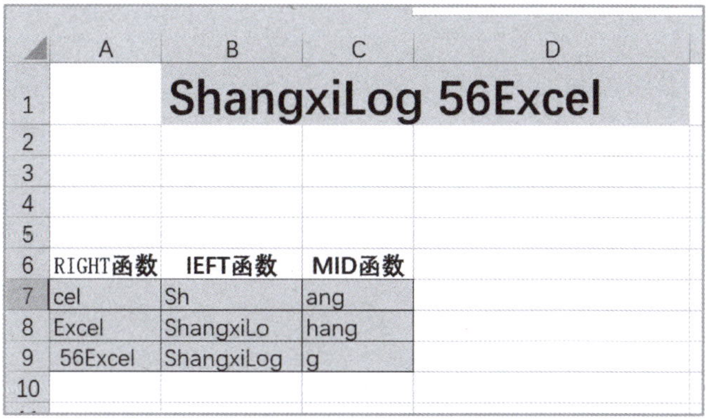

图 3-11 LEFT、RIGHT、MID 函数应用结果

3.1.7 统计日期差函数：DATEDIF

1．函数语法

DATEDIF 函数用来计算两个日期相差的年数、月数、天数，需要输入三个参数。语法形式为：

DATEDIF（起始日期，结束日期，返回单位）。语法详解如图 3-12 所示。

datedif　年数、月数、返回年数月数天数

=DATEDIF(起始日期，结束日期，返回单位)

单位	作用
y	两日期差距的整年数，即已满几年
m	两日期差距的整月数，即已满几月
d	两日期差距的天数，即两者相减的数字
ym	两日期中同年间隔月数的差，忽略日期中的年份
md	两日期中同月间隔天数的差，忽略日期中的月份和年份
yd	两日期中同年间隔天数的差，忽略日期中的年份

图 3-12　DATEDIF 函数语法详解

2. 案例

A3 单元格日期为“1960-6-25”,B3 单元格日期为“1988-6-20”。现在分别求两者相差的年数、月数、天数。

- 年数：=DATEDIF(A3,B3,"y")，返回 27。
- 月数：=DATEDIF(A3,B3,"m")，返回 335。
- 天数：=DATEDIF(A3,B3,"d")，返回 10222。

上面的例子比较简单，接下来将第三个参数改为 ym、md、yd，结果如下：

- 输入 ym：=DATEDIF(A3,B3,"ym")，返回 11；统计起始日期与结束日期的同年间隔月数，忽略日期中的年份。从 6 月算起，到下一年 6 月，期间共 12 个月，相减的话就是 11（如 1～3，一共 3，相减就是 2）。
- 输入 md：=DATEDIF(A3,B3,"md")，返回 26；统计起始日期与结束日期的同月间隔天数，忽略日期中的月份和年份。从 25 日到 30 日共 6 天，加上下个月 1 日到 20 日，共 26 天。
- 输入 yd：=DATEDIF(A3,B3,"yd")，返回 360；统计起始日期与结束日期的同年间隔天数，忽略日期中的年份。从 6 月 25 日到 12 月 31 日，共 189 天，然后从 1 月 1 日到 6 月 20 日，共 171 天，加起来就是 360 天。

使用 DATEDIF 函数时，需要注意以下事项：

- 结束日期一定要大于开始日期，否则会返回错误提示#NUM!。
- 如果 A3 和 B3 的格式是文本，不是日期型的，可以用 DATE 函数转化。
- 第三个参数不区分大小写。

3.1.8　多重逻辑嵌套判断函数：IF

1. 函数语法

IF 函数是 Excel 中使用最频繁、最灵活的函数之一，其基础语法虽然比较简单，但是实际工作中往往需要用到 IF 多重嵌套，一连串长长的嵌套公式会让很多初学者望而生畏。其

实，只要深刻理解了 IF 函数的底层逻辑，初学者使用起来并没有太多障碍。

IF 函数执行的是真假判断，基本语法为：IF(表达式，A，B)。如果表达式满足某条件，结果就返回参数 A，否则就返回参数 B。参数 A 和参数 B 为非此即彼的逻辑关系。IF 的基础嵌套用法用一个简单的例子加以说明。

根据逻辑条件（B 列）的 B2 单元格判断结果（C 列），C2 公式为：=IF(B2<60,"不及格",IF(B2<70,"及格"，IF(B2<85，"良好"， "优秀")))。逻辑条件与判断结果对应关系见表 3-3。

表 3-3　逻辑条件与判断结果对应关系

逻辑条件（B 列）	判断结果（C 列）
小于 60 分	不及格
大于或等于 60 分且小于 70 分	及格
大于或等于 70 分且小于 85 分	良好
大于或等于 85 分	优秀

2. 案例

案例文件：第 3 章/案例 3-8 IF 函数多重嵌套用法.xlsx

本案例需要基于供应商的破损率和评分标准计算得分，逻辑条件和判断结果和上一节的评分案例基本类似，只是多了几个嵌套判断而已。

在 F2 单元格中输入公式“=IF(E2<=20,10,IF(E2<=50,9,IF(E2<=80,8,IF(E2<=110,7,IF(E2<=140,6,IF(E2<=200,4,0))))))”，按〈Enter〉键后下拉公式，结果如图 3-13 所示。

注意：有多少个 IF，公式结尾就有多少个反括号，如本案例有 6 个 IF，公式结尾有 6 个反括号。

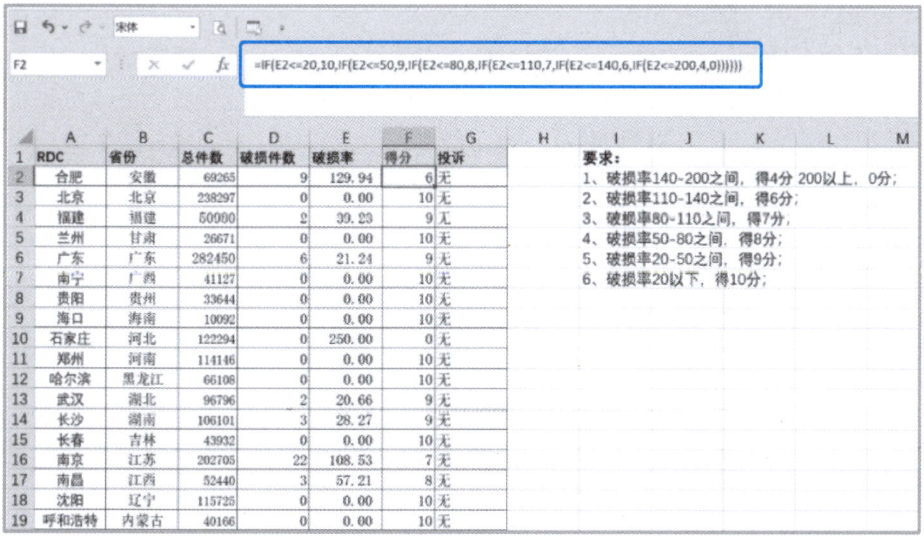

	A	B	C	D	E	F	G
1	RDC	省份	总件数	破损件数	破损率	得分	投诉
2	合肥	安徽	69265	9	129.94	6	无
3	北京	北京	238297	0	0.00	10	无
4	福建	福建	50000	2	39.23	9	无
5	兰州	甘肃	26671	0	0.00	10	无
6	广东	广东	282450	6	21.24	9	无
7	南宁	广西	41127	0	0.00	10	无
8	贵阳	贵州	33644	0	0.00	10	无
9	海口	海南	10092	0	0.00	10	无
10	石家庄	河北	122294	0	250.00	0	无
11	郑州	河南	114146	0	0.00	10	无
12	哈尔滨	黑龙江	66108	0	0.00	10	无
13	武汉	湖北	96796	2	20.66	9	无
14	长沙	湖南	106101	3	28.27	9	无
15	长春	吉林	43932	0	0.00	10	无
16	南京	江苏	202705	22	108.53	7	无
17	南昌	江西	52440	3	57.21	8	无
18	沈阳	辽宁	115725	0	0.00	10	无
19	呼和浩特	内蒙古	40166	0	0.00	10	无

图 3-13　IF 函数多重嵌套

3.2 Excel 报表常用的处理工具

3.2.1 数据透视表：多维度汇总数据

1. 数据透视表概述

数据透视表是一种交互式的表，可以进行某些计算，如求和与计数等。数据透视表功能强大，能针对字段对数据进行多维度、多种形式的汇总，同时又能免去不会使用 Excel 函数汇总分析数据的烦恼。另外，并非所有的表格数据都能构建透视表，如果不注意原始数据的规范性，就可能导致透视出错。

2. 使用数据透视表的前提条件

Excel 数据表能否进行数据透视，需要满足以下几个条件：

- 所有数据在一张表里。透视表的原始数据需要放在一张工作表里，而不是分多张工作表放置。因为透视表的数据基础是同一张工作表中的数据。如果数据是分布在不同表中，需要先将多表合并在一张表后再进行数据透视。
- 是一维表格，不是二维表格。数据透视表的原始数据应该是一维表格，即表的第一行是字段名，下面是字段对应的数据。判断数据表是一维表还是二维表，只需要看列的内容，看每一列是否是一个独立的参数。如果每一列都是独立的参数，那么该数据表就是一维表；如果有两列及以上的同类参数，那么该数据表就是二维表。
- 表中不要有空行和空列，且字段名不能为空，否则将导致建表错误。如果没有数据，建议输入"0"来代替空值。
- 表中不能有任何的合并单元格。原始表格中若有合并单元格，将导致无法透视。
- 数据格式要正确，数据类型要统一。尤其是日期数据，不能设置为文本数据，否则无法使用透视表汇总统计日期数据，也不能进一步使用切片器动态分析数据。

数据透视表的功能非常强大，本节将借助透视表对某制造业成品物流发货明细进行透视分析，让读者快速入门数据透视表。

3. 案例

案例文件：第 3 章/案例 3-9 某制造业发货明细表透视分析.xlsx

如果源数据有几千行甚至更多，要对其进行各种信息汇总的话，数据透视表的汇总效率是各类 Excel 工具中最高的。下面通过案例简要介绍数据透视表的常规操作方法。

图 3-14 所示为发货明细表，可以使用数据透视表对其进行快速汇总处理，汇总结果如图 3-15 所示，清晰明了地展示了每个省份、每个发货单号的包装数量。

	B	C	D	E	F	G	H	I	J	K	L	M	N
1	发货单号	省份	城市	配送中心	分销渠道	产品组编号	商品数量	包装数量	体积	重量	承运商	配送商	运输方式
2	FFD1008060	上海	上海	上海	51	4	15	11	0.622	82.105	上海新	上海新	公路专线
3	FFD1008090	上海	上海	上海	41	3	96	96	5.8896	828.48	上海新	上海新	公路专线
4	MFD1008090	上海	浦东	上海	21	84	2	2	0.02229	3.498	深圳市	上海新	航空运输
5	CFD1008080	江西	赣州	南昌	41	3	120	120	6.628	876.402	深圳市	深圳市	公路专线
6	FFD1008080	湖北	武汉	武汉	11	76	180	80	3.1446	549.792	中铁快	深圳市	铁路运输
7	CFD1008070	宁夏	银川	银川	11	47	20	20	1.232	194.2	中铁快	北京天	铁路运输
8	FFD1008080	湖北	武汉	武汉	11	76	40	11	0.41	84.06	中铁快	深圳市	铁路运输
9	MFD1008030	福建	福州	福州	11	47	40	40	2.356	450	深圳市	深圳市	公路快运
10	MFD1008030	四川	成都	成都	21	86	1	1	0.002	0.7075	深圳市	深圳市	航空运输
11	FFD1008060	安徽	合肥	合肥	41	76	4	2	0.0424	9.44	上海新	上海新	公路专线
12	BFD1008010	浙江	杭州	杭州	11	4	80	5	0.356	72.5	北京福	上海新	公路专线
13	CFD1008070	四川	成都	成都	41	3	1	1	0.075	9.7	深圳市	深圳市	公路专线
14	FFD1008020	四川	成都	成都	11	76	1	1	0.01955	3.86	中铁快	深圳市	公路专线
15	FFD1008030	浙江	余杭	杭州	11	4	576	394	20.8316	3086.072	上海新	上海新	公路专线
16	FFD1008050	安徽	合肥	合肥	21	3	20	20	1.227	168.2	上海新	上海新	公路专线
17	FFD1008050	甘肃	兰州	兰州	11	49	20	10	0.604	82.4	中铁快	北京天	铁路运输
18	FFD1008050	江苏	无锡	南京	11	76	1	1	0.0166	3.42	上海新	上海新	公路专线
19	MFD1008040	四川	成都	成都	21	86	1	1	0.002	0.7075	深圳市	深圳市	航空运输
20	BFD1008030	内蒙古	鄂尔多斯	呼和浩特	21	3	9	9	0.51938	79.254	北京天	北京天	公路专线
21	CFD1008040	四川	成都	成都	41	3	2	2	0.0861	11.2642	深圳市	深圳市	公路专线
22	FFD1008090	湖北	武汉	武汉	11	76	240	84	3.363	586.44	上海新	深圳市	公路专线
23	FFD1008090	北京	北京	北京	51	48	8	3	0.1192	20.288	上海新	志勤美	公路专线
24	FFD1008060	重庆	重庆	重庆	11	49	80	40	1.78	306.8	中铁快	深圳市	公路专线
25	BFD1008040	北京	北京	北京	41	3	2	2	0.12922	17.885	志勤美	志勤美	公路专线
26	FFD1008080	河北	石家庄	石家庄	11	76	80	21	0.82	168.12	中铁快	志勤美	公路专线
27	FFD1008090	陕西	西安	西安	11	76	130	37	1.325	299.58	中铁快	北京天	公路专线
28	BFD1008040	山东	青岛	青岛	41	3	160	160	10.3086	1428.4	青岛天	青岛天	公路专线
29	FFD1008020	深圳	深圳	深圳	51	48	100	20	1.18	111.2	上海新	深圳市	公路专线
30	FFD1008030	甘肃	兰州	兰州	11	76	90	32	1.241	230.19	中铁快	北京天	铁路运输
31	MFD1008030	广东	广州	广州	21	86	2	2	0.0063	1.52534	深圳市	深圳市	公路专线

图 3-14　发货明细表（局部）

	A	B	C
1	省份	发货单号	包装数量
2	江西	CFD100808000633	120
3	山东	BFD100804000993	160
4	辽宁	FFD100806001037	140
5	广东	CFD100804001695	176
6	河南	FFD100806003254	136
7	河南	BFD100807002454	123
8	山东	BFD100803002699	150
9	浙江	FFD100809000754	103
10	广东	CFD100806000076	158
11	贵州	CFD100809000732	163
12	湖南	FFD100807008651	105
13	陕西	BFD100804001351	135
14	内蒙古	BFD100803002036	120
15	江苏	FFD100804002976	196
16	山东	BFD100809002612	150
17	山东	CFD100806001497	127
18	内蒙古	BFD100804003591	140
19	宁夏	BFD100808000048	144
20	辽宁	BFD100809003918	102
21	广东	CFD100808000661	170
22	山东	FFD100805003583	129
23	浙江	FFD100808007471	110
24	四川	CFD100809000674	144
25	湖北	FFD100805001892	141

图 3-15　使用数据透视表汇总后的结果

该案例的具体操作步骤如下：

步骤1：选择数据。单击菜单栏的"插入"，单击工具栏中的"数据透视表"，选择透视表要放置的位置，如图3-16所示。

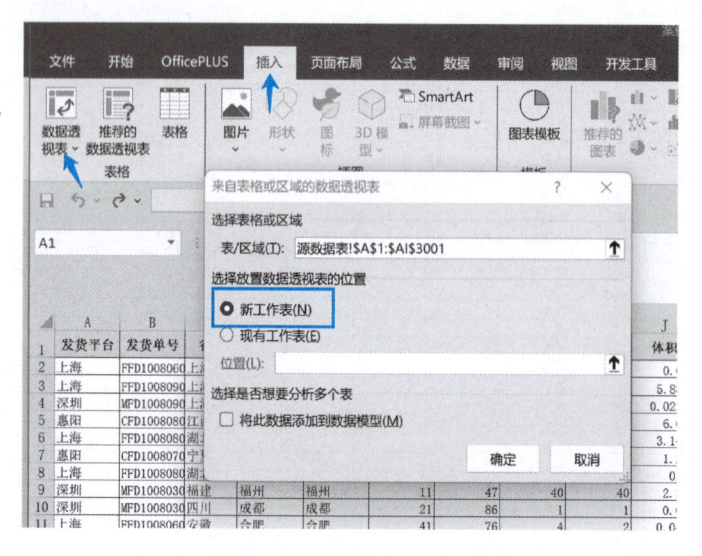

图3-16 插入数据透视表

步骤2：在透视表中完成布局，这是透视表最重要的一步。在透视表布局字段时，可以拖动"字段列表"中的字段到"筛选""行区域字段""列区域字段""值"中。可以根据筛选来统计发货明细表中各个省份的商品数量、体积、包装数量、干线运费和配送运费等，如图3-17所示。

图3-17 透视表布局

步骤 3：插入计算字段。在上一步布局的基础上，可以对透视表进行各种设计，如增加字段、值显示设置、格式设置等，操作路径都是在菜单栏"数据透视表工具"下进行。如果需要增加运费合计（运费合计=干线运费+配送运费），则可以通过插入计算字段来输入新的字段名称"总运费汇总"，公式选择"=干线运费+配送运费"，操作步骤和结果分别如图 3-18 和图 3-19 所示。

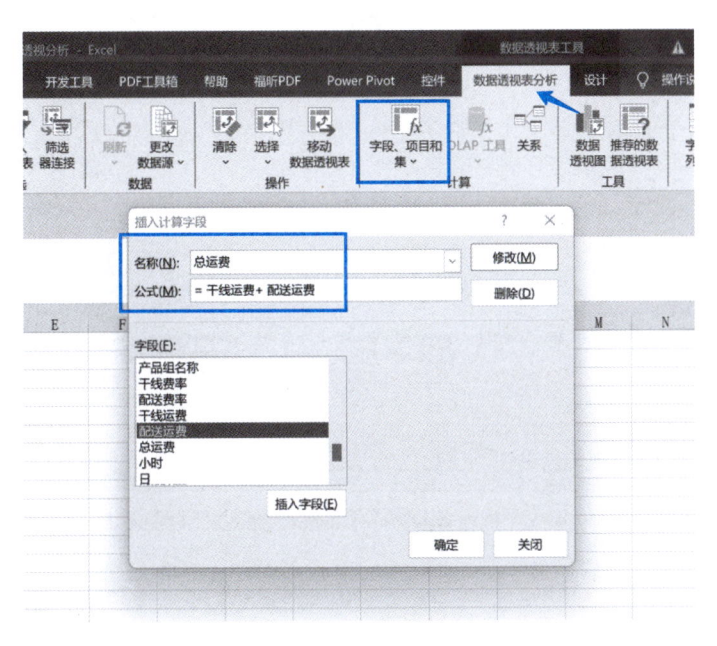

图 3-18　插入计算字段（一）

图 3-19　插入计算字段（二）

步骤 4： 生成数据透视图。可以对透视后的结果进行可视化图表展示，具体操作为："数据透视图工具"→"数据透视图分析"→"数据透视图"，可以对字段中的"发货平台"和"省份"进行筛选，生成的数据透视图如图 3-20 所示。

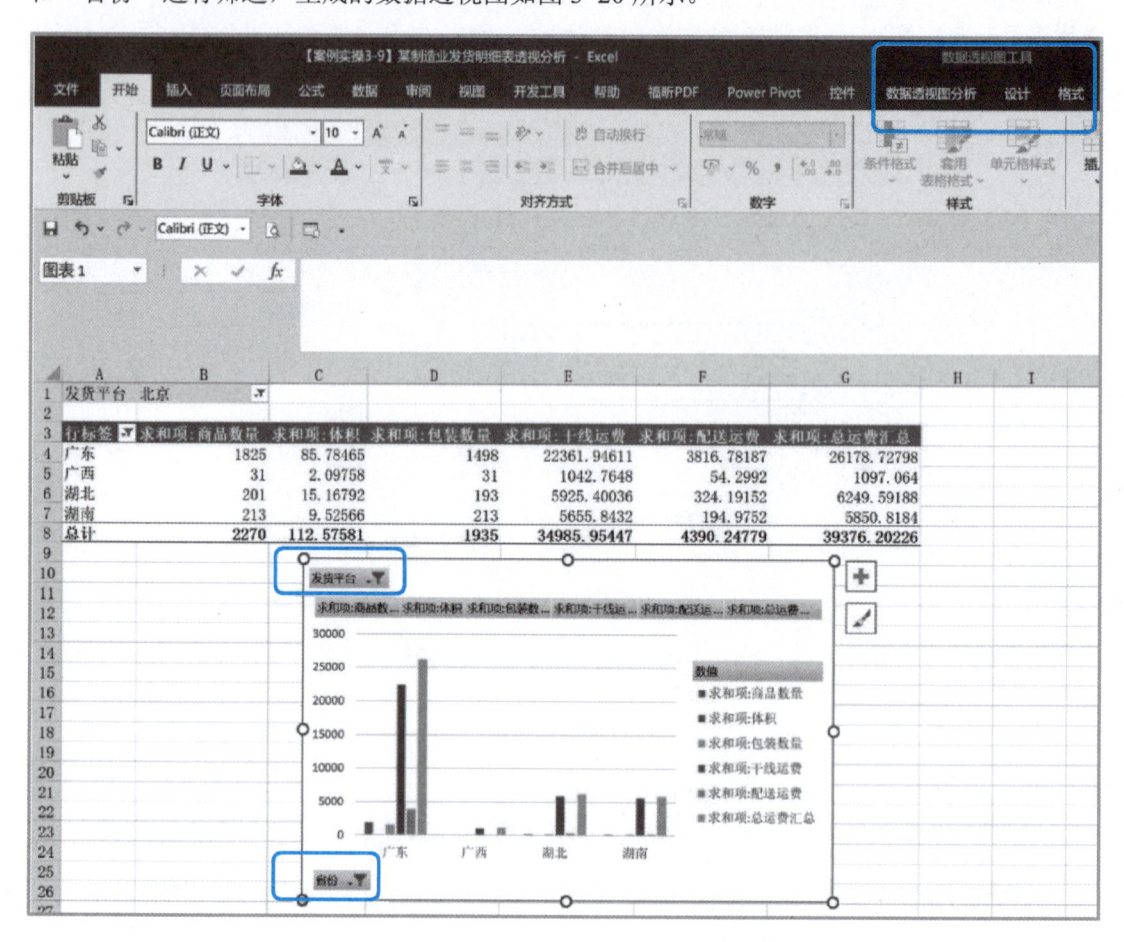

图 3-20　数据透视图

3.2.2　条件格式：按条件显示不同颜色

1. 条件格式概述

条件格式可以让用户通过颜色直观地看明白数据表达的含义。在阅读大量的表格数据时，如果能够使用条件格式，报表的使用者就会迅速观察到数据呈现的重点内容。

条件格式的设置方法如图 3-21 所示，首先选定单元格 B2:B11，在菜单栏中单击"开始"，在工具栏中单击"条件格式"，即可进行各项设置。

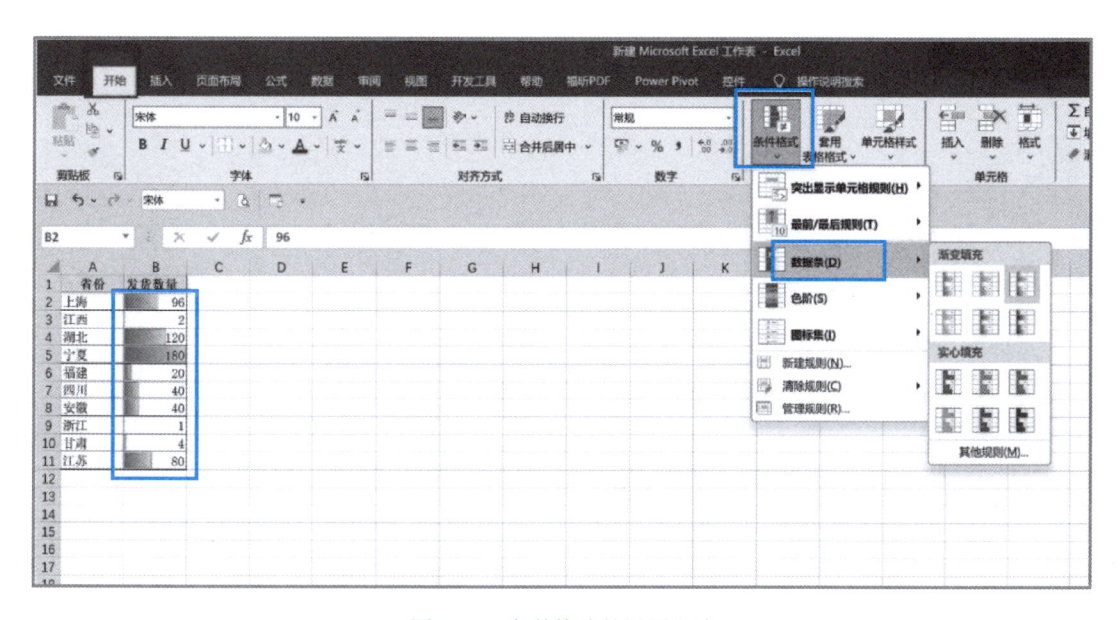

图 3-21 条件格式的设置方法

2. 案例

案例文件：第 3 章/案例 3-10 条件格式案例.xlsx

本案例主要讲解条件格式的操作路径和应用方法，通过条件格式实现不同颜色的数据条显示功能。

打开案例文件，制作进度图的源数据如图 3-22 所示。

图 3-22 源数据

步骤 1：数据整理。首先进行数据整理，调整列宽，去掉网格线和边框，如图 3-23 所示。

步骤 2：条件格式规则设置。选择 B3:C8 数据区域，单击"开始"菜单→"条件格式"→"新建格式规则"→"使用公式确定要设置格式的单元格"，输入公式为：=（D$2>=$B3）*（D$2<=$C3）。公式的意思是，第 2 行日期大于等于开始日且小于等于结束日，即项目进度。设置单元格背景颜色为绿色，如图 3-24 所示。

41

图 3-23 进度数据整理

步骤 3：新建规则并设置颜色。新建规则，输入公式"=D$2=TODAY()"。这个公式的目的是突出显示整个项目进程的当前日期。单击"格式"，设置虚线边框和字体颜色为红色，如图 3-25 所示。

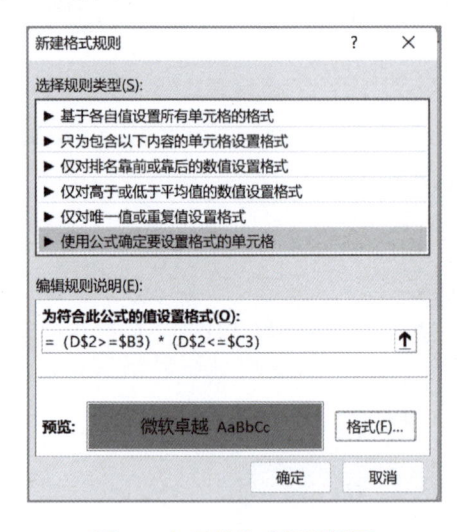

图 3-24 条件格式规则设置　　　　图 3-25 突出显示整个项目进程的当前日期

3.2.3 数据有效性：确保正确的数据输入

1．数据有效性概述

数据有效性也叫数据验证，是为特定单元格定义可以接受信息范围的工具，可以对输入的数据从内容到数量上进行限制，这样可以依靠系统检查数据的正确性，避免错误的数据录入。Excel 中，数据有效性通过"数据验证"→"序列"选项实现，设置方法如图 3-26 所示。

2．案例

案例文件：第 3 章/案例 3-11 数据有效性.xlsx

本案例的目的是通过设置 Excel 的数据有效性功能，实现特定单元格锁定特定选项的效果。

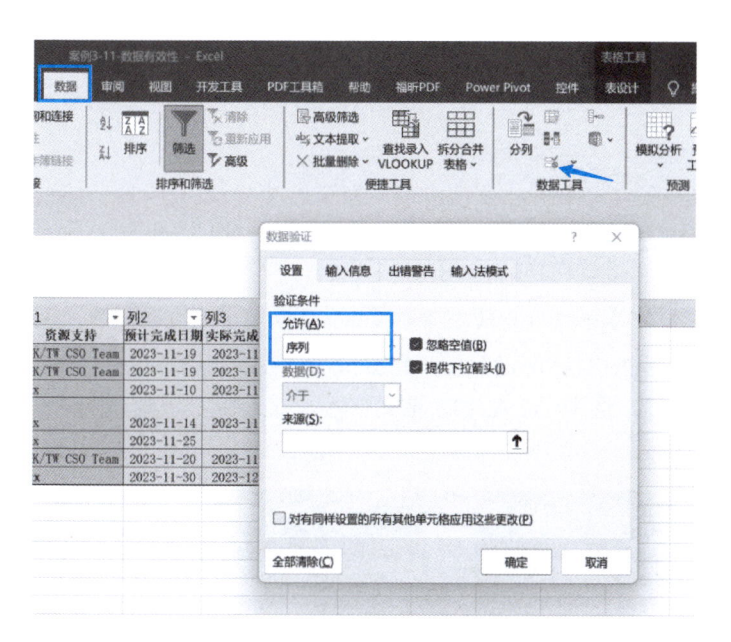

图 3-26 数据有效性设置方法

本案例要求在 E 列完成状态下，只能选择三种状态：open、ongoing、closed。操作路径：选中 E2:E9 单元格，选择"数据"→"数据验证"→"验证条件"，在"允许"下选择"序列"，在"来源"下输入"open,ongoing,closed"，结果如图 3-27 所示。

图 3-27 数据有效性——序列

43

3.2.4 数据分列：灵活拆分特定数据

1．数据分列概述

数据分列是将一列字符串拆分单独成列，便于后续分析。在处理 Excel 列数据时，经常会遇到"有规律的字符串"，需要将它们拆开，此时可以使用"数据分列"功能。

2．案例

案例文件： 第 3 章/案例 3-12 数据分列.xlsx

本案例要求将 A 列中的年份提取出来单独成列，操作步骤如下：

步骤 1： 设置分列。选中 A2:A2172 单元格区域，选择"数据"→"分列"，选择"分隔符号"，如图 3-28 所示。

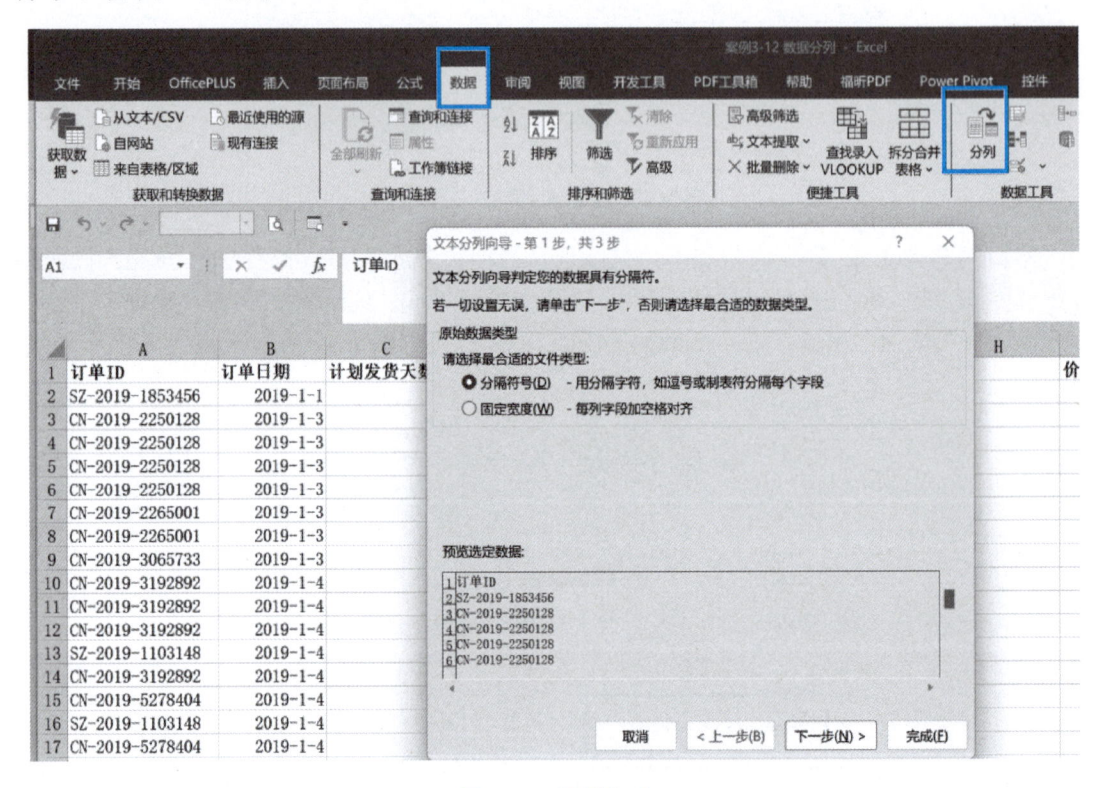

图 3-28 设置分列

步骤 2： 设置分列数据格式。单击"下一步"，列数据格式选择"常规"，目标区域选择 "$K$2"，即将分类后的目标结果列放在 K 列。然后单击"数据预览"下的年份，使其变成黑色状态，如图 3-29 所示。单击"完成"，最终结果如图 3-30 所示。

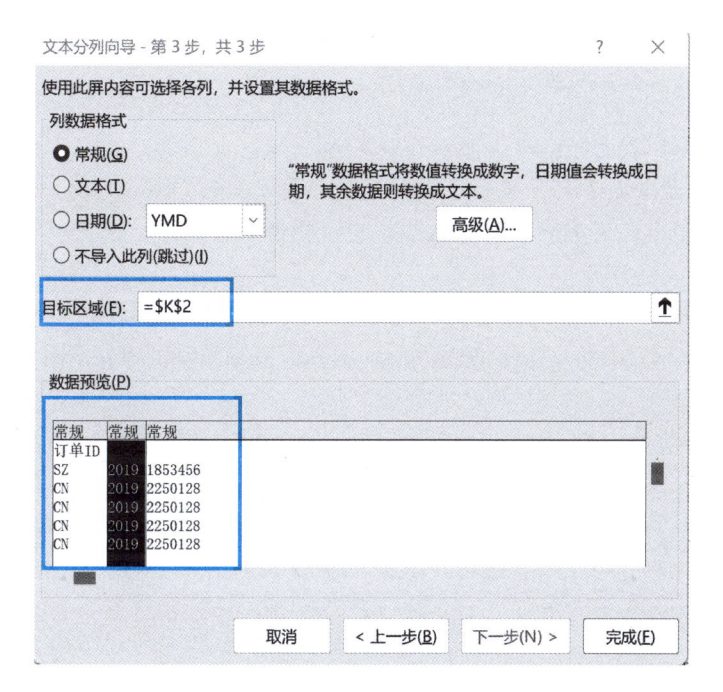

图 3-29 设置分列数据格式

图 3-30 数据分列结果

3.2.5 数据合并：高效便捷的多表合并

1. 数据合并概述

数据合并是将多个表格合并成一张表格，便于后续的数据整合分析。对于结构一致的多张工作表，通过 Excel 的多表合并计算功能，可以将多表合并为一张表。

2. 案例

案例文件：第 3 章/案例 3-13 合并计算汇总多表.xlsx

源数据表如图 3-31 所示，需要分别将 A、B、C 三家承运商表格合并为一张工作表。操作步骤如下：

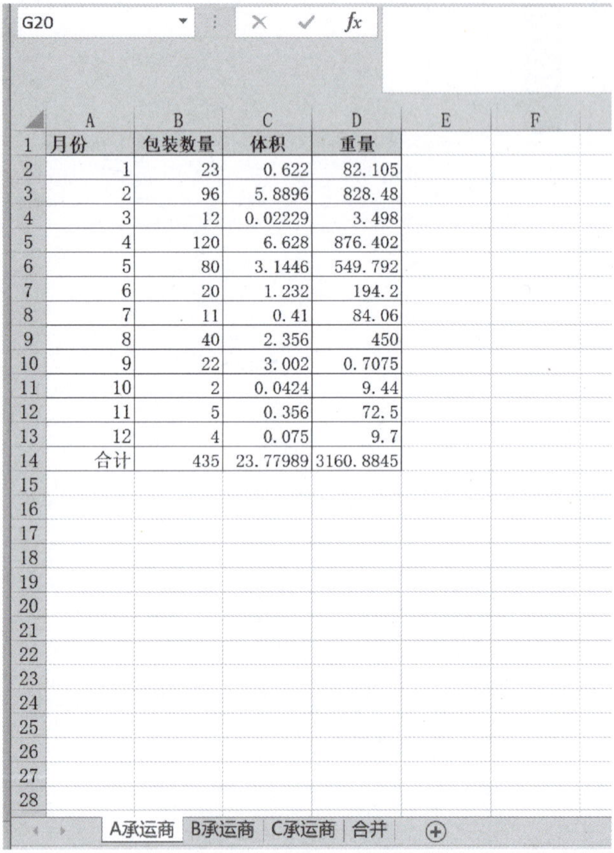

月份	包装数量	体积	重量
1	23	0.622	82.105
2	96	5.8896	828.48
3	12	0.02229	3.498
4	120	6.628	876.402
5	80	3.1446	549.792
6	20	1.232	194.2
7	11	0.41	84.06
8	40	2.356	450
9	22	3.002	0.7075
10	2	0.0424	9.44
11	5	0.356	72.5
12	4	0.075	9.7
合计	435	23.77989	3160.8845

图 3-31　源数据表

步骤 1：选择合并计算。在合并表中选中 B2 单元格，选择“数据”→“合并计算”，弹出“合并计算”对话框，如图 3-32 所示。

第 3 章　数据分析利器——Excel

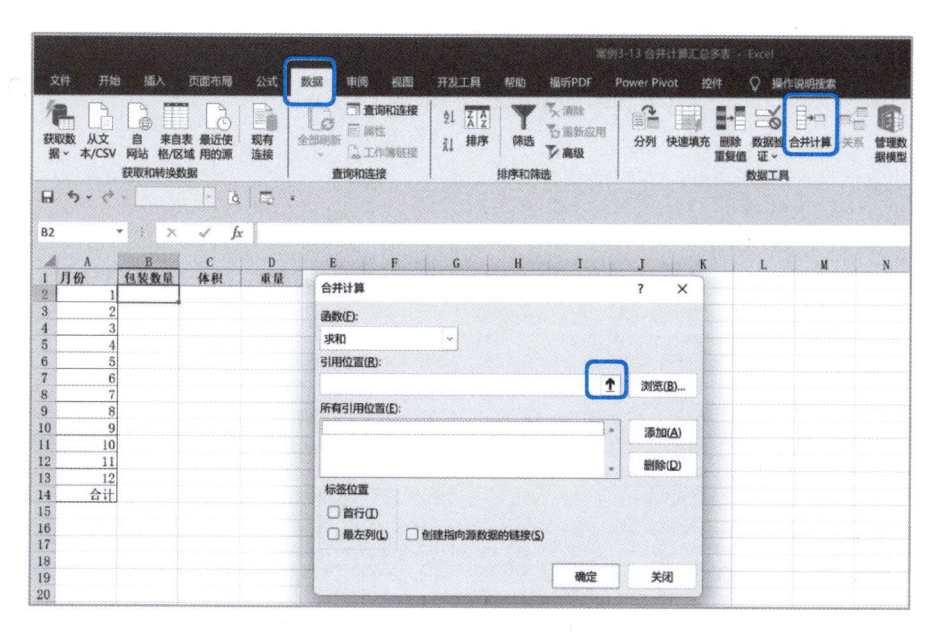

图 3-32　选择合并计算

步骤 2：添加数据区域。单击"引用位置"下的向上箭头，分别在 A、B、C 承运商中将$B$2:$D$14 单元格区域引用添加进来，如图 3-33 所示。

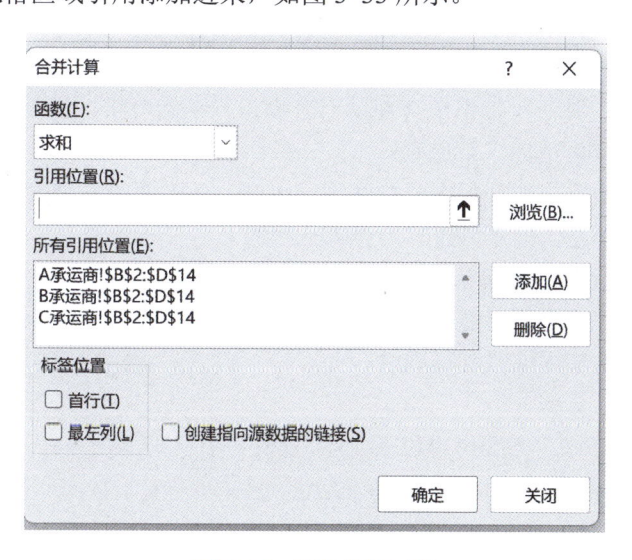

图 3-33　添加数据区域

步骤 3：显示合并后的结果。单击"确定"，结果如图 3-34 所示，三家承运商的数据就合并计算在一张表里了。

47

月份	包装数量	体积	重量
1	118	6.43	879.373
2	156	10.2376	1440.348
3	24	0.12047	14.938
4	132	7.54445	985.962
5	87	3.6594	613.272
6	99	4.65592	781.8882
7	15	0.5049	97.391
8	64	3.4517	607.535
9	29	3.336	38.9475
10	714	41.03575	5588.105
11	25	1.172	188.5
12	156	8.3164	1179.574
合计	1619	90.46459	12415.83

图 3-34　合并后的结果

3.3　常用的 Excel 图表

3.3.1　选择、制作 Excel 图表的要点

1. 应用场景

通过可视化图表工具，可以形象直观地对数据进行探索分析，洞察数据背后的真相。在创建可视化图表时，需要遵循以下原则：

- 尽量使用常用图表，如柱形图、折线图、饼图、环形图等常规图表。
- 图表颜色尽量丰富，但不宜过多，推荐同色系。
- 适当使用图表背景色并分隔图表。
- 图表要设置升序或降序，显得规整。
- 重点关注图表的应用场景和局限性。

2. 制作要点

对图表的美化和修饰，需要考虑以下几个方面：

- 主副标题。
- 字体。
- 刻度线。
- 隐藏坐标轴（去掉 Y 轴竖线条）。
- 分类间距。
- 配色方案。

- 修饰网格线。
- 去掉边框线。
- 评估 Y 轴标签是否删除。
- 数据来源。

图 3-35 所示为标准化制作和美化后的图表。因篇幅限制，本小节的 Excel 图表部分仅介绍各个图表的应用场景和制作要点。

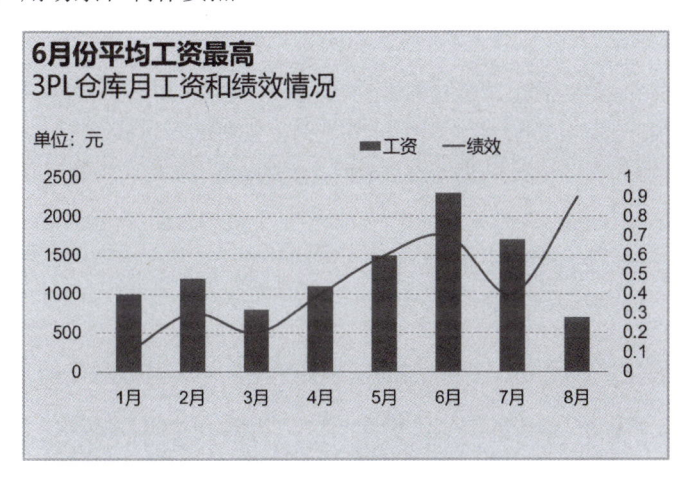

图 3-35 标准化制作和美化后的图表

3.3.2 趋势分析——折线图

1. 应用场景

折线图主要用来观察数据变化的趋势，例如上升、下降或者各种形态的波动。图 3-36 所示为标准化的折线图。

2. 制作要点

- 线条要尽量粗一些，并且用对比强烈的颜色和背景网格线区分开来。
- 如果想强调某个时间点的数据，可以使用参考线，或者在折线上用三角形或者箭头等符号做标记。
- 数据线不要超过 4 条，最好控制在 3 条及 3 条以内。
- 不要使用倾斜的标签。
- 纵坐标轴一般刻度从 0 开始。
- 数据标签需要设置为 Arial 字体。
- 如果某个数据点属于预测值，需要用虚线表示。

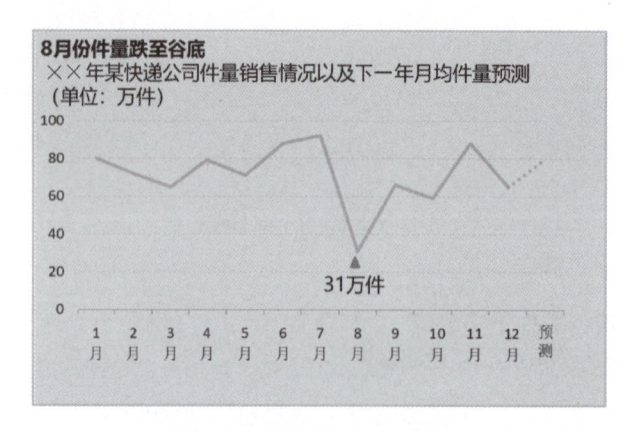

图 3-36　标准化的折线图

3.3.3　结构分析——复合饼图

1. 应用场景

复合饼图用于有限类别的百分比比例展示。图 3-37 所示为标准化的复合饼图。

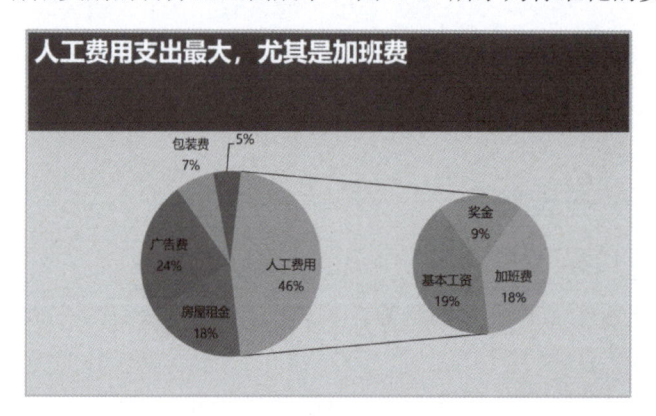

图 3-37　标准化的复合饼图

2. 制作要点

当复合饼图用于表述复杂的数据时，在源数据工作表中输入数据信息后，应把子饼图表述的类别放在源数据工作表的后面，以分项的形式单列出来，分项数据应不少于两个。

第二绘图区扇区的个数，在数据序列格式中设定。

3.3.4　转化分析——漏斗图

1. 应用场景

漏斗图本质上是一个倒三角形的条形图，它适用于业务流程比较规范、周期长、环节多的流程分析。通过漏斗图对各环节业务数据进行比较，能够直观地分析业务各环节中哪些环节出了问题，互联网行业和电商平台经常用漏斗图来分析流量的转化情况。图 3-38 所示为标准化的漏斗图。

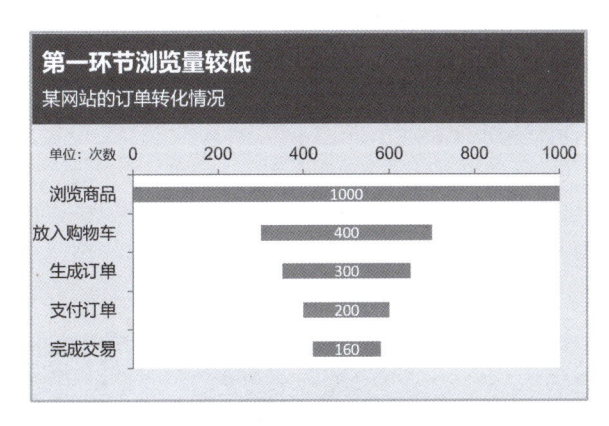

图 3-38　标准化的漏斗图

2．制作要点

常规漏斗图制作相对简单，需要注意的是，漏斗图适合有逻辑顺序的分类对比数据，数据量太大时不适合用漏斗图呈现。

3.3.5　绩效分析——雷达图

1．应用场景

雷达图经常用于定性指标的评分分布，如多维度的绩效打分。图 3-39 所示为标准化的雷达图。

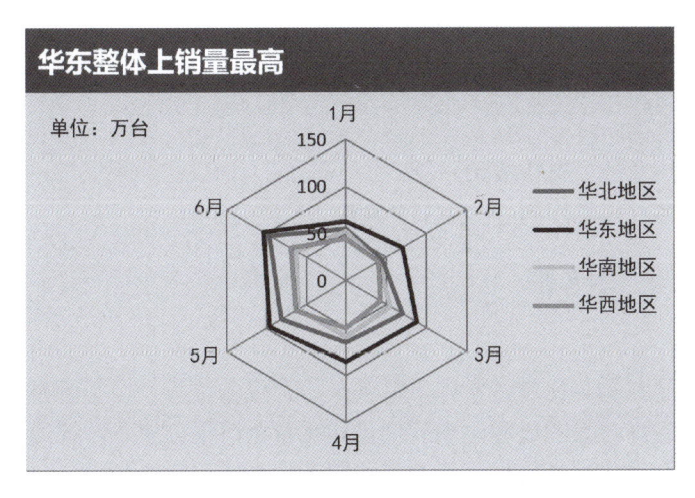

图 3-39　标准化的雷达图

2. 制作要点

雷达图用于显示数值相对于中心点的变化，当不能直接比较类别时，可选择雷达图。在不带数据标记的雷达图中，它将相同组的数据点用同一颜色的直线连接起来，雷达图适用于对 3 个及 3 个以上分类标签进行表述。当分类标签较少时，适合用堆积柱形图（堆积条形图）；当分类标签较多时，选择雷达图比较合适。

3.3.6　频率分析——直方图

1. 应用场景

直方图主要用于频率分析，在生产质量分析中经常用到。图 3-40 所示为标准化的直方图。

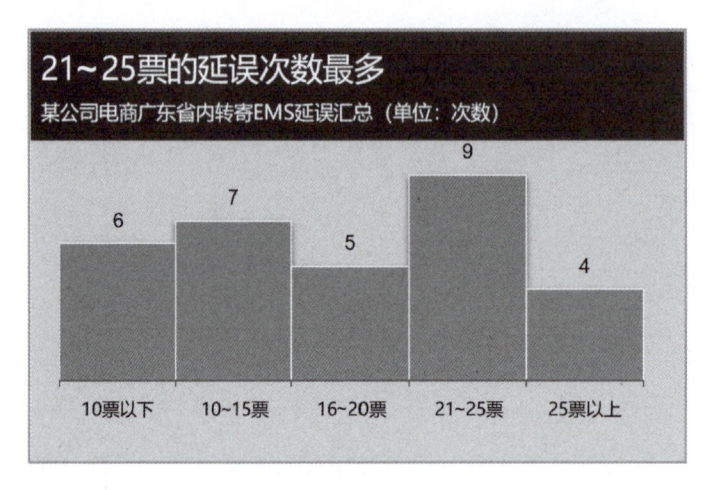

图 3-40　标准化的直方图

2. 制作要点

- 制作图表前需要数据整理和分类。
- 需要调整分类间距。
- 图标样式，注意选择有格线条。
- 分组统计频率，需要用到 COUNTIF 函数。

3.3.7　构成分析——瀑布图

1. 应用场景

瀑布图主要用于结构化比较，常用于财务分析、成本分析，用于解释受增量或减量影响的实体数据值之间逐渐过渡的过程，中间增量和减量由浮动列表示，并通过不同的颜色区分正值和负值。优点是可以清晰地展示每个影响因子的增减对总量的影响。图 3-41 所示为标准化的瀑布图。

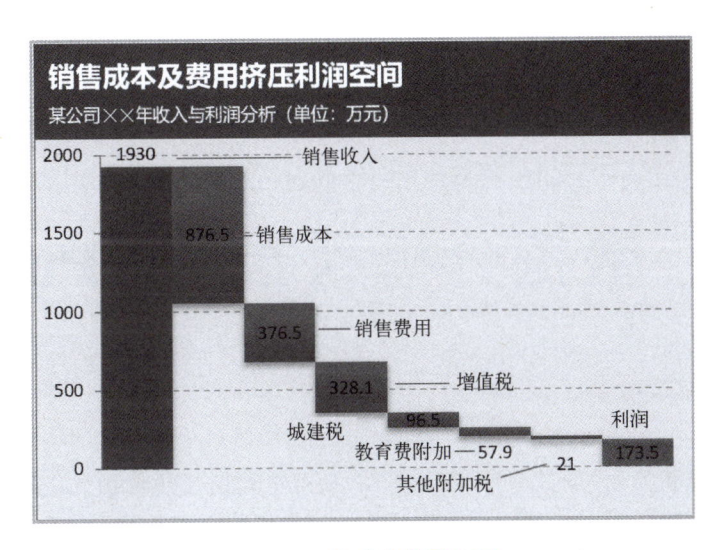

图 3-41　标准化的瀑布图

2. 制作要点

在 Excel 2016 版本之前，瀑布图不是内置的图表，需要通过一系列变换才能制作。在 Excel 2016 版本之后，瀑布图成为 Excel 的内置图表组件，制作起来非常简单。

第4章
数据分析利器——Power BI

本章重点介绍数据分析利器——Power BI 的基本概念、组件构成、基本术语、工作流程；学习 Power BI 的必要性；Power BI Desktop 软件安装方法及操作界面；通过一个完整的数据分析可视化案例，让读者对数据分析的过程有一个系统性的认识。本章将会介绍以下几个方面的内容：

- Power BI 的组件构成。
- Power BI 的工作流程。
- 学习 Power BI 对个人职业发展的价值。
- Power BI Desktop 的安装方法。
- Power BI Desktop 的菜单栏界面。
- 应用 Power BI 进行数据分析与可视化的操作步骤。

4.1 认识 Power BI

4.1.1 Power BI 是什么

Power BI 是一款由微软研发的商业智能分析软件。使用者利用它可以连接数百个数据源进行数据清洗、数据建模，并进行数据可视化，生成丰富的交互式可视化仪表盘报告，发布到网页和移动设备上，供有权限的人员随时随地查阅，以便检测企业各项业务运行情况。

Power BI 既可以作为个人报表的数据处理工具，也可以作为项目组、部门或整个企业的 BI 部署和决策引擎。这是近年来 Power BI 同时受到个人和企业热捧的原因之一。图 4-1 总结了 Power BI 的特征。

第 4 章 数据分析利器——Power BI

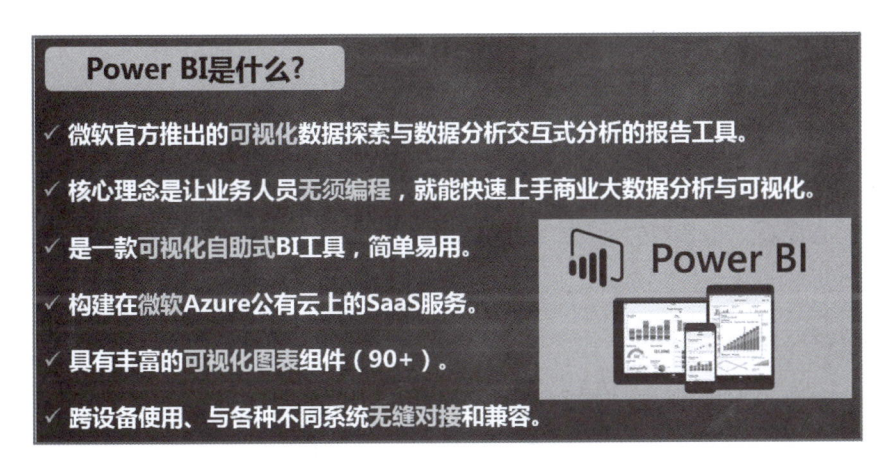

图 4-1 Power BI 的特征

4.1.2 Power BI 能做什么

概括起来，Power BI 具有以下功能：
- 数据清洗：Power BI 能抓取网站或连接几百种数据源（Excel 文件/ERP/各种数据库等），获取源数据，凭借其丰富的菜单命令，通过鼠标操作即可实现比 Excel 更强大的功能，能够对数据进行行列转换、分组组合、透视与逆透视、合并与拆分、日期智能处理等数据清洗操作。
- 数据建模：清洗完数据，Power BI 能通过强大的 DAX 函数构建度量值/指标值，通过鼠标拖拽即可，建立各个表之间的关系，建立数据分析模型。
- 数据可视化：Power BI 提供 200 多种图表供用户任意选择，只需要拖拽鼠标，即可任意组合图表，快速生成自定义的可视化动态仪表盘，对数据进行多维度、多角度分析，从而洞察数据背后的意义，辅助管理决策。
- 报表分享：Power BI 可以对报表进行发布和分享，达到信息的共享和协作，并可以通过设置授权查看，还支持移动端报表查看。

4.1.3 为什么要学习 Power BI

"大智移云物区"——大数据、人工智能、移动互联网、云计算、物联网和区块链等技术的快速发展，各种数据可视化应用层出不穷，随之出现了大量的商业可视化分析工具。在众多可视化工具中，微软 Power BI 横空出世，后来居上。

众所周知，微软家族产品众多，Power BI 只是众多产品中的一个，微软如今每个月都在对 Power BI 功能进行更新，相比 Office 产品 3～5 年更新一次的频率来看，Power BI 每月更新的速度足以证明微软对 Power BI 寄予厚望，并多年获得了 Gartner 的认可。Power BI 致力于实现大众化，微软不仅希望 Power BI 成为企业的标配，而且能为每个人所用，即人人都是数据分析师。

目前，Power BI 在商业智能和分析平台领域处于遥遥领先的地位，发展前景良好。Power BI 已经被世界范围内 97%的世界 500 强企业使用，如图 4-2 所示。

图 4-2 使用 Power BI 的世界 500 强企业（部分）

对于个人职场发展来说，学习 Power BI 尤为必要。大部分人平时接触最多的是 Excel，但是当数据量较大时，Excel 就显得力不从心了。当需要处理复杂的数据时，用 Excel 比较繁杂，而用 Power BI 数据清洗功能就方便多了。例如，求去年同期销售额、求年初累计销售额、生成时间表、取出不重复的订单生成一张表等，用 Power BI 能轻松解决。

经过多年的发展，Excel 已经成为职场人的基本技能，Excel 再熟练，也无法成为职场核心竞争力，而熟练掌握 Power BI，将会领先一步，能够大大提升自己的职场竞争力。

4.2 Power BI Desktop 概述

4.2.1 Power BI Desktop 的安装方法

微软 Power BI Desktop 是一款完全免费的个人桌面版产品，用户可登录微软官方网站免费下载软件安装包，在本地计算机自行安装。安装步骤如下：

步骤 1：下载 Power BI Desktop 软件。登录微软官方下载网址：https://www.microsoft.com/zh-CN/download/details.aspx?id=45331，打开下载页面，如图 4-3 所示。单击"下载"按钮，弹出"选择您要下载的程序"页面，如果操作系统是 32 位，则勾选"PBIDesktop.msi"复选框；如果操作系统是 64 位，则勾选"PBIDesktop_X64.msi"复选框。

第 4 章 数据分析利器——Power BI

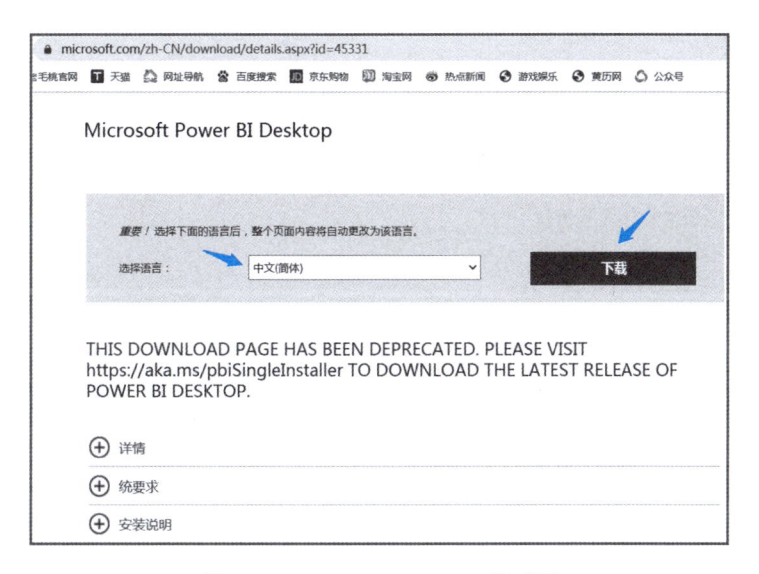

图 4-3 Power BI Desktop 下载页面

步骤 2： 启动安装向导。单击"下一步"按钮，进入安装向导，按照系统提示安装即可，如图 4-4 所示。安装过程中会弹出"Microsoft 软件许可条款"对话框，勾选"我接受许可协议中的条款"，如图 4-5 所示。在"目标文件夹"对话框中单击"更改"，指定安装位置，如图 4-6 所示。在"已准备好安装 Microsoft Power BI Desktop（x64）"对话框中，勾选"创建桌面快捷键"复选框（建议），创建桌面快捷键，为以后每次启动 Power BI Desktop 程序提供方便，然后单击"安装"按钮进行软件安装，如图 4-7 所示。

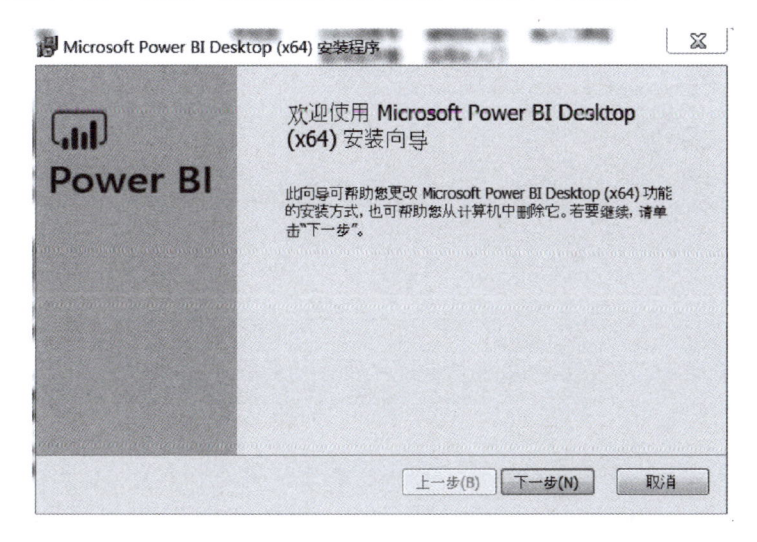

图 4-4 启动安装向导

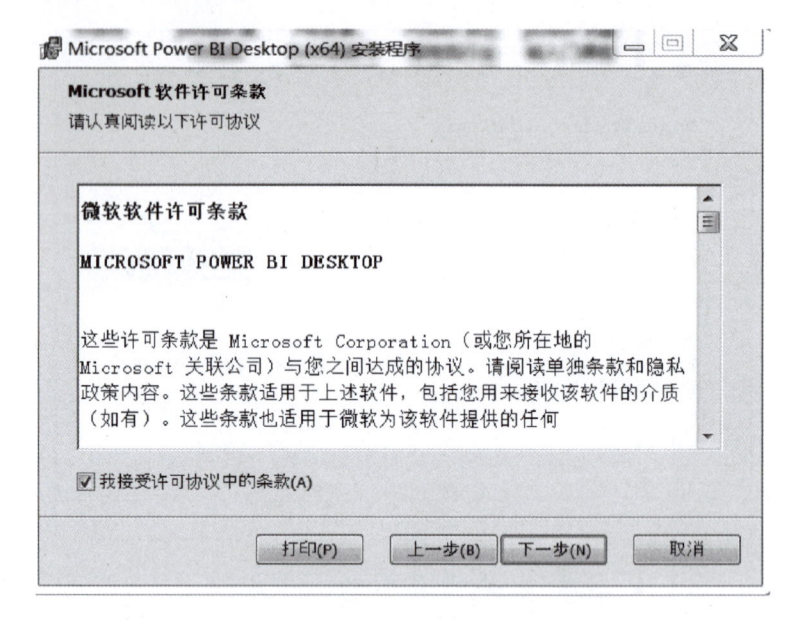

图 4-5　选择接受许可协议

图 4-6　自定义选择安装位置

图 4-7 选择是否创建桌面快捷键

步骤 3：安装完成后，在桌面上会生成 Power BI Desktop 图标，表示安装成功，安装完成界面如图 4-8 所示。

图 4-8 安装完成

需要注意的是，Power BI Desktop 的安装过程比较简单，但是受制于用户 PC 的配置影响，安装过程中可能会出现各种错误提示，导致安装失败。笔者总结了以下要点供读者参考，确保安装成功。

- 计算机配套操作系统需要 Windows 10 系统及以上，从 2022 年开始，Power BI 不再支持 Windows 7 系统。
- 最好是 64 位操作系统。理论上 32 位操作系统也能安装，由于 32 位操作系统计算机性能较差，安装容易出错。
- 出现"Framework"字样的错误提示，则需要从微软官网下载 Microsoft.NET Framework 4.7.2 Setup 插件（或最新版本），在百度中搜索此插件名称并进入微软官网下载。
- 将浏览器更新升级至 Internet Explorer 9 RTM 以上的最新版本，或者下载谷歌浏览器。
- Power BI 几乎每个月都在进行版本更新，读者没有必要频繁升级到最新版本，虽然 Power BI 每个月都在更新版本，但 80%以上的基本功能并没有太大变化，并不影响学习。

4.2.2　Power BI 账号注册

启动 Power BI Desktop 后，软件会弹出要求注册并登录 Power BI 账号提示。无论是 Power BI Desktop 桌面版还是 Power BI Pro 专业版，都需要用企业邮箱注册账号，个人邮箱和公共邮箱不能注册（没有企业邮箱的，可以联系笔者）。拥有了 Power BI 账号的桌面版用户可以下载第三方自定义图表组件，将内容发布到工作区；拥有 Power BI Pro 专业版账号，可以启动 Power BI Online Service 在线服务功能，可以将制作好的可视化报表进行在线发布、分享、查看和编辑，也可以使用 Power BI Mobile 功能，从而在手机中查看可视化报表。

Power BI 官网提供了 60 天的免费使用 Power BI Pro 专业版账号的试用期限，60 天后，软件会提示若需要继续使用 Pro 专业版，则需要向微软付费，获取继续使用权限。

4.2.3　Power BI Desktop 主界面介绍

Power BI Desktop 主界面比较简洁，由菜单栏、视图和报表编辑器三部分构成，如图 4-9 所示。

1. 菜单栏

顶部是主菜单，用于数据的基本操作，包括"文件""主页""视图""建模"等功能。比如，打开"主页"菜单，通过"获取数据"创建数据连接。

2. 视图

Power BI Desktop 中有数据视图、关系视图和报表视图 3 种视图。
- 数据视图：数据视图界面如图 4-10 所示，显示的是获取并整理后的数据，以数据模型格式查看报表中的数据。在数据视图中显示的数据，就是获取并整理后的数据加载到模型中的样子，在其中可添加度量值、创建计算列。

第 4 章 数据分析利器——Power BI

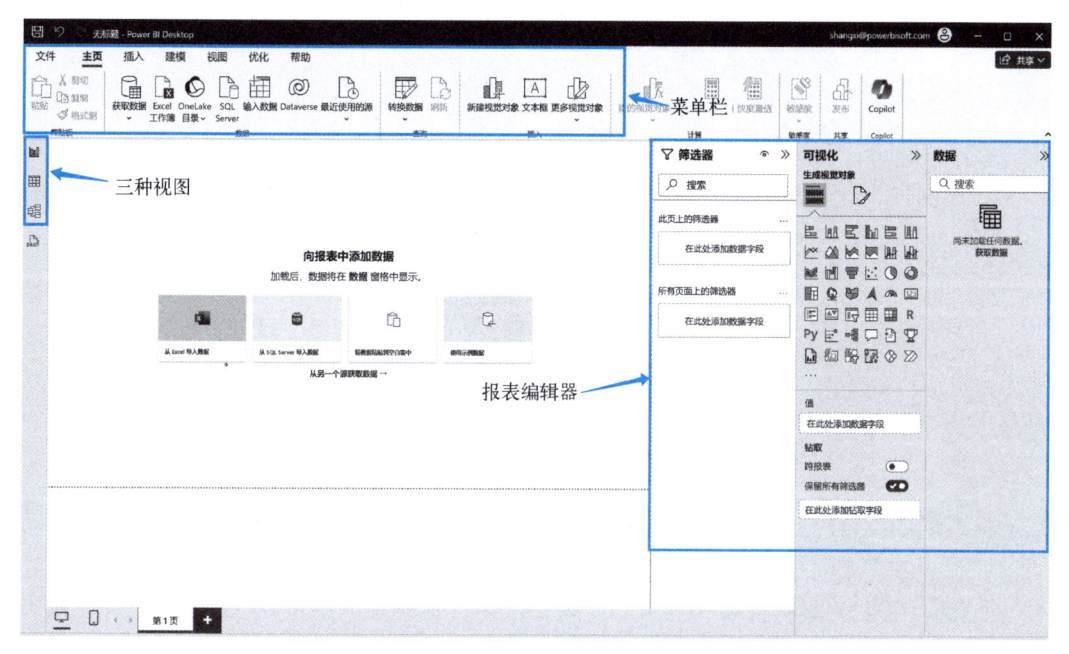

图 4-9 Power BI Desktop 主界面

图 4-10 数据视图界面

- 关系视图：关系视图界面如图 4-11 所示，用于显示模型汇总的所有表、列和关系。以图形方式显示已在数据模型中建立的关系，并可根据需要管理和修改关系。构建关系也是数据建模的重要内容。

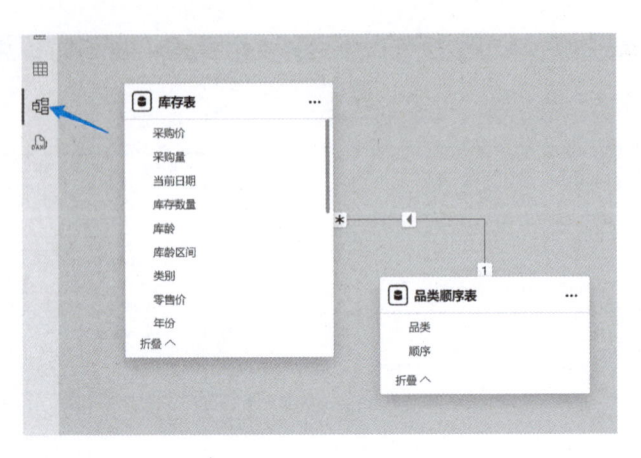

图 4-11 关系视图界面

- 报表视图：报表视图界面如图 4-12 所示，即提供构建可视化图表的空白画布区域。在报表视图中可使用创建和导入的表来构建具有吸引力的视觉对象。报表可包含多个页面，并可分享给他人。

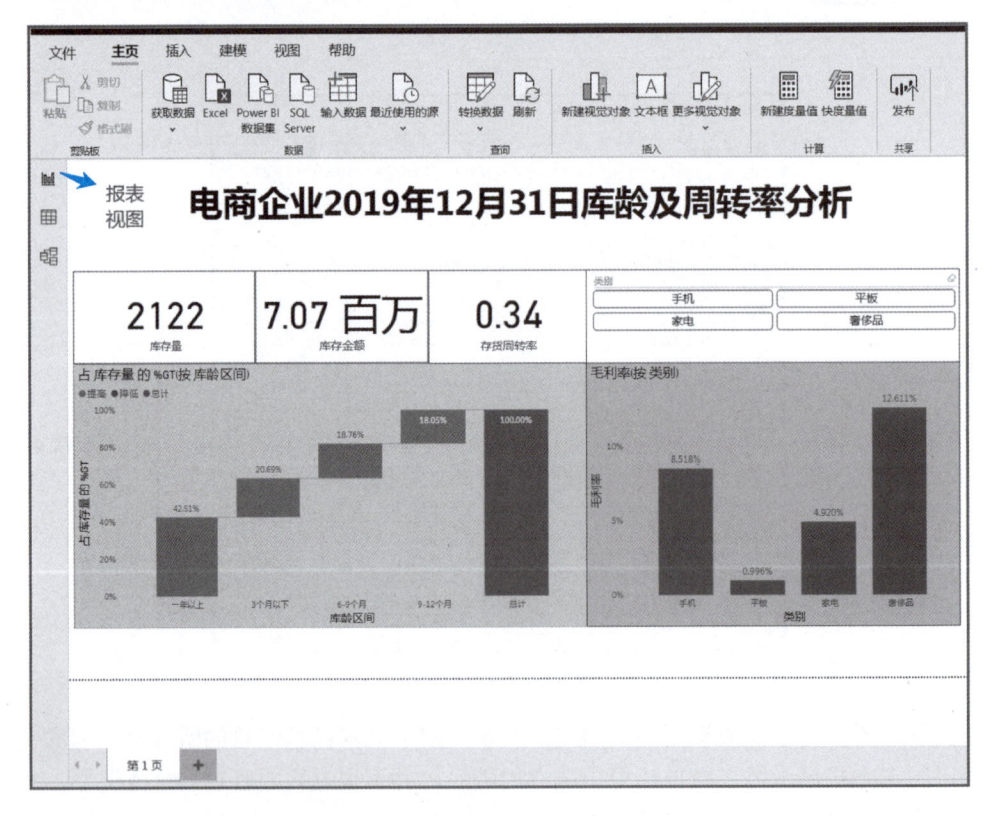

图 4-12 报表视图界面

3. 报表编辑器

报表编辑器位于 Power BI Desktop 主界面的右边，由"筛选器""可视化""数据"3 个窗格组成。"可视化"和"筛选器"用于控制筛选可视化对象的外观显示和编辑交互功能，"数据"用于管理可视化展示维度的基础数据。

4.3 上手 Power BI——数据分析与可视化制作全过程

4.3.1 数据获取与清洗

案例文件：第 4 章/案例 4-1 皇冠蛋糕店案例数据.xlsx

1. 案例说明

皇冠蛋糕连锁是华南地区较大的蛋糕连锁店，在华南地区、华中地区、华东地区拥有 20 家直营店铺，主要制作并销售各种蛋糕和饼干，同时代销各种饮料，因独特的口感，在华南地区深受欢迎。皇冠蛋糕连锁从销售系统中导出了 2020—2021 年所有店铺的销售数据。

皇冠蛋糕连锁希望通过 Power BI 制作可视化仪表盘，通过多维度比较分析，找到存在的问题点，同时洞察潜在的机会点，从而为未来的经营决策提供参考。

2. 分析思路

数据导入后，需要对错误数据进行清洗，需要检查数据类型是否正确，是否存在空行、空值，无效的数据列是否需要删除，然后构建关系视图和基础度量值，最后构建可视化仪表盘。

3. 数据清洗：修正错误

在将数据导入 Power BI 之前，首先需要对源数据有所了解。源数据是一个 Excel 工作簿，共包含产品表、日期表、门店表和销售表 4 张工作表，分别如图 4-13～图 4-16 所示。

产品分类ID	产品分类名称	产品ID	产品名称	单价
101	面包	1001	吐司面包	25
101	面包	1002	粗粮面包	20
101	面包	1003	全麦面包	14
102	饼干	2001	曲奇饼干	10
102	饼干	2002	全麦饼干	8
103	饮料	3001	凉茶	4
103	饮料	3002	果汁	6

图 4-13 产品表

日期	年	月	季度
2020-1-1	2020年	1月	第1季度
2020-1-2	2020年	1月	第1季度
2020-1-3	2020年	1月	第1季度
2020-1-4	2020年	1月	第1季度
2020-1-5	2020年	1月	第1季度
2020-1-6	2020年	1月	第1季度
2020-1-7	2020年	1月	第1季度
2020-1-8	2020年	1月	第1季度
2020-1-9	2020年	1月	第1季度
2020-1-10	2020年	1月	第1季度
2020-1-11	2020年	1月	第1季度

图 4-14 日期表

A	B	C
店铺ID	店铺名称	省份名称
101	广州市	广东省
102	深圳市	广东省
103	佛山市	广东省
104	东莞市	广东省
105	惠州市	广东省
106	中山市	广东省
107	江门市	广东省
108	珠海市	广东省
109	湛江市	广东省

A	B	C	D	E	F
订单号	订单日期	店铺ID	产品ID	会员ID	数量
D2000001	2020-1-1	111	3002	1515	8
D2000002	2020-1-1	104	3002	8789	7
D2000003	2020-1-1	110	3002	3633	10
D2000004	2020-1-1	110	1001	5880	13
D2000005	2020-1-1	104	2002	4704	11
D2000006	2020-1-1	102	3002	9376	10
D2000007	2020-1-1	102	2001	3475	10
D2000008	2020-1-1	106	2001	8515	16

图 4-15　门店表　　　　　　　　　　图 4-16　销售表

4．获取数据

Power BI 可以获取几十种数据源中的数据，获取 Excel 工作簿数据较为常见。需要注意的是，从 2020 年开始，Power BI 随着版本的不断更新，后缀为.xls 的 Excel 文件是无法导入 Power BI 软件中的，所以 Excel 版本最好升级到 2016 及以上。获取数据操作步骤如下：

步骤 1：启动 Power BI Desktop。在功能区"主页"选项卡组中单击"获取数据"按钮，选择 Excel，如图 4-17 所示。

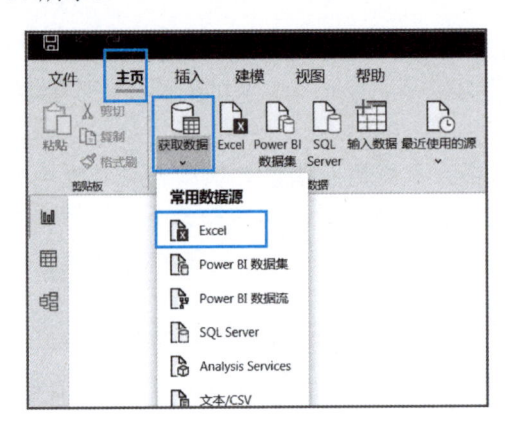

图 4-17　获取数据

步骤 2：打开案例数据所在的文件夹，选择"案例 4-1 皇冠蛋糕店案例数据"文件，单击"打开"，如图 4-18 所示。

图 4-18　选择文件

64

步骤 3：加载数据。"导航器"下全部选中产品表、门店表、日期表及销售表，然后单击"加载"，表示数据进入了 Power BI 软件中，如图 4-19 所示。

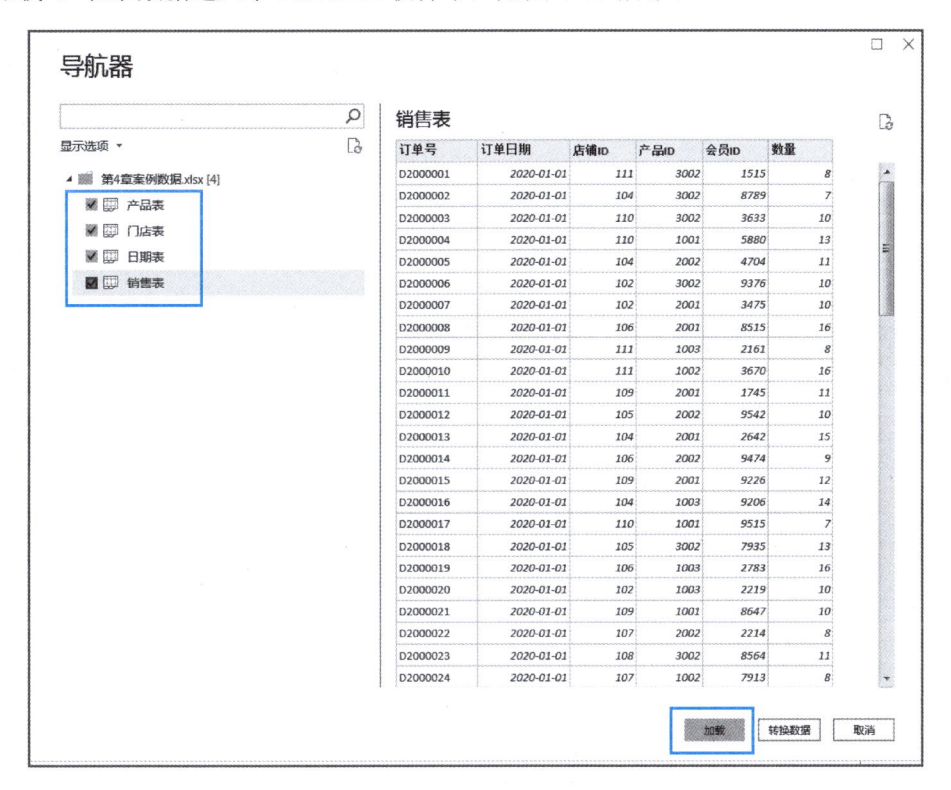

图 4-19　加载数据

步骤 4：保存文件。左上角单击"文件"→"另存为"命令，选择自定义存放位置，输入文件名"第 4 章皇冠蛋糕数据分析"，如图 4-20 所示。单击"保存"按钮，此时的文件后缀名默认为.pbix。

图 4-20　保存文件

5. 数据整理

数据整理即数据清洗，是指通过各种方法将获取的数据整理成规范的内容和格式，保证数据符合数据建模和可视化构建的要求。数据整理，需要检查数据类型是否正确，是否存在空行、空值、无效的数据列是否需要删除（数据降噪）、数据表是否需要进行合并、填充、转置和筛选，甚至是否有必要增加新列等。这些整理方法需要在 Power Query 中进行。Power Query 也叫查询编辑器，是 Power BI 进行数据整理的神器。进入 Power Query 的方法是单击"转换数据"即可进入 Power Query（2020 年之前的 Power BI 版本，进入 Power Query 需要单击"编辑查询"，即新版本的"转换数据"和"编辑查询"是一回事，只是名称变了），如图 4-21 所示。

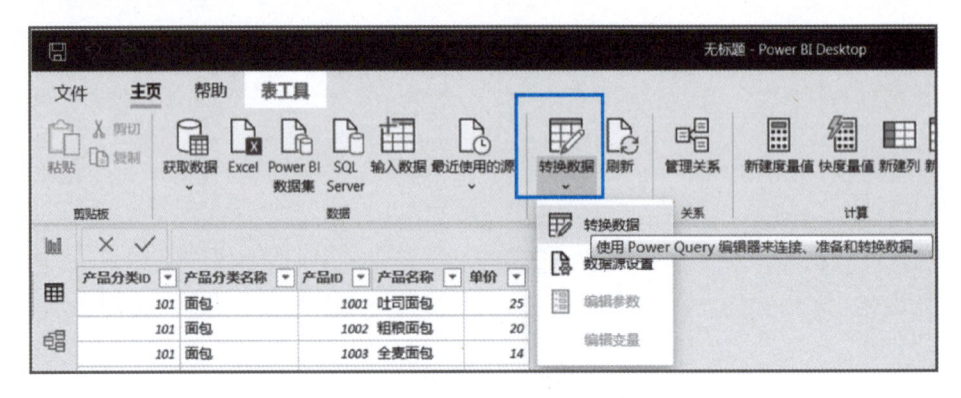

图 4-21　进入 Power Query 方法

接着需要检查各表数据，大部分相对完整，只是发现月份显示的是年、月、日，需要转换为按月显示，操作方法如图 4-22 所示。

图 4-22　月份转换

第 4 章 数据分析利器——Power BI

最后，有必要对导入的数据表进行检查，是否存在未发现的空行及错误，因数据表行数较多，无法肉眼逐行检查，通过 Power Query 整理比较方便快捷。实现方法是：选中"销售表"，执行"主页"→"删除行"→"删除空行"/"删除错误"命令，如图 4-23 所示。然后执行"文件"→"关闭并应用"，如图 4-24 所示。

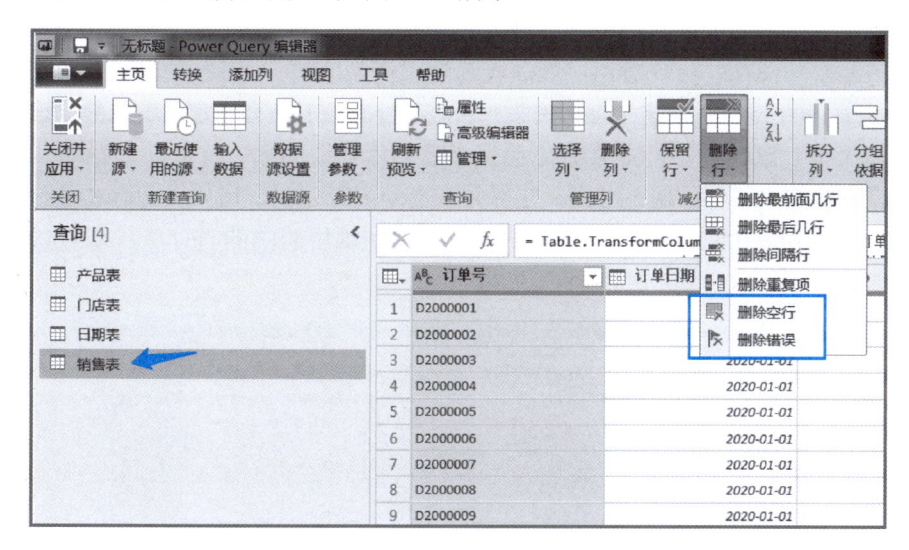

图 4-23　删除空行和错误

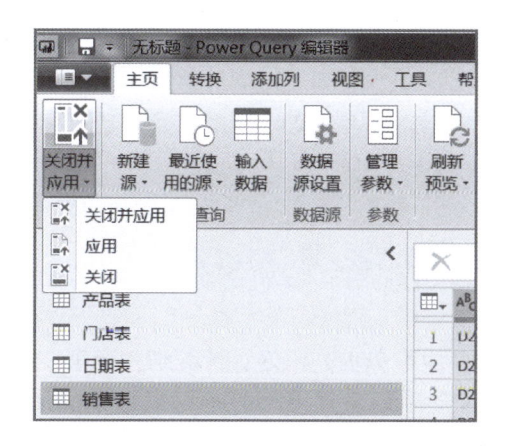

图 4-24　关闭并应用

4.3.2　数据建模：构建关系、新建列和度量值

Power BI 处理的数据对象往往有多张表，Power BI 的优势是打通来自各个数据源中的各种表，再通过各个维度分类汇总与可视化呈现。前提是各个表之间需要建立某种

67

关系，建立关系的过程就是数据建模。根据分析的需要，还可以通过新建列、新建表、新建度量值等方式建立各类分析数据，也叫数据建模，数据建模的目的是用于构建多维度可视化分析。

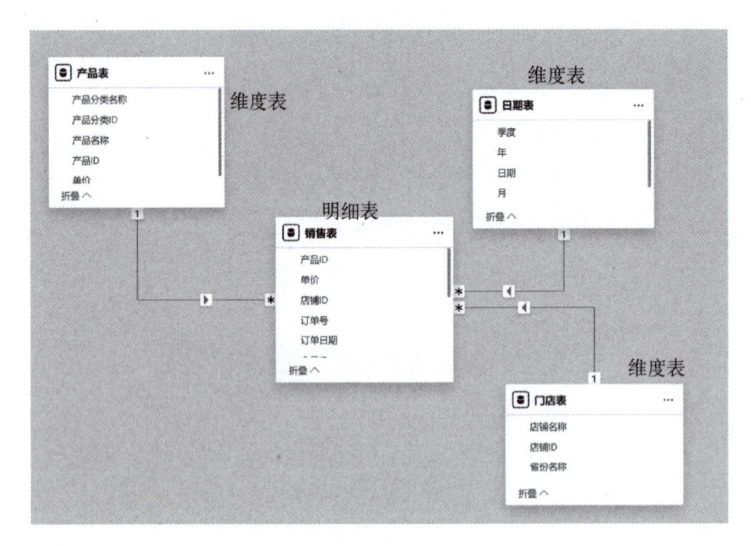

1．构建数据表之间的关系

构建数据表之间的关系，就是建立维度表和事实表之间关联的过程。单击 Power BI 窗口左侧的关系视图图标，可以看出，产品表通过"产品 ID"与销售表建立自动关联，门店表通过"店铺 ID"与销售表建立自动关联，所以 Power BI 具有一定的智能数据建模功能。但是有些情况下，软件并不能非常智能地建立我们所需要的关联，比如，日期表通过"日期"与销售表中的"订单日期"对应，软件并未自动智能建立，需要手动建立关联，操作方式是鼠标指向日期表中的"日期"按住不放，拖拽到销售表中的"订单日期"，如图 4-25 所示。

图 4-25　构建数据表之间的关系

2．新建列

因销售表中只有数量列，没有单价列，为了计算销售金额，需要将产品表中的单价列引入销售表中，通过新建销售金额列，求得每一行每笔订单的销售金额。新建列需要用到 DAX 函数，需要系统化学习 DAX 函数，推荐参阅笔者拙作《Power BI 数据分析从入门到进阶》。操作步骤如下：

步骤 1：排序。单击窗口左侧的数据视图图标，选择窗口右侧的"销售表"，选中"订单号"列，选择"以升序排列"（也可以选择"订单号"右侧的三角图标，也会带出排序选项），如图 4-26 所示。

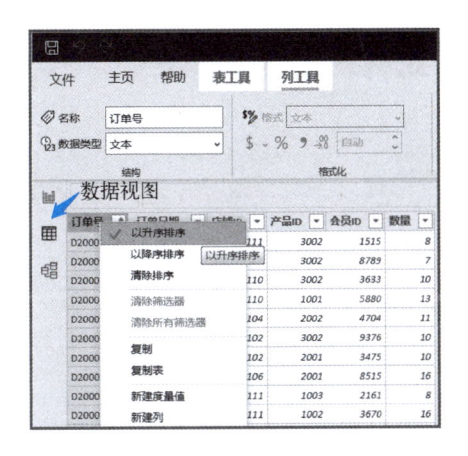

图 4-26　数据以升序排序

步骤 2：新建单价列。主页选项下选择"新建列"，在公式编辑窗口，名称改为"单价"。等号后输入公式"RELATED('产品表'[单价])"，按回车键即可，结果如图 4-27 所示。

图 4-27　新建单价列

步骤 3：新建金额列。在公式编辑栏输入公式"金额='销售表'[数量]*'销售表'[单价]"，结果如图 4-28 所示。

3. 新建度量值

度量值是 Power BI 数据建模的"灵魂"，正是有了度量值，我们才能从各个维度对数据进行指标构建、分类汇总等。

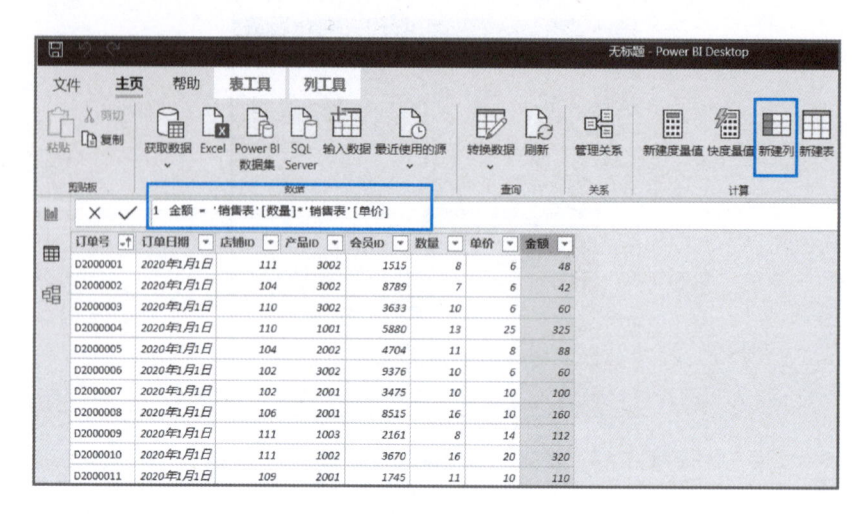

图 4-28　新建金额列

本案例需要通过设置度量值构建四个指标：销售金额、销售数量、单店平均销售额、营业店铺数量。操作步骤如下：

步骤 1： 构建销售金额度量值。选择销售表，主页选项下选择"新建度量值"（表工具下也有度量值选项），在公式编辑窗口输入公式"销售金额 = SUM('销售表' [金额])"，在右侧字段栏下可以查看新增加的"销售金额"度量值，如图 4-29 所示。

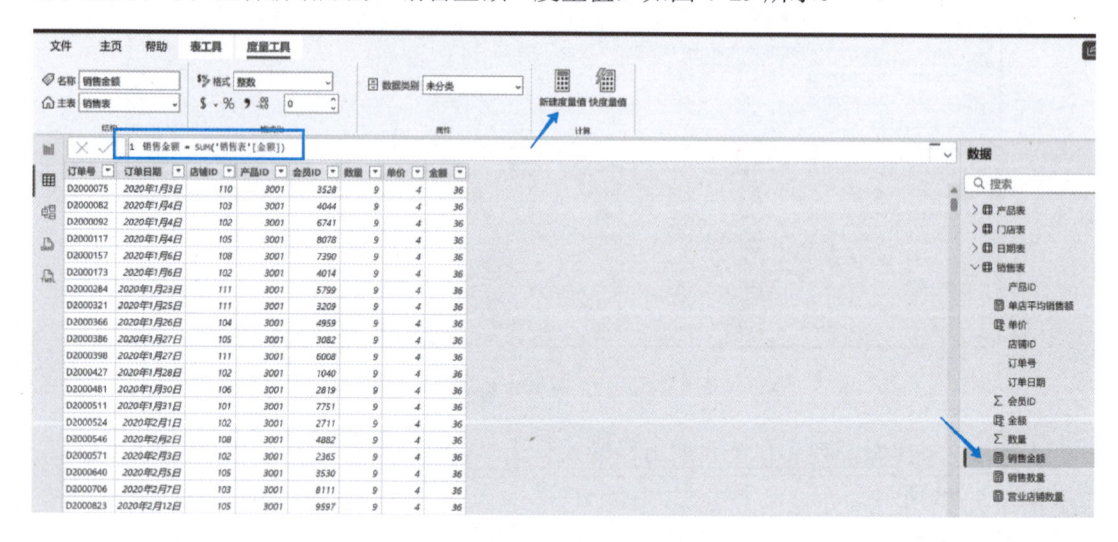

图 4-29　构建销售金额度量值

步骤 2： 用同样的方法，构建销售数量、营业店铺数量和单店平均销售额 3 个度量值。公式分别为

销售数量=SUM('销售表'[数量])
营业店铺数量= DISTINCTCOUNT('销售表'[店铺 ID])
单店平均销售额=[销售金额]/[营业店铺数量]

最终结果如图 4-30 所示。

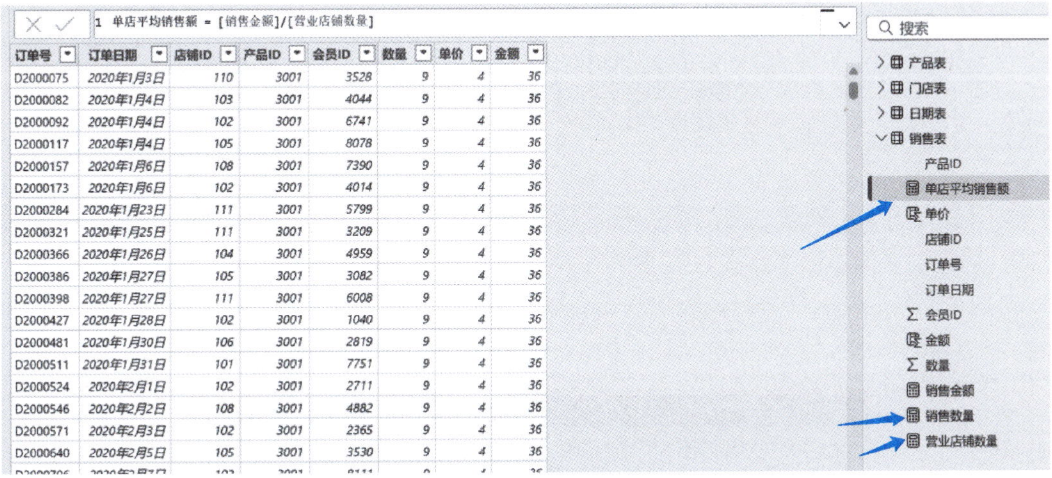

图 4-30　新建销售数量、营业店铺数量、单店平均销售额 3 个度量值

4.3.3　数据可视化：图表制作与美化

数据可视化，实际上就是将数据以图形化的形式展示出来。Power BI Desktop 为用户提供了丰富的可视化效果，这些图形包括 Power BI 自带的图表元素，如柱形图、折线图、散点图、卡片图、漏斗图、地图、环形图、切片器、表格、形状、线条灯，也包括在其第三方网站上下载的个性化图表元素，可以进行更加炫酷的可视化表达。创建可视化效果的路径是在报表视图的"可视化"窗格中进行，如图 4-31 所示。

1. 插入 Logo、文本等基本元素

为体现公司的企业文化风格，通常会在可视化界面左上角或右上角加上公司的 Logo（标识），通过插入文本框输入文本并进行修饰，可视化界面显得专业和有条理。

本案例将插入"皇冠蛋糕"Logo 并输入文本。操作步骤如下：

步骤 1：插入 Logo。单击报表视图图标，执行"插入"→"图像"，找到本地电脑文件夹中 Logo 图片的位置，鼠标在 Logo 边缘拖动可以放大或缩小到合适位置，如图 4-32 所示。

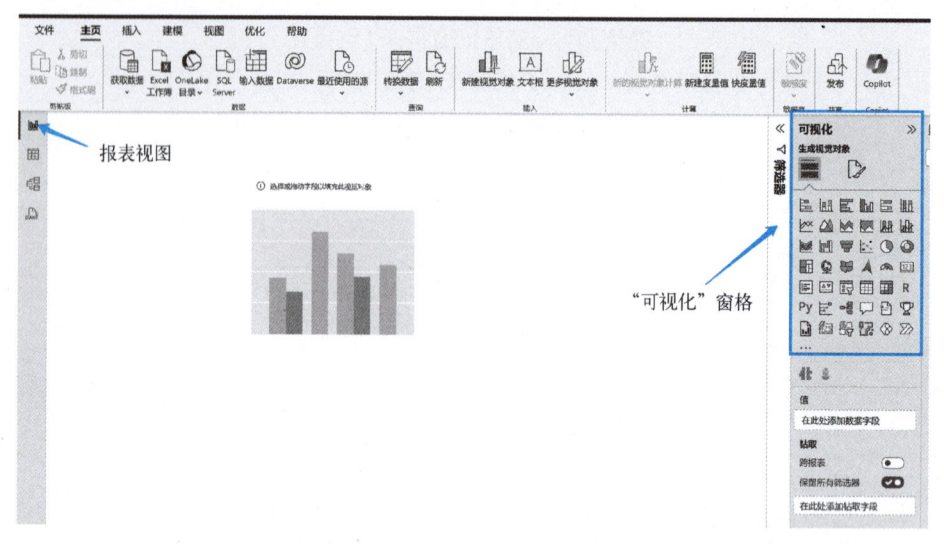

图 4-31 "可视化"窗格

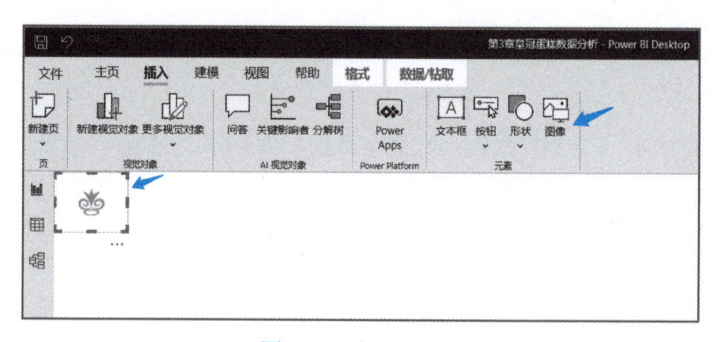

图 4-32 插入 Logo

步骤 2：添加标题。继续"插入"→"文本框"，输入"皇冠蛋糕连锁"，调整字体大小到合适状态，如图 4-33 所示。

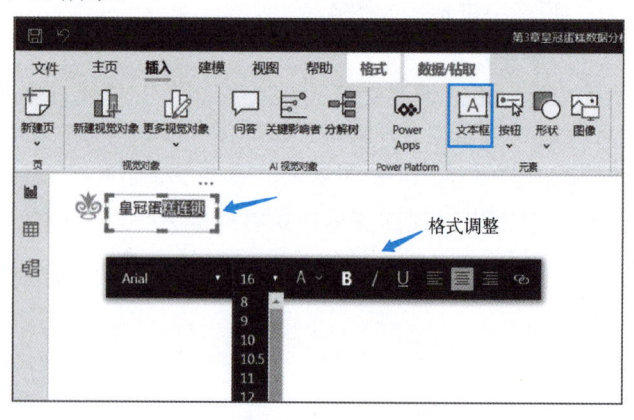

图 4-33 添加标题

第 4 章　数据分析利器——Power BI

步骤 3：调整 Logo。选中"线条"，在右侧格式设置栏中设置线条颜色，如图 4-34 所示。调整线条位置到 Logo 和文字下方合适位置，最终结果如图 4-35 所示。

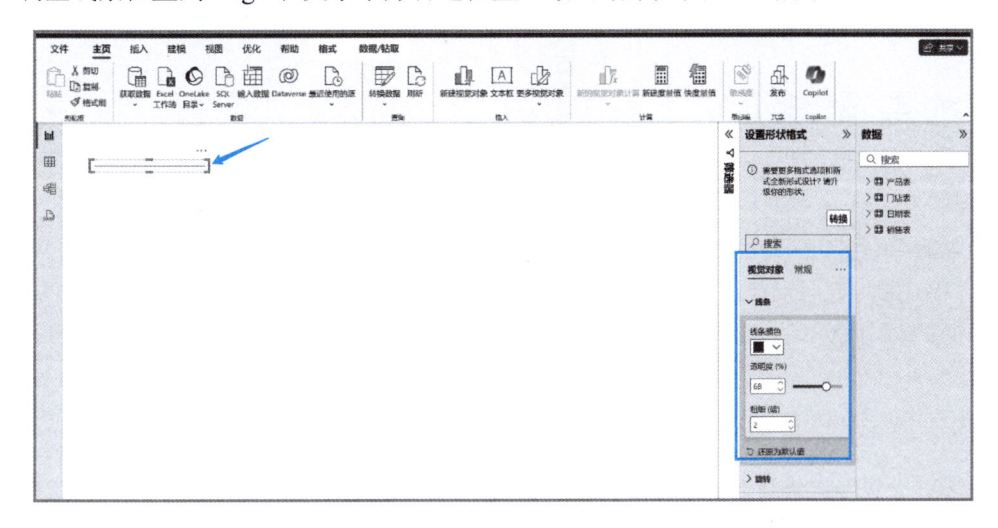

图 4-34　调整 Logo

图 4-35　最终结果

2. 插入卡片图

卡片图主要显示关键指标数据，如收入、成本、利润、销售量、销售额等 KPI（关键绩效指标）。为突出重要性，卡片图通常放置在可视化界面的最上方。本案例将用卡片图展示销售金额、销售数量、营业店铺数量、单店平均销售额四个度量值。操作步骤如下：

步骤 1：插入卡片图。在报表视图界面，双击窗口右侧可视化栏中的卡片图图标，如图 4-36 所示。将字段窗格销售表中的销售金额度量值拖放到卡片图中，结果如图 4-37 所示。

图 4-36　卡片图图标

图 4-37　插入卡片图

步骤 2：布局美化调整。单击可视化窗格下格式图标，可以对卡片图进行字体、颜色、边框、位置等设置，如图 4-38 所示。

图 4-38　调整卡片图

步骤 3：用同样的方法插入其他三个度量值的卡片图。复制、粘贴销售金额卡片图，将字段替换成其他三个度量值，调整好位置，结果如图 4-39 所示。

第 4 章 数据分析利器——Power BI

图 4-39 四个度量值的卡片图

3．插入环形图

环形图显示各分类数据占数据总量的比例，用不同颜色区分不同分类。本案例通过环形图显示不同产品的销售额情况，操作步骤如下：

步骤 1：插入环形图。单击右侧可视化窗格环形图图标，在字段栏中将"产品名称"拖动到"图例"处，"销售金额"拖动到"值"处，如图 4-40 所示。

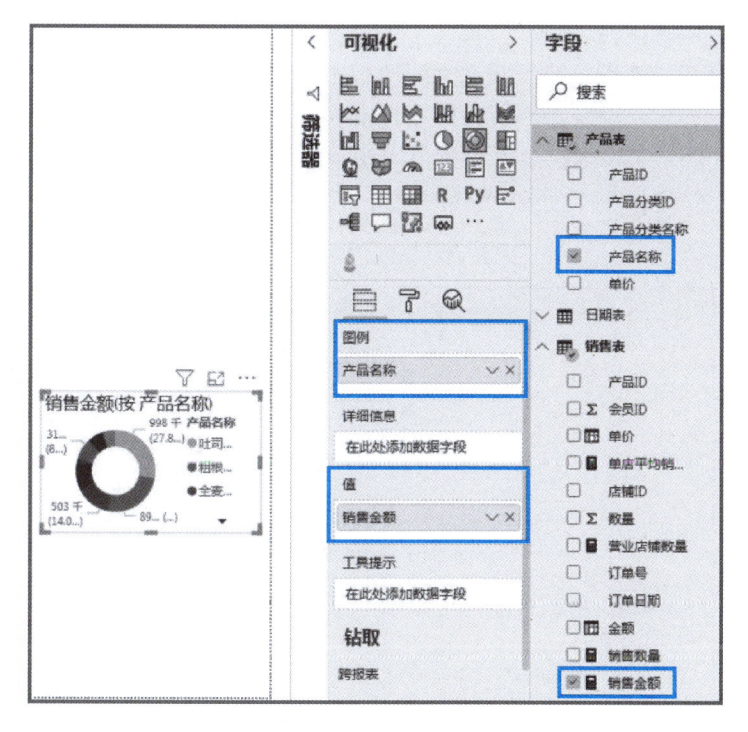

图 4-40 插入环形图并设置字段属性

步骤 2：格式设置。选择"格式"，修改可视化效果，在"数据颜色"选项组中设置不同数据对应的颜色，对"图例""背景色""文本大小"等进行设置，最终结果如图 4-41 所示。

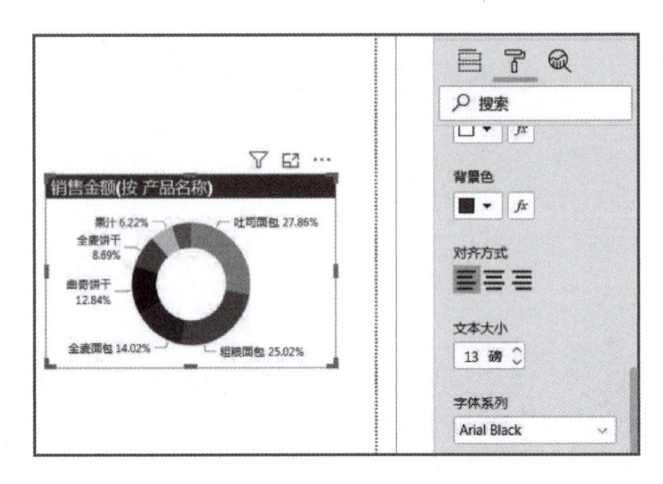

图 4-41　环形图可视化效果

4．插入簇状条形图

簇状条形图适用于不同分类、系列之间的对比。本案例用条形图显示不同产品分类下的销售额，并按销售额大小进行排序。操作步骤如下：

步骤 1：插入簇状条形图。单击右侧可视化中的"簇状条形图"控件，在字段窗格中将"产品分类名称"拖动到"轴"处和"图例"处，将"销售金额"拖动到"值"处，如图 4-42 所示。

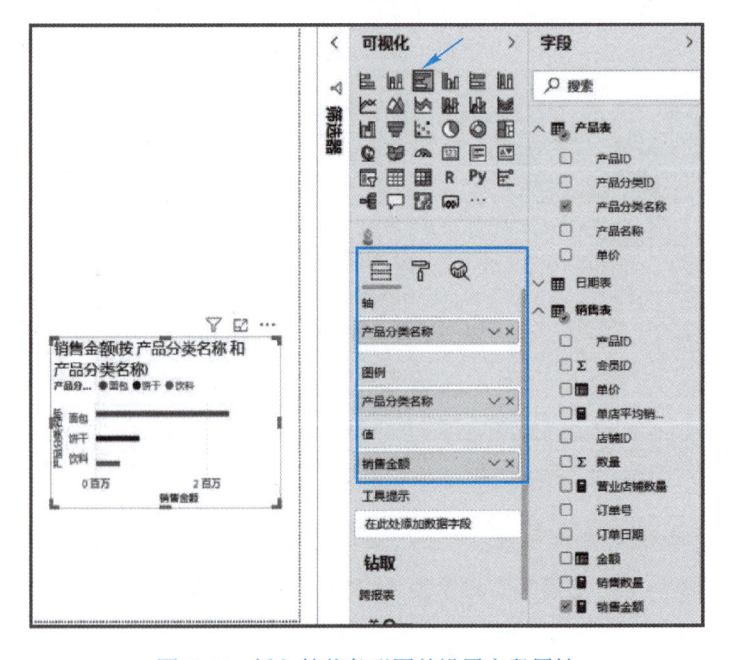

图 4-42　插入簇状条形图并设置字段属性

步骤 2：设置排序。单击条形图右上角的"…"图标（即"更多选项"图标），将销售金额以升序或降序排列，如图 4-43 所示。

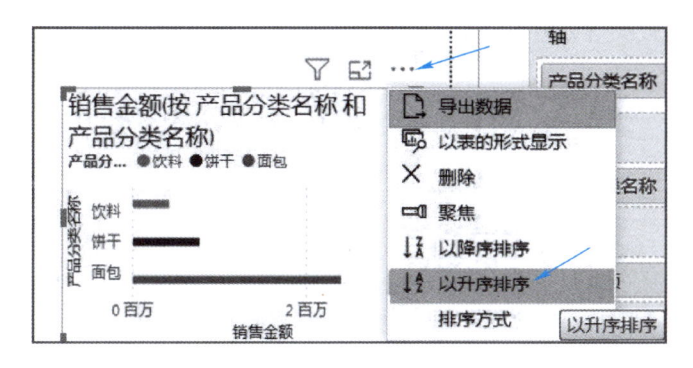

图 4-43 将销售金额排序

步骤 3：格式修饰。选择"格式"，修饰可视化效果。①分别打开"X 轴"或"Y 轴"选项组，设置"文本大小""显示单位"等；②打开"数据颜色"，修改数据对应的图形颜色；③将"数据标签"设置为"开"，修改"显示单位""文本大小""字体序列"等选项，最终可视化效果如图 4-44 所示。

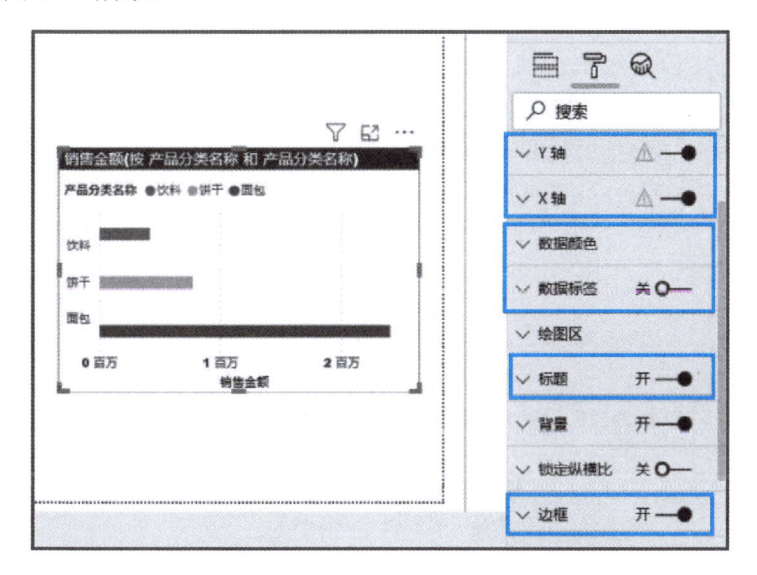

图 4-44 修饰后的可视化效果

5. 插入折线和簇状柱形图

要显示不同月份下的销售金额和销售数量，即月份轴（X 轴）是共用的，Y 轴有两个，一个是销售金额，另一个是销售数量，类似于 Excel 制图中的双坐标轴图。本案例在 Power BI 中选择折线和簇状柱形图，操作步骤如下：

步骤1：新建月份列。切换到数据视图，选择日期表，新建月份列，输入公式"月份 = [月]&"月""，如图4-45所示。

图4-45 新建月份列

步骤2：制作折线和簇状柱形图。复制、粘贴一份前面制作的条形图，鼠标选中条形图（复制、粘贴的好处是：前面制作好的可视化对象的格式也复制过来了，新图表不用重新设置格式，大大节省图表修饰时间），然后单击右侧可视化中的"折线和簇状柱形图"控件，在字段窗格中将"月份"拖动到"共享轴"处，将"销售金额"拖动到"列值"处，将"销售数量"拖动到"行值"处，如图4-46所示。

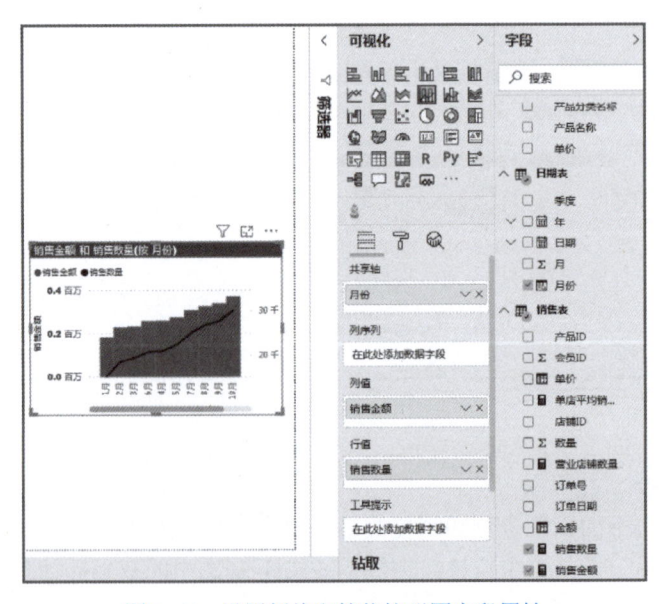

图4-46 设置折线和簇状柱形图字段属性

第 4 章 数据分析利器——Power BI

步骤 3：格式调整。选择"格式"，修改可视化效果，设置"数据颜色"，将图形调整到合适位置，最终结果如图 4-47 所示。

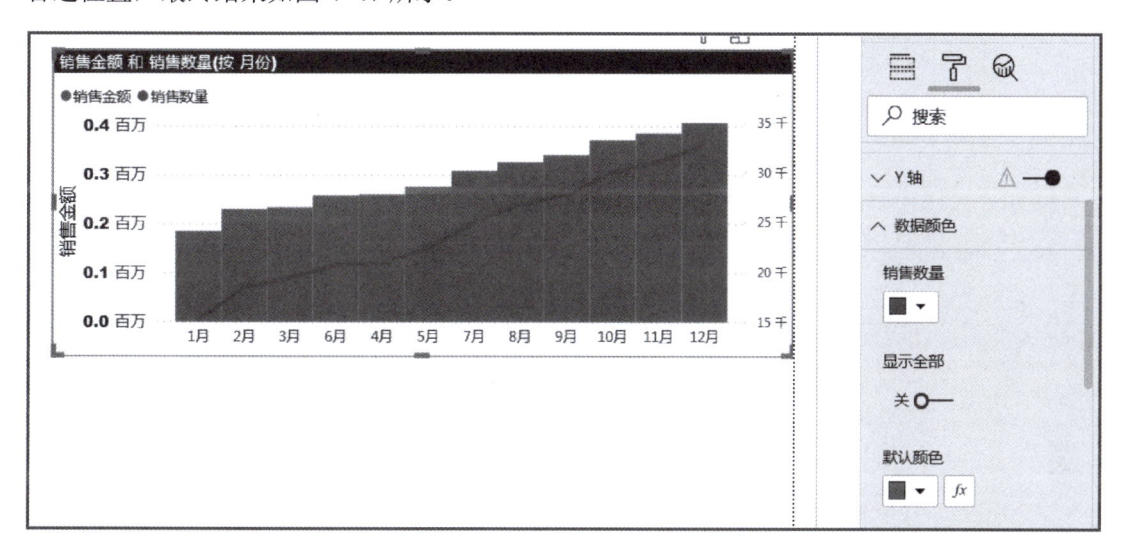

图 4-47 修改后的折线和簇状柱形图效果

6．插入切片器

本案例中的数据（2020 年和 2021 年两年的数据），需要设置年度和店铺名称切片器，通过切片器中不同年份或店铺的选择来展示各类数据的可视化表现。操作步骤如下：

步骤 1：插入切片器。单击右侧可视化中的"切片器"控件，在字段窗格中将日期表中的"年"拖动到字段参数中，如图 4-48 所示。

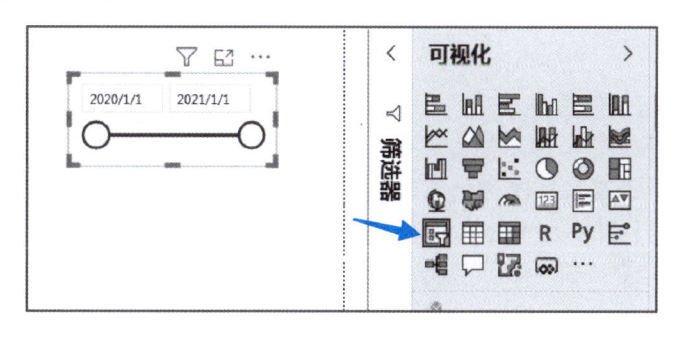

图 4-48 插入切片器

步骤 2：格式设置。选择"格式"，修改可视化效果。切片器右上角箭头图标下，选择"列表"，切片器"边框"选择"开"，结果如图 4-49 所示。

79

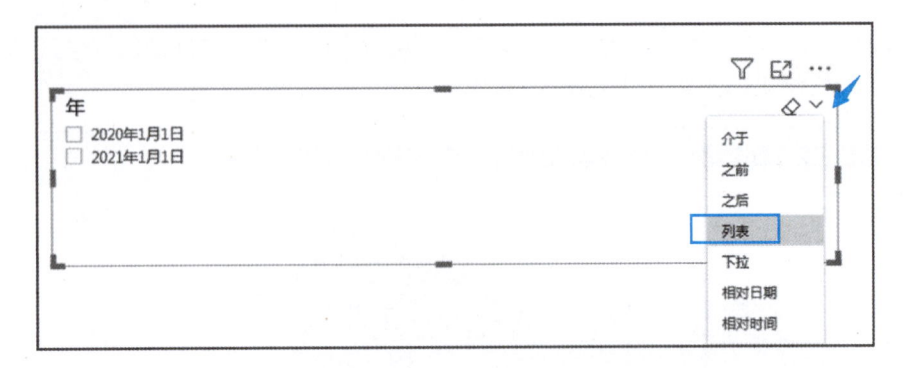

图 4-49　切片器格式设置

步骤 3：用同样的方法设置店铺名称切片器。将图形调整到上方合适位置，最终结果如图 4-50 所示。

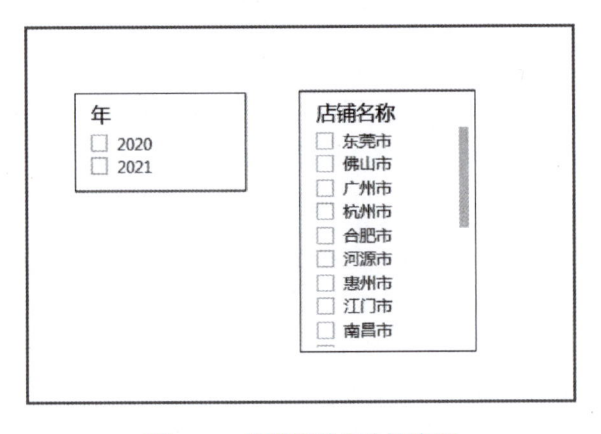

图 4-50　设置店铺名称切片器

7．插入第三方可视化图表

上述图表是 Power BI 自带的内置图表，如果想要使用更多的可视化效果，则可以在"可视化"窗格中单击省略号图标，然后在弹出的菜单中选择添加可视化效果的方式，如图 4-51 所示。也可以从本地文件或微软公司的 AppSource 网站下载的资源中导入新的可视化效果，导入入口如图 4-52 所示，需要在搜索框中输入所需可视化图表的英文名。（温馨提示：认识图表英文名是关键，为读者引用第三方可视化图表提供方便，读者可扫描封面勒口二维码，免费获取"PBI 第三方常用图表中英文对照 2024V1.0"。）

本案例需要展示每种产品的销售金额是否随着销售数量的增加而增加，可以用旋风图（Tornado）来显示。操作步骤如下：

步骤 1：搜索旋风图。在菜单栏"更多视觉对象"下选择"（在 AppSource 上）"，搜索框输入"Tornado"，选择"添加"，如图 4-53 所示。

第 4 章 数据分析利器——Power BI

图 4-51 获取更多可视化视觉对象

图 4-52 AppSource 网站

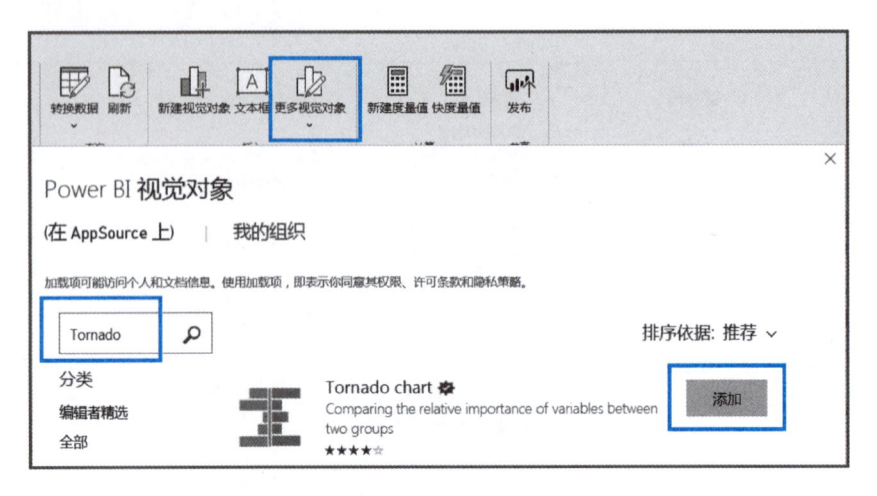

图 4-53 搜索旋风图

步骤 2：插入旋风图。单击右侧可视化中的"Tomado"控件，在字段窗格中将"产品名称"拖入"组"处，将"销售金额"和"销售数量"拖入"值"处，如图 4-54 所示。

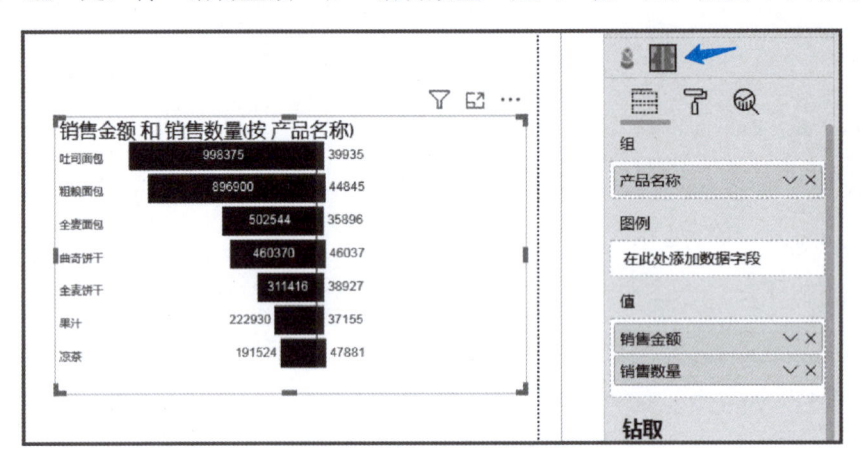

图 4-54 设置旋风图字段属性

步骤 3：格式调整。选择"格式"，修改可视化效果，设置"字体颜色"，加上边框，将图形调整到合适位置，最终结果如图 4-55 所示。

8. 报表美化

各个可视化组件制作好后，需要调整为统一风格，比如标题背景色、字体大小、对齐格式、主题风格等，使其更加整齐和美观。本案例将各个可视化图表的标题背景色统一设置为灰色，标题字号为 14 磅，居中对齐，字体选择"Arial Black"，如图 4-55 右侧格式栏所示。最后对齐各个可视化图表，也可以在菜单栏"视图"下选择各种主题风格，美化后的报表如图 4-56 所示，并将文件另存为"第 4 章皇冠蛋糕数据分析.pbix"文件。

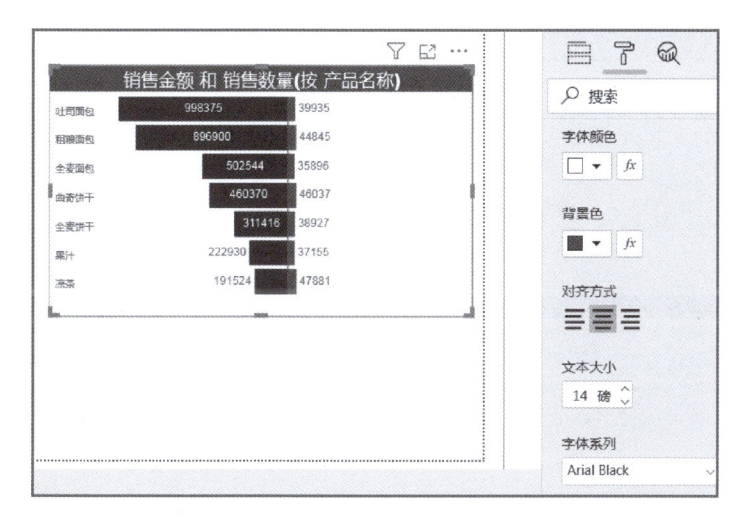

图 4-55 旋风图可视化效果

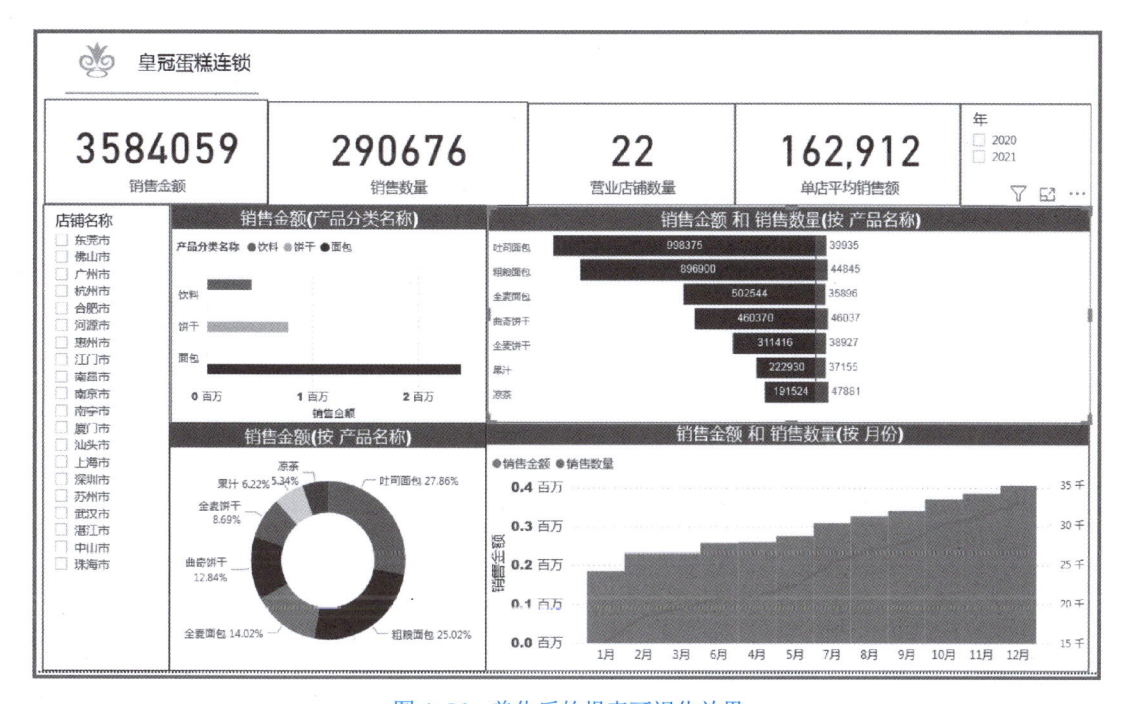

图 4-56 美化后的报表可视化效果

4.3.4 报表发布

如果要将制作好的可视化报表分享给他人，便于他人在移动端或平板电脑中浏览，需要用到 Power BI 在线服务，即 SaaS 服务（SaaS 即微软的云服务），用户需要拥有一个 Power

83

BI 账号才能进行在线报表的创建与分享。

1. 在线发布

本案例将"第 4 章皇冠蛋糕数据分析.pbix"可视化报表发布到 Power BI 在线服务网站中,操作步骤如下:

步骤 1:单击"发布"。打开可视化文件,单击菜单栏"主页"→"发布",如图 4-57 所示。

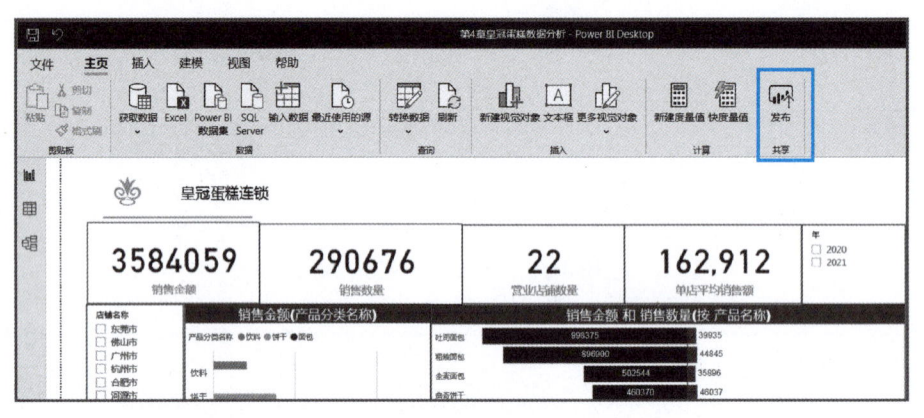

图 4-57 在线发布入口

步骤 2:弹出发布成功提示,单击"知道了"按钮,如图 4-58 所示。

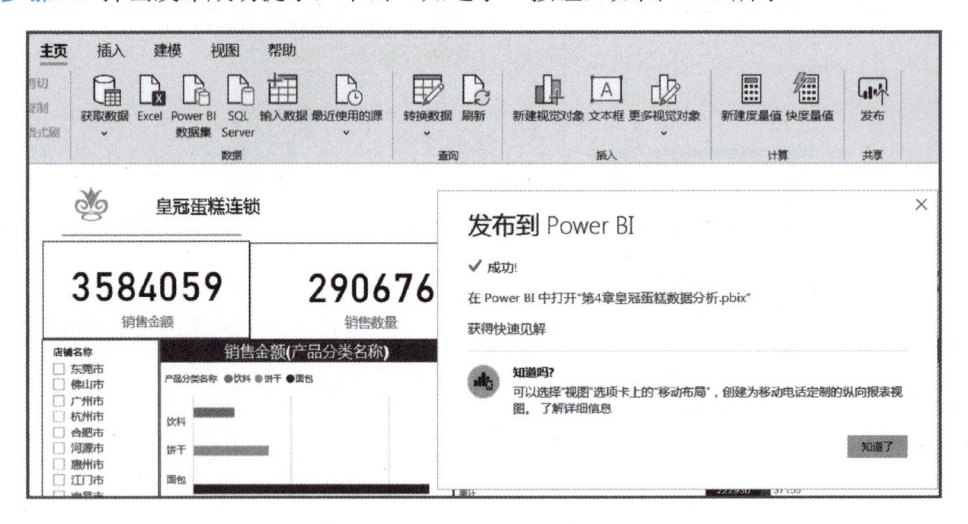

图 4-58 成功发布到 Power BI

步骤 3:登录 Power BI 工作区。单击图 4-58 中的文件链接,通过 Power BI 账号、密码登录 https://app.powerbi.com 国际版网站(国内版网站是 http://app.powerbi.cn),查看发布的可视化报表,如图 4-59 所示。

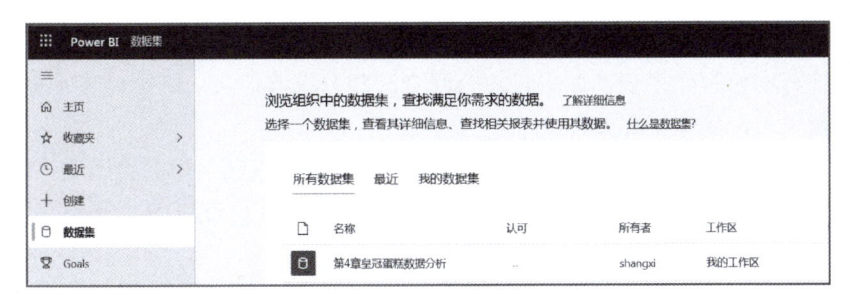

图 4-59 工作区查看发布的报表

需要注意的是，由于国际版网站速度较慢，并且 Power BI Desktop 无法数据共享，发布到在线服务时，速度较慢且容易出现异常。如果需要数据共享协作，建议升级到 Power BI Pro 专业版账号（微软会收取每年约 700 元费用）。

2. 移动应用端查看报表

在手机移动端下载 Power BI App，用 Power BI 账号登录即可查看可视化报表。手机端也可对报表进行编辑交互。操作步骤如下：

步骤 1：手机上打开 Power BI App，账号登录后，打开"我的工作区"或者"主页"，如图 4-60 所示。

步骤 2：单击"第 4 章皇冠蛋糕数据分析.pbix"，查看报表，如图 4-61 所示。

图 4-60 移动端中"我的工作区" 　　　　图 4-61 查看手机报表

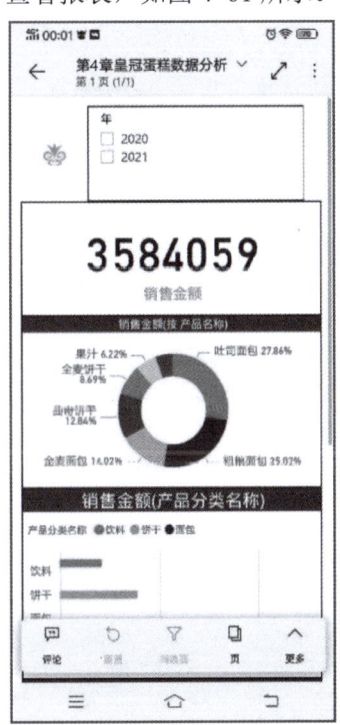

85

3．在 Web 端查看报表

对于制作好的可视化报表，如果只想公开查看和分享给他人，则可将其发布到网页中，通过嵌入链接发布，操作步骤如下：

步骤 1：登录工作区。打开报表，界面顶部的"我的工作区"后面会出现"第 4 章皇冠蛋糕数据分析"，此时依次单击"文件"→"嵌入报表"→"发布到 Web（公共）"按钮，如图 4-62 所示。

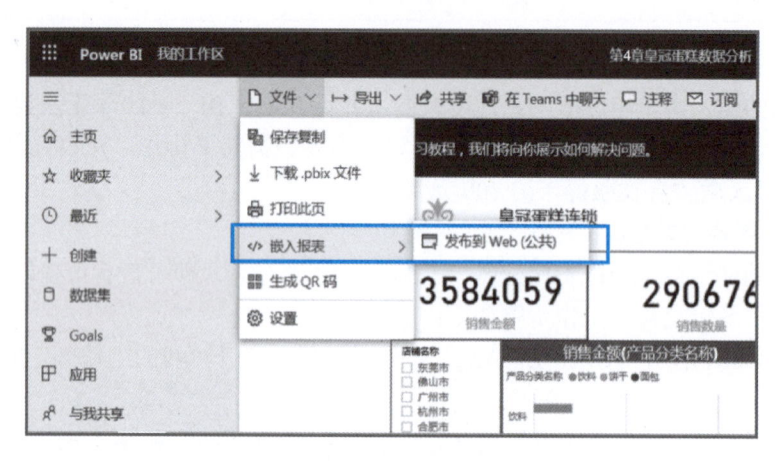

图 4-62　发布到 Web

步骤 2：生成并发布 Web 链接。弹出"嵌入公共网站"对话框，如图 4-63 所示，单击"创建嵌入代码"按钮。此时弹出对话框，单击"发布"，如图 4-64 所示。

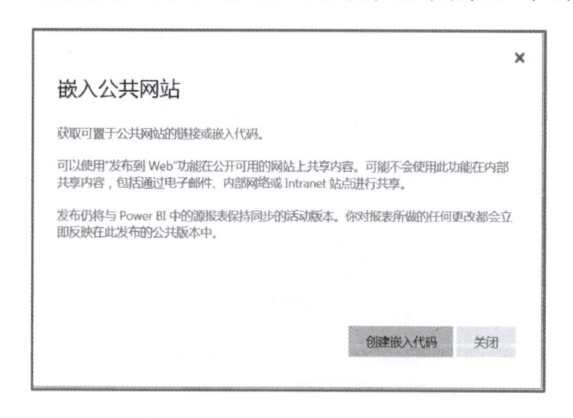

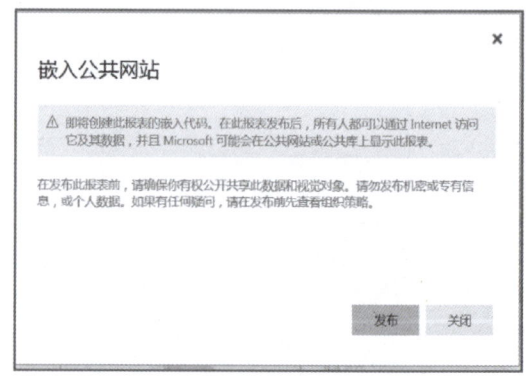

图 4-63　"嵌入公共网站"对话框　　　　　　图 4-64　单击"发布"

步骤 3：弹出"成功！你的报表已准备好用于共享"，复制链接地址，粘贴在浏览器的地址栏中，即可在 Web 页面中查看报表，如图 4-65 所示。

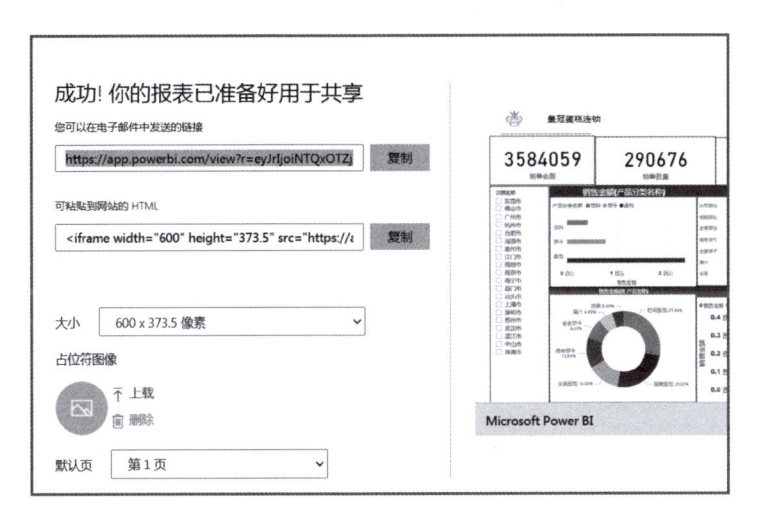

图 4-65　生成链接地址

第 5 章
供应链预测分析

需求预测是供应链计划中最关键的一环，预测虽然并非精准结果，但有助于我们基于客观数据做出相对合理的预测并指导决策。本章将会介绍以下几个方面的内容：
- 移动平均和指数平滑的预测方法。
- 一元/多元线性回归预测方法。
- 二次多项式和指数回归等非线性预测方法。
- 季节性变动预测方法的适用场景。
- 非季节性变动预测方法的适用场景。

5.1 非季节性变动趋势预测

当数据在一定时间内没有随着季节的变化而发生有规律的周期性变动时，预测分析就不用考虑计算季节指数。非季节性变动的数据预测比季节性变动的数据预测容易一些。根据数据的波动特征，非季节性变动趋势的预测方法主要有移动平均法、指数平滑法、线性回归分析、二次多项式、指数回归、软件自带的预测线功能等。

5.1.1 移动平均法预测市场推广成本

1. 移动平均法概述

移动平均法是通过时间的推进，依次计算一定期数内（跨度内）的平均值，形成平均值时间序列，从而反映发展趋势，实现未来预测。移动平均法适用于短期预测，当产品需求既不快速增长也不快速下降（折线图上显示上下波动，无明显趋势性），且不存在季节性因素时，移动平均法能有效地消除预测中的随机波动。

案例文件：第 5 章/案例 5-1 移动平均法预测市场推广成本.xlsx

2．案例说明

某公司现有一份 2002—2019 年的市场推广成本数据，需要预测 2020 年的成本费用。

3．分析思路

移动平均法的关键是设置间隔数，在 Excel 中，用移动平均工具预测未来值，关键在于间隔数的合理设置。图 5-1 所示为移动平均法计算方法。当数据量较少时，间隔数一般选择 2～3；当数据量较大时，间隔数一般为 4～7。理论上，间隔数越大，预测值越接近平均值。我们可以通过作图观察选择间隔数。间隔数表示在求平均值时所取平均值的个数，如间隔数为 2，表示取前 2 个数的平均值。以下为移动平均法的计算步骤。

- 步骤 1：设置间隔计算平均值。
- 步骤 2：确定最佳间隔数。从图表中观察实际值和预测值，哪个误差最小。
- 步骤 3：计算未来值。确定了间隔数后，利用前面的移动平均值数据之和/间隔数。

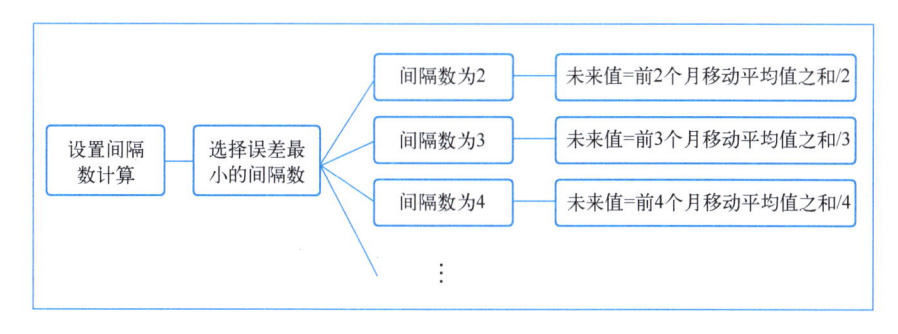

图 5-1 移动平均法计算方法

4．操作步骤

步骤 1：设置间隔计算平均值。打开"数据"→"数据分析"→"移动平均"对话框，如图 5-2 所示，单击"确定"，设置数据区域，并设置"间隔"为"2"，如图 5-3 所示。用同样的方法，分别计算出间隔数为 3 和 4 时的平均值。

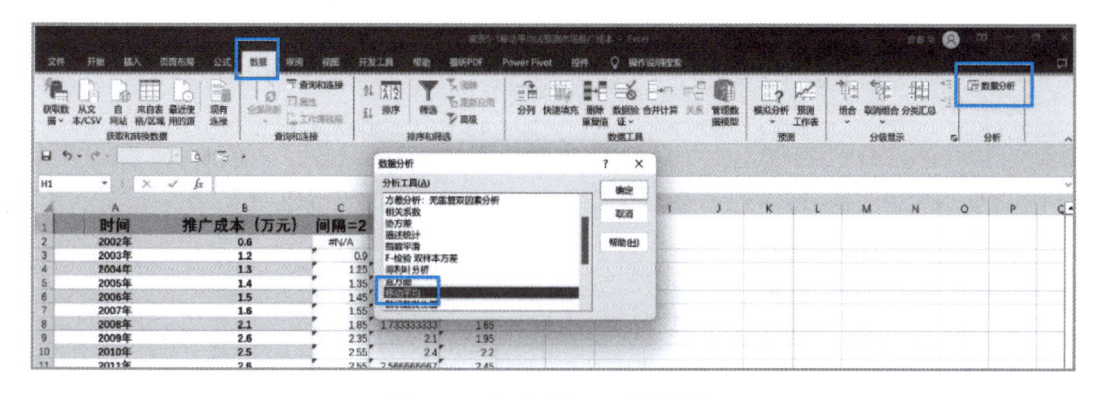

图 5-2 "移动平均"工具的路径

	A	B	C	D	E
1	时间	推广成本（万元）	间隔=2	间隔=3	间隔=4
2	2002年	0.6	#N/A		
3	2003年	1.2	0.9		
4	2004年	1.3	1.25		
5	2005年	1.4	1.35		
6	2006年	1.5	1.45		
7	2007年	1.6	1.55		
8	2008年	2.1	1.85		
9	2009年	2.6	2.35		
10	2010年	2.5	2.55		
11	2011年	2.6	2.55		
12	2012年	3.5	3.05		
13	2013年	3.4	3.45		
14	2014年	2.9	3.15		
15	2015年	2.5	2.7		
16	2016年	2.6	2.55		
17	2017年	3.5	3.05		
18	2018年	4.4	3.95		
19	2019年	4.5	4.45		
20	2020年				

图 5-3 "移动平均"数据区域设置

步骤 2：确定最佳间隔数。3 种间隔数设置情况下的移动平均值计算结果如图 5-4 所示。从图中可以明显看出，间隔数为 2 时，误差最小。

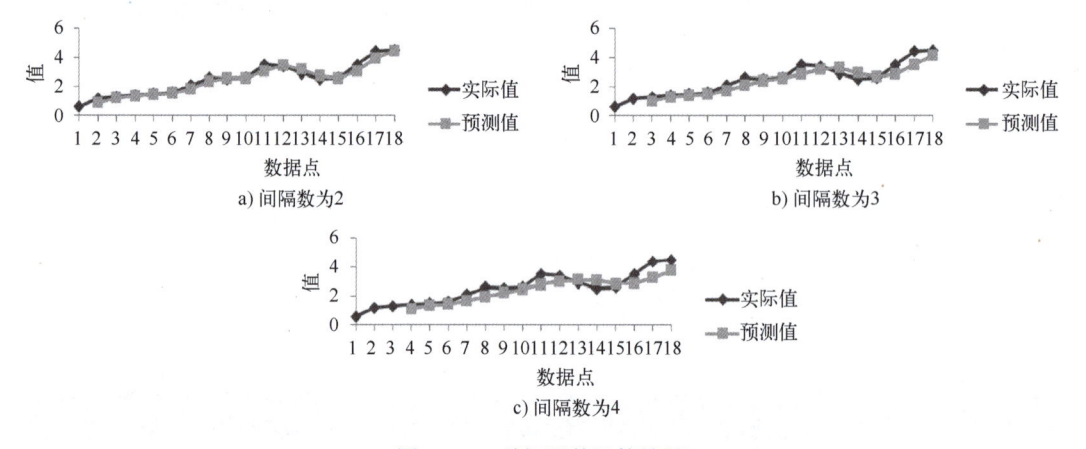

图 5-4 3 种间隔数计算结果

步骤 3：计算未来值。确定了间隔数为 2 后，就可以计算 2020 年的预测值了。方法是 2018 年和 2019 年的移动平均值数据之和除以 2，即(3.95+4.45)/2=4.2，如图 5-5 所示，2020 年的预测值是 4.2。

5．移动平均法应用小结

- 移动平均值并不能总是很好地反映出长期趋势。由于是平均值，预测值总是停留在过去的水平上而无法预计会导致将来更高或更低的波动。
- 移动平均法要有大量的过去数据的记录，否则结果严重失真。

	A	B	C
	时间	推广成本（万元）	间隔=2
	2002年	0.6	#N/A
	2003年	1.2	0.9
	2004年	1.3	1.25
	2005年	1.4	1.35
	2006年	1.5	1.45
	2007年	1.6	1.55
	2008年	2.1	1.85
	2009年	2.6	2.35
	2010年	2.5	2.55
	2011年	2.6	2.55
	2012年	3.5	3.05
	2013年	3.4	3.45
	2014年	2.9	3.15
	2015年	2.5	2.7
	2016年	2.6	2.55
	2017年	3.5	3.05
	2018年	4.4	3.95
	2019年	4.5	4.45
	2020年		4.2

图 5-5　预测结果

- 移动平均的项数（间隔数）不宜过大，基于经验判断，如 30~60 天的数据，项数为 2 或 3 为宜。
- 移动平均法只适合无明显趋势性（上升或下降）的数据波动场景。

5.1.2　指数平滑法预测汽车用品销量

1. 指数平滑法概述

指数平滑法是实际生产中常用的一种时间序列预测方法，应用比较广泛。移动平均法没有考虑近期和远期数据对趋势预测的贡献差异，加权移动平均法给予近期数据更大权重，而指数平滑法则兼容了以上方法的优势，不舍弃过去的数据，仅给予其逐渐减弱的影响程度，即随着数据的远离，赋予其逐渐收敛为零的权数。任一期的指数平滑值都是本期实际观察值与前一期指数平滑值的加权平均，指数平滑是对过去值和当前值进行加权平均，以及对当前的权数进行调整来抵消统计数值的随机摇摆影响，得到平滑的时间序列。

案例文件：第 5 章/案例 5-2 某企业 2004—2021 年汽车用品销量.xlsx

2. 案例说明

已知某公司 2004—2021 年的产品销量，现在需要通过指数平滑法对 2022 年的销量进行预测。

3. 分析思路

指数平滑法预测是否理想，很大程度上取决于平滑系数，从 Excel 工具实现角度，使用 Excel 的指数平滑工具计算未来值的步骤如图 5-6 所示。

图 5-6 指数平滑工具计算未来值的步骤

基于指数平滑法的 Excel 计算步骤，按照表 5-1 所列的计算模型逐步进行，可以看出，阻尼系数 a 值的确定是关键。要根据数列的趋势线条的波动特征来选择平滑次数：无规律的曲线波动只需要选择一次平滑，直线变化趋势选择二次平滑，二次曲线变化趋势选择三次平滑，如图 5-7 所示。

表 5-1 指数平滑法计算模型

指数平滑法预测	阻尼系数 a 值的确定	第一步：根据已知数列规律确定 a 值范围	波动不大	0.05~0.20
			有波动，但整体趋势变化不大	0.1~0.4
			波动很大	0.5~0.8
			波动趋势上升或下降	0.6~1.0
		第二步：进行试算，确定 a 值	选择几个 a 值进行计算，确定 a 值	
	平滑次数的选择	一次平滑	适用于无明显变化趋势的序列（无规律）	
			公式：$S_t(1次)=a×X_t+(1-a)×S_{t-1}(1次)$	
		二次平滑	适用于直线变化趋势的序列	
			建立在一次平滑基础上	
			公式：$S_t(2次)=a×S_t(1次)+(1-a)×S_{t-1}(2次)$	
		三次平滑	适用于二次曲线变化趋势的序列	
			建立在二次平滑基础上	
			公式：$S_t(3次)=a×S_t(2次)+(1-a)×S_{t-1}(3次)$	

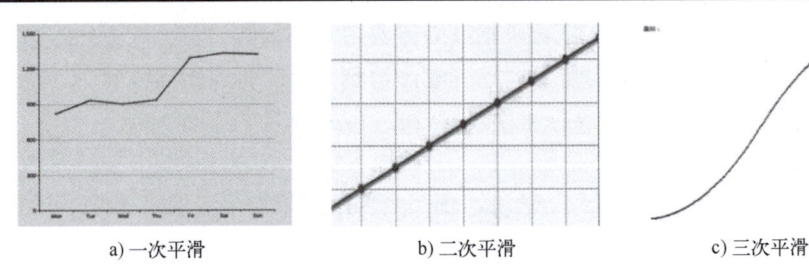

a) 一次平滑　　b) 二次平滑　　c) 三次平滑

图 5-7 平滑次数的选择

4. 操作步骤

步骤 1：判断阻尼系数 a 范围。通过图 5-8 所示的销量趋势，发现数据有波动，但整体趋势变化不大，可判断 a 值在 0.1~0.4。

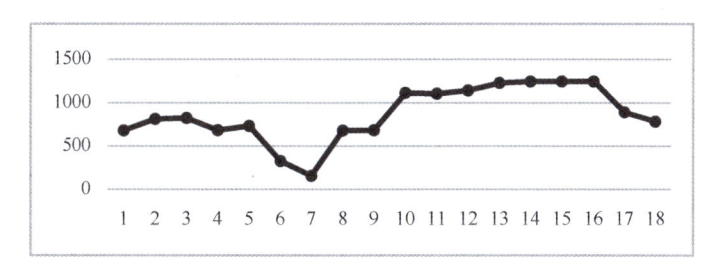

图 5-8 销量趋势

步骤 2：试算阻尼系数 a。分别试算 0.1、0.3、0.4，其中 a=0.1 的方法如图 5-9 所示。

年份	销量（万件）	一次指数平滑 a=0.1	二次指数平滑 a=0.1	a=0.3	a=0.4
2004	681.85				
2005	813.15				
2006	826.02				
2007	684.32				
2008	733.2				
2009	330.2				
2010	161.2				
2011	681.2				
2012	683.8				
2013	1114.1				
2014	1103.7				
2015	1142.05				
2016	1228.5				
2017	1244.1				
2018	1244.1				
2019	1245.4				
2020	893.1				
2021	785.5				
2022					

图 5-9 阻尼系数为 0.1 的试算方法

步骤 3：确定阻尼系数。观察图 5-10 中的 3 个分图，看哪个预测值和实际值最接近，最接近的说明预测误差最小。图 5-10 中，3 个分图的趋势区别不大，但当 a=0.1 时，预测值和实际值的趋势线最为接近，说明阻尼系数为 0.1 时，预测误差最小。

步骤 4：判断是否需要进行二次、三次指数平滑。图中不是直线，因此仅需一次指数平滑。如果进行一次指数平滑计算后，发现趋势线是直线，那就需要继续进行二次指数平滑；如果进行一次指数平滑计算后，发现趋势线是二次曲线，就需要进行二次和三次指数平滑，第三次指数平滑的输入区域为二次指数平滑的计算结果区域。

a) a=0.1

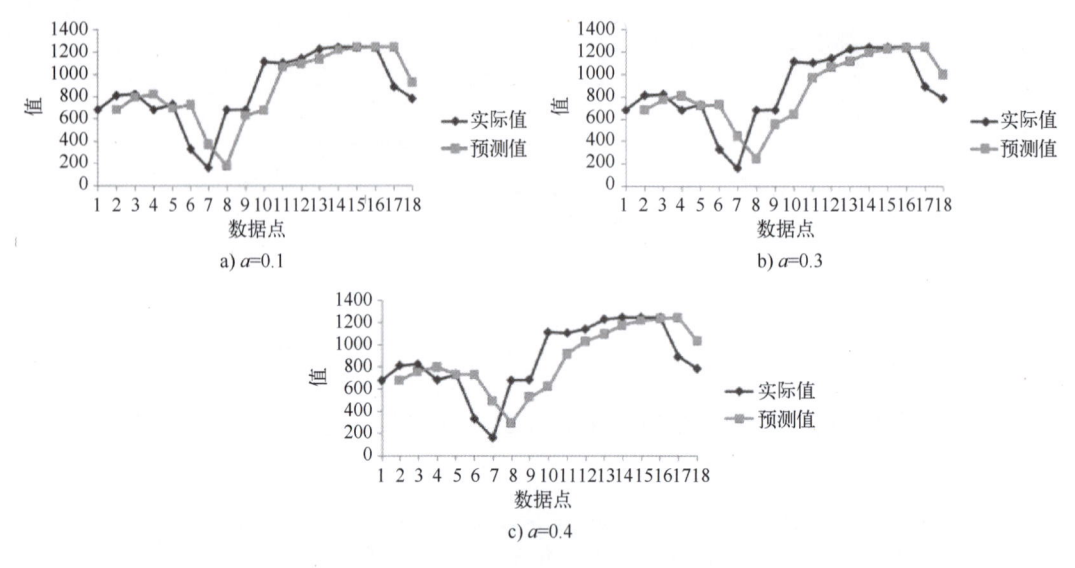

b) a=0.3

c) a=0.4

图 5-10 确定阻尼系数

步骤 5：选择公式计算 2022 年的销量。$S_t(1\ 次)=a×X_t+(1-a)×S_{t-1}(1\ 次)$。2022 年销量= 0.1×785.5+0.9×928.31=914.03，即 2022 年的销量预测是 914.03，如图 5-11 所示。

图 5-11 指数平滑法计算结果

5. 指数平滑法应用小结

- 一次指数平滑比较适用于时间序列短期预测，而不适用于长期预测。
- 指数平滑法计算相对简单，只需要样本末期的平滑值，就可以计算得到预测结果。
- 预测值无法反映时间序列中的趋势变动、季节波动等规律性变动。

5.1.3　一元线性回归预测仓储收入

1. 回归法的含义

回归是通过研究两个或两个以上因素之间的统计相关关系对未来进行预测的方法。用回归法进行预测，首先要对各个自变量做出预测。回归法可分为线性回归和非线性回归，本书只考虑用一元线性回归进行预测。

2. 线性回归的原理

线性回归（Linear Regression）是分析两个定量变量间数量依存关系的统计分析方法。如果某一个变量随着另一个变量的变化而变化，并且它们的变化关系呈直线趋势，就可以用直线回归方程来定量地描述它们之间的数量依存关系，这就是线性回归分析。

案例文件：第 5 章/案例 5-3 1988—2019 年仓储收入预测.xlsx

3. 案例说明

已知有 1988—2019 年的仓储收入，要求用回归法预测 2020 年收入。

4. 分析思路

用 Excel 进行线性回归的预测，需要遵循以下分析思路：

- 确定影响因变量 *Y* 的主要因素 *X*。
- 相关分析判断变量之间的相关程度，并建立回归模型。
- 对趋势线进行设置，观察显示公式和 *R* 平方值。
- 结果预测，基于 *R* 平方值对结果可靠性进行评估分析。

5. 操作步骤

步骤 1：整理数据，检验数据的相关性。相关系数检验如图 5-12 所示，通过 CORREL 函数检验，可以看出相关系数为 0.968，表示仓储收入与时间是强相关的。

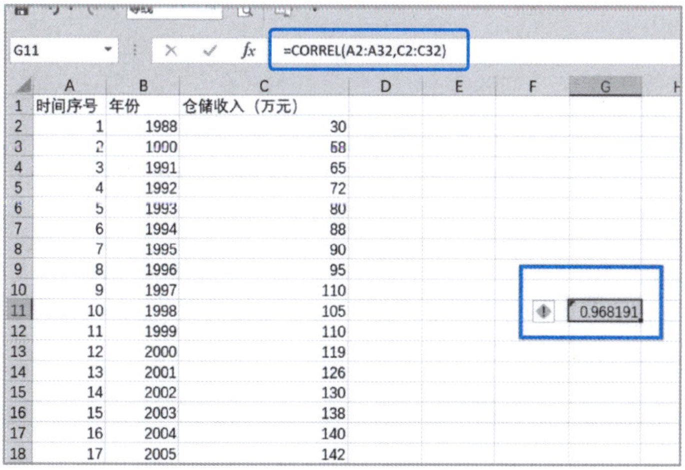

时间序号	年份	仓储收入（万元）
1	1988	30
2	1990	68
3	1991	65
4	1992	72
5	1993	80
6	1994	88
7	1995	90
8	1996	95
9	1997	110
10	1998	105
11	1999	110
12	2000	119
13	2001	126
14	2002	130
15	2003	138
16	2004	140
17	2005	142

图 5-12　相关系数检验

步骤 2：构建 Excel 回归模型。打开 Excel 菜单栏，选择"数据"→"数据分析"，弹出对话框，选择"回归"，如图 5-13 所示。然后输入相关数据区域，并勾选置信度、残差、正态概率图等选项，如图 5-14 所示。单击"确定"，结果如图 5-15 所示。

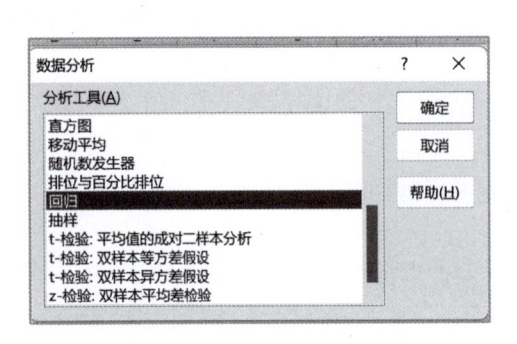

图 5-13　Excel 回归分析入口路径

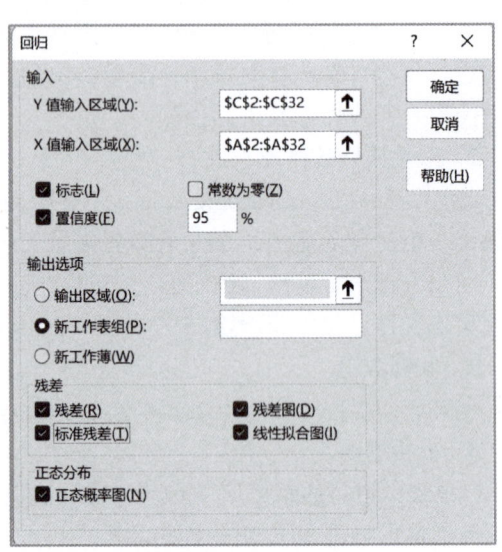

图 5-14　Excel 回归分析选项设置

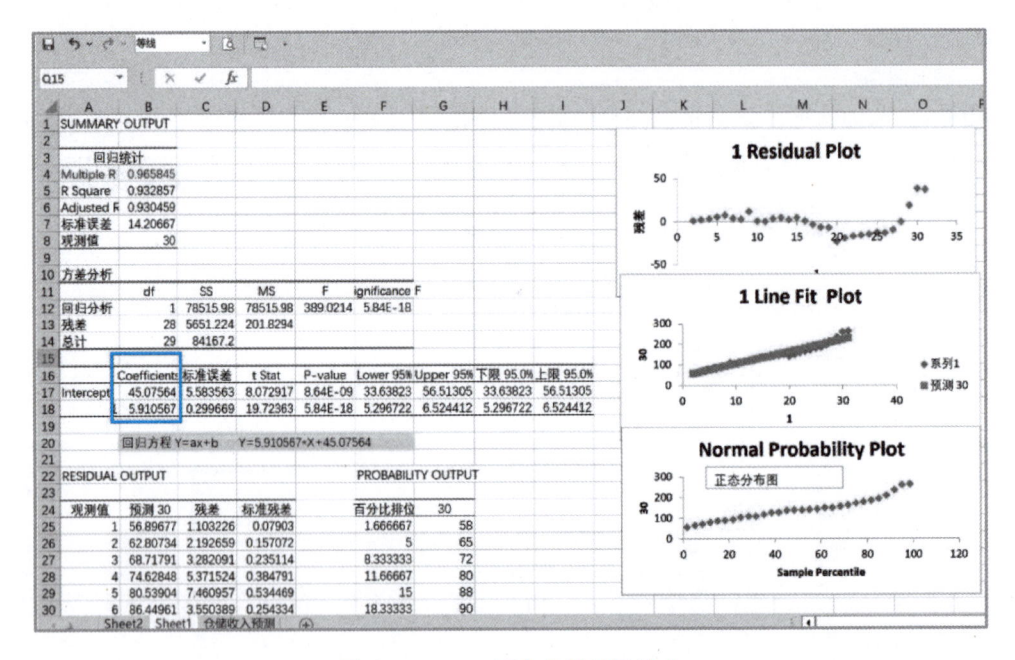

图 5-15　Excel 回归分析结果输出

步骤 3：回归方程计算预测值。利用回归方程 $Y=aX+b$ 计算出 2020 年的预测值。$Y=5.910567X+45.07564$，2020 年预测值=5.910567×第 32 期+常量 45.07564=234.21。

步骤 4：结果解读。2020 年的预测值是 234.21，此预测结果是否可靠，还需要观察结果输出的相关监控指标，主要是 R 值和 F 值。

R 值：Multiple R 相关系数。绝对值越靠近 1，表示相关性越强。本数据 $R=0.965845$，相关性较强。

F 值：标准误差。用来观察拟合程度的大小，该值越小，说明拟合程度越好。

需要注意的是，F 值是用来比较模型的回归平方和与残差平方和的比率。Significance F 值大于 0.05，意味着不能拒绝原假设（即模型中没有自变量对因变量有显著影响）。换句话说，模型的解释能力不显著，不能证明自变量对因变量有统计学上的显著影响。F 值小于 0.05，通常被认为在统计学上是显著的，意味着可以拒绝原假设，这表明模型至少有一个自变量对因变量有显著影响，模型的解释能力是显著的。本案例中 Significance $F=0$，表示检验通过，说明整体回归方差显著有效，预测结果相对可靠。

5.1.4 多元线性回归预测物流运输时间

1. 多元线性回归的含义

多元线性回归是对一元线性回归的拓展，一元是指有一个自变量，二元或多元是指有两个或两个以上的自变量。事实上，一种现象常常是与多个因素相联系的，由多个自变量的最优组合共同来预测或估计因变量，比只用一个自变量进行预测更有实际意义。

案例文件：第 5 章/案例 5-4 多元线性回归预测物流运输时间.xlsx

2. 案例说明

某第三方物流公司执行一个运输项目，目前已执行了 10 轮作业任务，每次作业的关键参数均有详细记录，现在即将要执行第 11 轮作业，估计要跑 100 公里，涉及 5 次运输次数，需要预测其所使用的时间。

3. 分析思路

多元线性回归预测的思路和使用场景类似一元线性回归，最后要观察判定系数，判定系数越接近 1，说明拟合程度越好，数据服从或近似服从正态分布，预测方法相对较合适，否则就要更换预测方法。

用多元线性回归预测，可以观察到因变量 y 是运输时间，即要预测的目标对象，而自变量 x 是运输次数和运输里程，根据这些参数在 Excel 工具中进行预测分析，如图 5-16 所示。

期数	运输里程（公里）	运输次数（趟）	运输时间（小时）
1	50	3	4.5
2	100	4	9.2
3	100	2	6.4
4	100	4	8.8
5	50	2	4.3
6	80	2	6.1
7	65	4	5.9
8	75	3	7.2
9	90	3	7.6
10	95	2	6.2
11			

图 5-16 根据参数进行预测分析

4．操作步骤

步骤 1：设置回归方程。在 Excel 菜单栏中执行"数据"→"数据分析"→"回归"，选择相关数据，如图 5-17 所示。

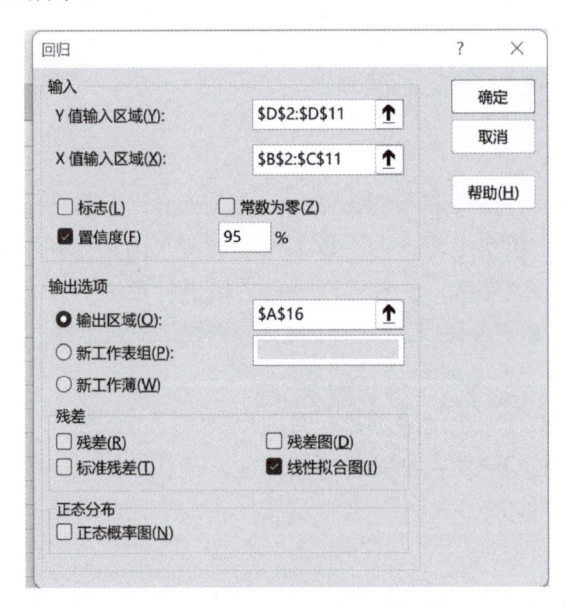

图 5-17 多元线性回归预测设置

步骤 2：得出公式。单击"确定"，得出的结果如图 5-18 所示。多元线性回归方程为：$Y=-0.901+0.060X_1+0.909X_2$。当计算第 11 轮作业的运输时间时，将运输里程和次数值输入方程，可以得出第 11 轮作业的运输时间为 9.644 小时。

$$Y=-0.901+0.060\times100+0.909\times5=9.644（保留三位小数）$$

步骤 3：结果解读。R 值为 0.946，接近 1，具备很强的正相关性，R 的平方值为 0.895，意味着两个自变量可以解释运输时间结果可靠性的概率为 89.5%，调整的 R 平方值为

0.865>0.6，由此可以看出，这个回归方程还是比较合适的，预测的结果具有一定的可信度。

SUMMARY OUTPUT								
回归统计								
Multiple R	0.946136152							
R Square	0.895173619							
Adjusted R Squa	0.865223224							
标准误差	0.594436502							
观测值	10							
方差分析								
	df	SS	MS	F	ignificance F			
回归分析	2	21.12251671	10.56125836	29.88854	0.000373			
残差	7	2.473483285	0.353354755					
总计	9	23.596						
	Coefficients	标准误差	t Stat	P-value	Lower 95%	Upper 95%	下限 95.0%	上限 95.0%
Intercept	-0.901981015	0.992965663	-0.908370801	0.39388	-3.24997	1.44601	-3.24997	1.44601
X Variable 1	0.06067272	0.01003121	6.048395132	0.000517	0.036953	0.084393	0.036953	0.084393
X Variable 2	0.909595543	0.228252152	3.985046945	0.00529	0.369865	1.449326	0.369865	1.449326

图 5-18　多元线性回归预测结果

5.1.5　二次多项式预测小家电产量

1. 二次多项式的含义

当数据具有趋势性特征，并且数据呈现非线性的关系时，用二次多项式预测相对合适。二次多项式属于趋势线预测法，本质上也属于回归分析，是通过对历史数据进行回归分析，得到历史数据与时间的回归方程，再由求得的回归方程对未来进行预测的一种方法。常用的回归趋势线方程有三种：一元线性回归方程（线性），二次多项式回归方程（非线性、平缓曲线），指数回归方程（非线性、陡峭曲线）。可以通过散点图或者折线图观察数据特征，再选择用哪种预测方法。

2. 二次多项式的应用场景

很多情况下，时间序列并不是按线性增长，而是呈现曲线特征，此时应使用曲线的回归方程进行预测。二次多项式回归方程是一种常见的曲线回归方程。公式为 $Y=a+bx+cx^2$，求出 a、b、c 的值，再将未来时间带入进行预测。

案例文件：第 5 章/案例 5-5　二次多项式和指数方程回归预测.xlsx

3. 案例说明

已知 2008—2019 年的小家电产量，需要对 2020—2024 的年产量进行预测。

4. 分析思路

- 插入折线图。
- 添加趋势线。
- 得出回归方程，观察 R 值，R 值>0.6 表示方程可信度高。

- 基于方程计算预测值。

5．操作步骤

步骤1：观察数据特征。选中 B2:B13 区域，插入折线图，如图 5-19 所示。可以看到，数据具有向上的趋势性，但不是等比例均衡上升（非线性），曲线陡峭程度不高，可以考虑用二次多项式回归方程。

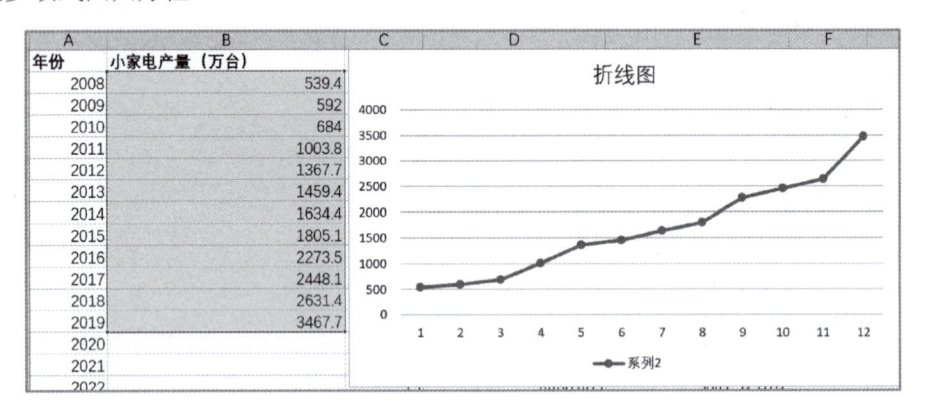

图 5-19　折线图

步骤2：添加趋势线。单击选中数据点，右键，选择"添加趋势线"，如图 5-20 所示。

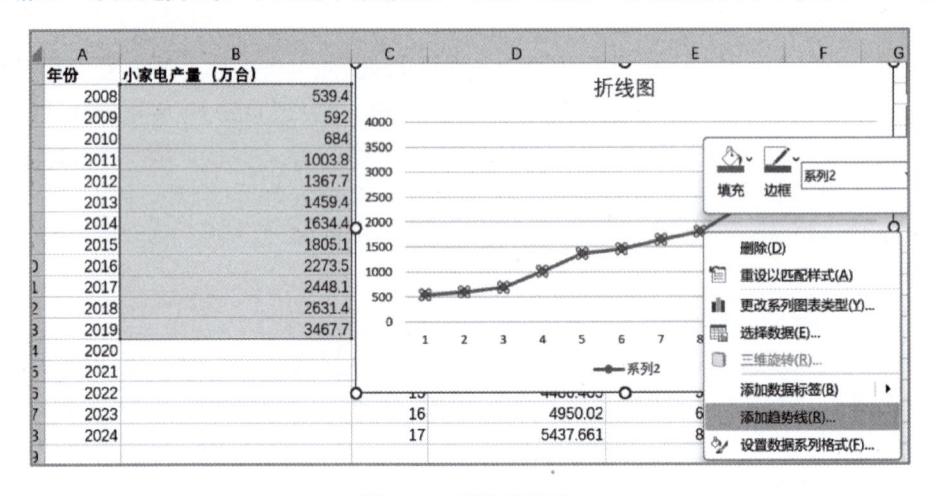

图 5-20　添加趋势线

步骤3：设置趋势线格式。在弹出的"设置趋势线格式"选项中勾选"多项式"，"阶数"设为 2，勾选"显示公式"和"显示 R 平方值"，结果如图 5-21 所示。

步骤4：观察 R 平方值。在单元格 D14 中输入公式"=12.013*C14*C14+91.212*C14+415.3"。公式依据是 $Y = 12.013x^2 + 91.212x + 415.3$。下拉公式，可以求出 2020—2024 年的产量预测，观察 R 平方值为 0.979，接近 1，表示这个回归方程相对合适，如图 5-22 所示。

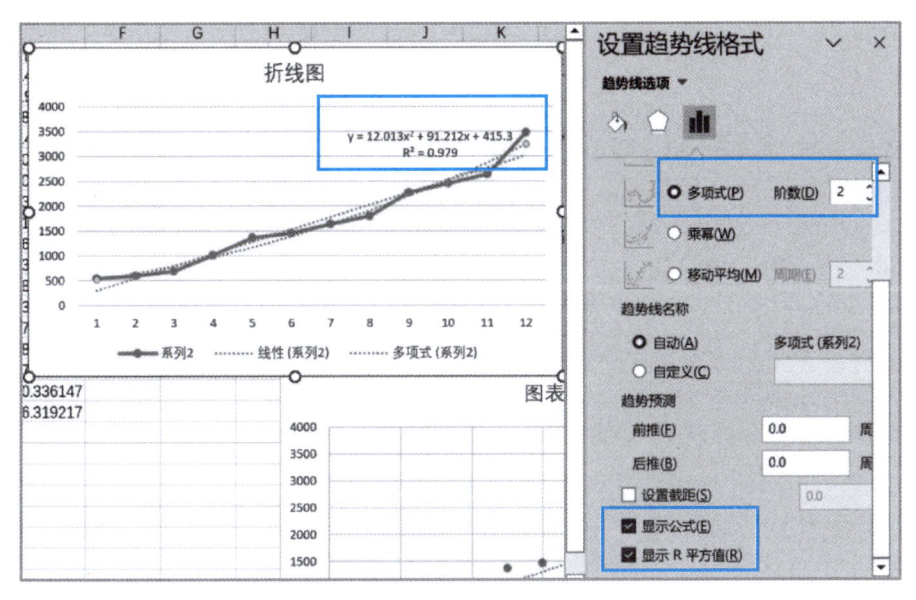

图 5-21 设置趋势线格式

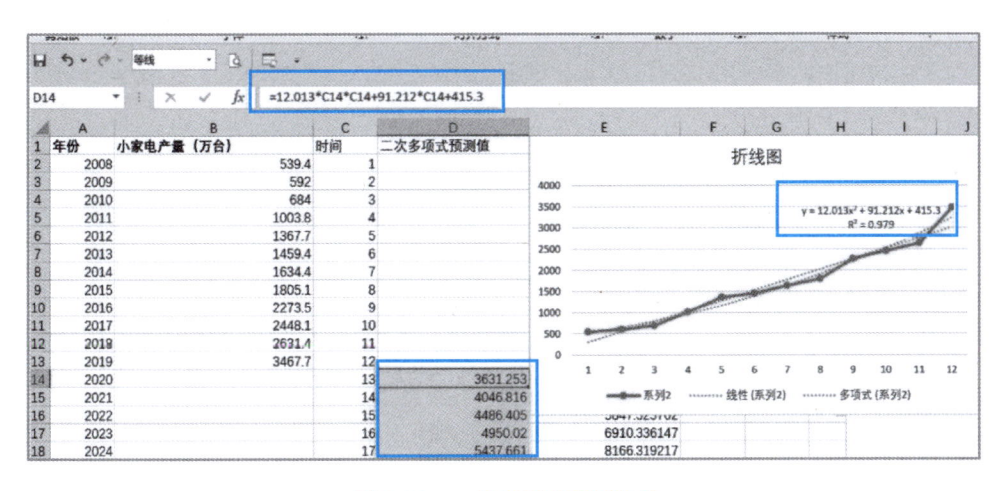

图 5-22 二次多项式预测结果

5.1.6 指数回归方程预测小家电产量

指数回归方程应用于显示越来越高的速率上升或下降的数据值，值得注意的是，数据不应该包含零值或负数。接着上述案例 5-5，如果运用指数回归方程预测，结果又是如何呢？同上述步骤 1 和步骤 2 的操作，在"设置趋势线格式"中勾选"指数"，以及"显示公式"和"显示 R 平方值"，如图 5-23 所示。然后，在单元格 E14 中输入公式"=477.6*EXP(0.167*C14)"，注意 EXP 是对数函数。下拉公式，2020—2024 年的预测结果如图 5-24 所示。比较二次多项式和

101

指数回归预测的结果差异，指数回归预测的判定系数 R 平方值=0.9736，接近 1，略小于二次多项式的 R 平方值=0.979，说明二次多项式回归方程更适用于本案例的预测。

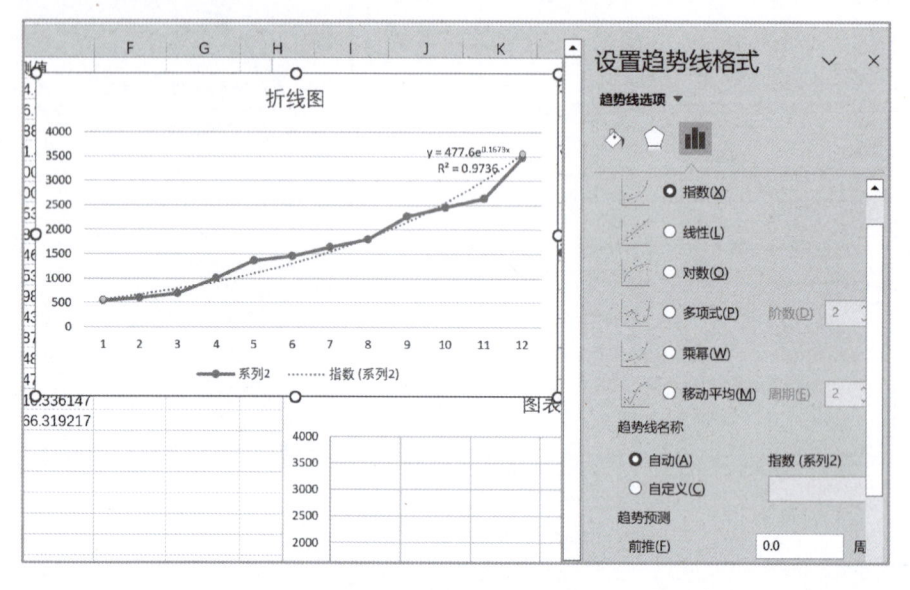

图 5-23 指数回归方程设置

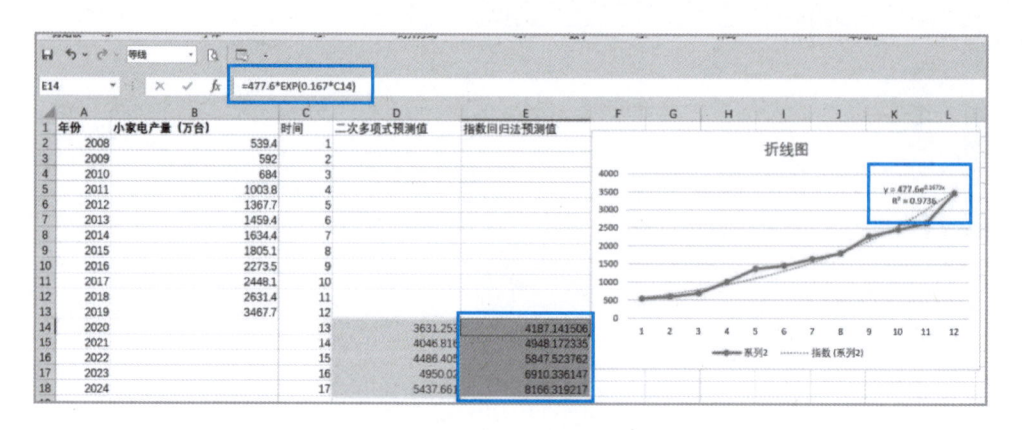

图 5-24 指数回归方程预测结果

5.1.7 使用 Excel 函数预测仓储收入

1. 函数预测的含义

根据已有的数值计算或预测未来值。此预测值为基于给定的 x 值推导出的 y 值。已知的数值为已有的 x 值和 y 值，再利用线性回归对新值进行预测。可以使用该函数对未来销售额、库存需求或消费趋势进行预测。

2. 预测函数 FORECAST

该函数的语法格式为：

FORECAST(x, known_ys, known_x's)

可以理解为：FORECAST（需要进行预测的数据点，因变量数组或数据区域，自变量数组或数据区域）。

3. 案例说明

已知 1988—2019 年的仓储收入，用 FORECAST 函数预测 2020 年收入。

4. 分析思路

通过 Excel 函数，求得一元线性回归结果。因此，建议先使用 CORREL 函数检查数据之间的相关性高不高，数据样本需要超过 30 个才有参考性，最后用 FORECAST 函数进行预测。

5. 操作步骤

步骤 1： 检验相关性。通过 CORREL 函数检验，可以看出相关系数为 0.968，表示仓储收入与时间是强相关的。注意，CORREL 语法是：CORREL(列数 1，列数 2)。

步骤 2： 应用 FORECAST 函数预测。在单元格 C34 中输入公式"=FORECAST(A33, C2:C32,A2:A32)"，按回车键后，结果如图 5-25 所示。可以看出，FORECAST 函数预测出的结果和一元线性回归方程预测出的结果是一致的。

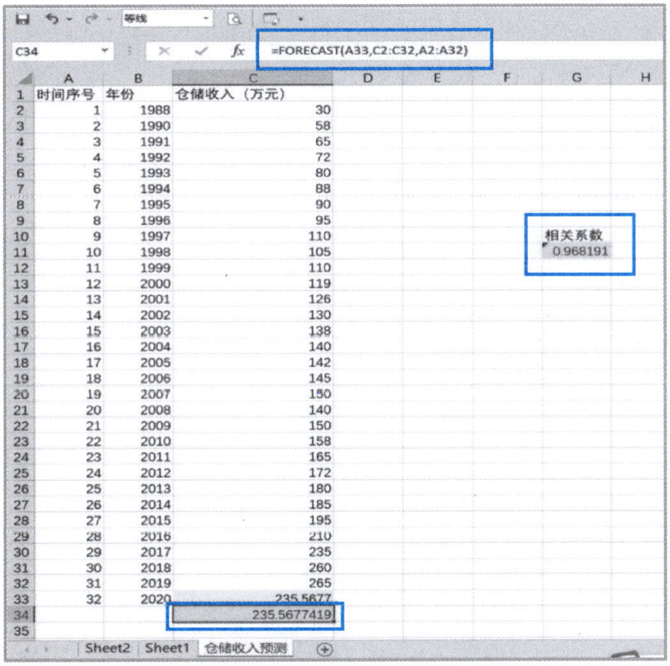

图 5-25　FORECAST 函数预测

5.1.8 应用切比雪夫不等式模型进行订货预测

1. 切比雪夫不等式的含义

前面的线性回归基于数据服从或近似服从正态分布，但是在实际工作中，很多数据表现并非服从正态分布，如果强行套用线性回归预测，则预测结果不可靠。因此，在非正态分布下，可通过引入切比雪夫不等式来构建预测模型。

2. 切比雪夫不等式的统计学原理

19 世纪俄国数学家切比雪夫在研究统计规律时，用标准差表达了一个不等式，这个不等式显示了随机变量的几乎所有值都会接近均值的统计规律。其意义可表达为：

与均值相差 2 个标准差以上的值，数目不多于 1/4；
与均值相差 3 个标准差以上的值，数目不多于 1/9；
与均值相差 4 个标准差以上的值，数目不多于 1/16；
⋮
与均值相差 K 个标准差以上的值，数目不多于 $1/K^2$。

其公式表达为

$$P(|X-u|) \geqslant Kq \leqslant 1/K^2$$

式中，X 是期望值；u 为均值；q 为标准差；K 为实数且 $K>0$。

3. 应用场景

切比雪夫不等式适用于任何分布形状的数据。当数据不服从正态分布的情况下，可以通过切比雪夫不等式模型来预测。按照统计规律，非正态分布下，2 个标准差只能覆盖 75%的置信区间。这个不等式可用于预测概率的粗略估算，只能作为一种辅助预测工具。

案例文件：第 5 章/案例 5-6 切比雪夫不等式预测模型.xlsx

4. 案例说明

已知某电器制造企业灶具的 1—12 月出库量，当下个月计划备货 3500 个单位时，通过切比雪夫不等式来估算有多大概率可以满足需求而不会缺货。

5. 分析思路

先画折线图，观察是否服从正态分布，然后求出均值和标准差，并通过切比雪夫不等式推算概率。

6. 操作步骤

步骤 1：根据 1—12 月数据画出折线图。从图形上可以观察到数据并不服从正态分布（图形没有呈现山峰形），如图 5-26 所示。分别计算出 1—12 月的均值和标准差，标准差公式为"=STDEV.P(B2:B13)"，如图 5-27 所示。

步骤 2：不等式求 K 值。当下个月期望值为 3500 个单位时，均值是 2230.58，标准差是 1676.95，套入不等式的一边，即|3500−2230.58|⩾K×1676.95，得出 K 值最大为 0.75。

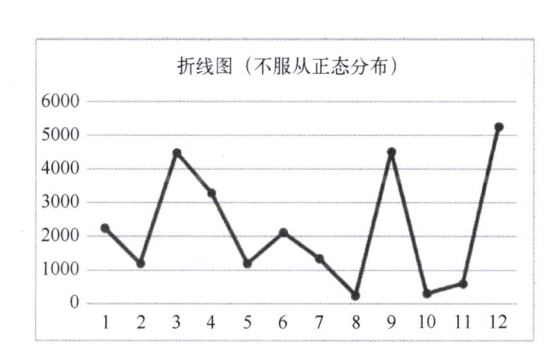

图 5-26 折线图观察分布

图 5-27 计算均值和标准差

步骤 3：求不缺货概率。然后再套入不等式的另外一边，即约束条件 $1/K^2$，得到 $1/0.75^2=1/0.5625$。意味着根据过往的数据表现，3500 个单位的备货量大约有 56.25%的概率不会缺货。

注意：作为一个分析任意类型数据分布的工具，切比雪夫不等式具有一定的参考意义，尤其适合非正态且数据波动无趋势性、无规律的情况，用切比雪夫不等式可以估算出一个相对粗糙的范围概念，还必须要考虑其他预测工具组合使用，如移动平均法、指数平滑法等。

5.1.9 非季节性变动预测方法使用场景总结

前面分别讲述了移动平均法、指数平滑法、一元或多元线性回归、非线性预测（二次多项式或指数回归方程）、切比雪夫不等式等非季节性变动预测方法。可能有读者会产生疑惑，这么多种预测方法，在实际工作中应该如何选择合适的预测方法呢？在此，笔者总结了一张图说明非季节性变动预测方法使用场景，如图 5-28 所示。

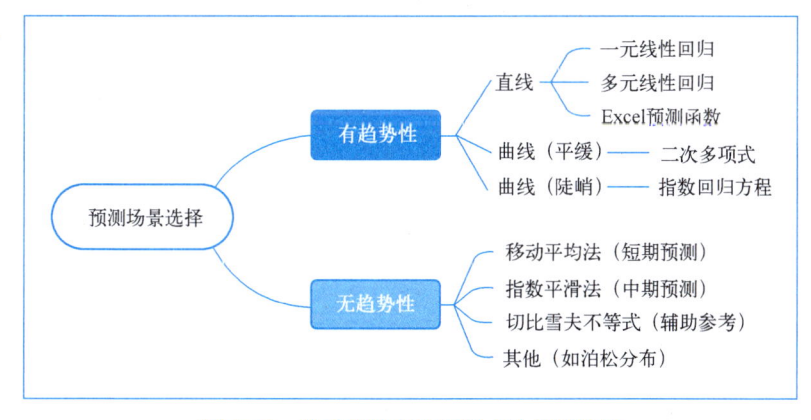

图 5-28 非季节性变动预测方法使用场景

通过折线图绘制数据的走势，观察数据的波动特征，是否有向上或向下的趋势，确认数据是否有趋势性。

若数据有趋势性，则观察数据的趋势呈直线还是曲线，然后分别选取不同的预测方法。当数据呈现线性的趋势时，可以考虑一元或多元线性回归方程，也可以直接用函数预测；当数据波动呈现曲线特点时，根据曲线的陡峭程度，可以选择二次多项式或指数回归方程进行预测，并观察 R 平方值，进而判断该方程是否合适。

若数据无趋势性，例如呈现上下波动情况，则可以考虑用移动平均法或指数平滑法；若数据呈现无规律的波动，则可以借助切比雪夫不等式或泊松模型测算，作为预测的辅助工具。

5.2 季节性变动趋势下产品销量预测

季节性变动趋势的预测本质上属于时间序列法，时间序列预测主要以连续性原理为依据，在一定条件下，只要规律赖以发生作用的条件不产生质的变化，则事物的基本发展趋势在未来就还会延续下去，这就是所谓的"惯性"原理。时间序列的构成要素包含长期趋势、季节变动、循环变动、不规则变动。

- 长期趋势（T）是指在较长时期内受某种根本性因素作用而形成的总的变动趋势，包括线性趋势和非线性趋势。本节只考虑线性趋势。
- 季节变动（S）是指在一年内随着季节的变化而发生有规律的周期性波动。
- 循环变动（C）是指以若干年为周期所呈现出的波浪起伏形态的有规律的变动。
- 不规则变动（I）是一种无规律可循的变动，包括随机变动和不规则的突发性影响很大的变动两种类型。

某些行业在一年的不同时段销量基本上比较稳定，而另一些行业在一年的不同时段销量波动比较大，说明存在淡旺季的交替，比如旅游行业，节假日一般是其旺季。对于销量基本稳定的行业，销量预测可以采用回归分析、趋势分析、移动平均和指数平滑等方法；对于销量波动比较大的行业，销量在一年内呈周期性季节变化，销量预测的要求比较高，有一定的难度，但是如果能较为准确地对本企业淡旺季的销售情况进行预测，则可以更科学地指导公司下个年度经营活动的开展，提前做好人员配置、资源投入及收支的安排等。

对于具有季节性、周期性变化和循环变动的数据，比较典型的预测方法有居中移动平均法、规划求解法、线性回归系数调整法。需要强调的是，三种方法的关键共性是需要计算季节性指数。

5.2.1 使用居中移动平均法求季节指数

案例文件：第 5 章/案例 5-7 计算季节指数.xlsx

1. 案例说明

一家快消品饮料企业 2013—2018 年各季度饮料销售量（万吨）数据如图 5-29 所示，要求计算各季节的季节指数，并拟合出回归预测方程。

年份	季度 1	季度 2	季度 3	季度 4
2013	25	32	37	26
2014	30	38	42	30
2015	29	39	50	35
2016	30	39	51	37
2017	29	42	55	38
2018	31	43	54	41

图 5-29　各季度饮料销售量

2. 分析思路

首先需要通过折线图观察数据波动特征，计算移动平均趋势值，然后对结果进行中心化处理，最后计算季节指数，并拟合出回归预测方程。

3. 操作步骤

步骤 1：观察数据特征。画出折线图，如图 5-30 所示。该时间序列包含不规则变动、季节变动和长期趋势，可以用居中移动平均法进行预测。

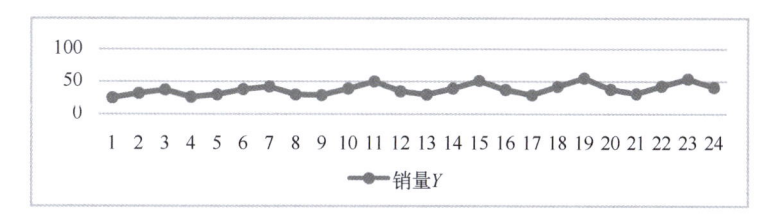

图 5-30　销量趋势折线图

步骤 2：计算移动平均趋势值，并将结果进行"中心化"处理，即将移动平均的结果再进行一次偶数项移动平均，得出"中心化移动平均值"（CMA）。在 K4 单元格输入公式"=AVERAGE(J2:J5,J3:J6)"，下拉公式到 K23 单元格，如图 5-31 所示。需要注意的是，偶数项需要 2 次平均。偶数项中心化移动原理如图 5-32 所示，在下一节案例中会有详细的讲解。

步骤 3：计算季节指数。将各观察值 Y 除以相应的趋势值（Y/CMA），剔除长期趋势影响，在 L4 单元格输入公式"=J4/K4"，拉下公式到单元格 L23，如图 5-33 所示。

	G	H	I	J	K
1		年/季度	标号t	销量Y	中心化移动平均值CMA
2	2013年	1	1	25	
3		2	2	32	
4		3	3	37	30.625
5		4	4	26	32.000
6	2014年	1	5	30	33.375
7		2	6	38	34.500
8		3	7	42	34.875
9		4	8	30	34.875
10	2015年	1	9	29	36.000
11		2	10	39	37.625
12		3	11	50	38.375
13		4	12	35	38.500
14	2016年	1	13	30	38.625
15		2	14	39	39.000
16		3	15	51	39.125
17		4	16	37	39.375
18	2017年	1	17	29	40.250
19		2	18	42	40.875
20		3	19	55	41.250
21		4	20	38	41.625
22	2018年	1	21	31	41.625
23		2	22	43	41.875
24		3	23	54	
25		4	24	41	

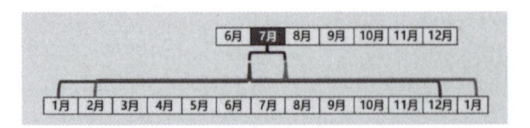

图 5-31 计算中心化移动平均值

图 5-32 偶数项中心化移动原理

	G	H	I	J	K	L
1		年/季度	标号t	销量Y	中心化移动平均值CMA	比值Y/CMA
2	2013年	1	1	25		
3		2	2	32		
4		3	3	37	30.625	1.208163265
5		4	4	26	32.000	0.8125
6	2014年	1	5	30	33.375	0.898876404
7		2	6	38	34.500	1.101449275
8		3	7	42	34.875	1.204301075
9		4	8	30	34.875	0.860215054
10	2015年	1	9	29	36.000	0.805555556
11		2	10	39	37.625	1.03654485
12		3	11	50	38.375	1.302931596
13		4	12	35	38.500	0.909090909
14	2016年	1	13	30	38.625	0.776699029
15		2	14	39	39.000	1
16		3	15	51	39.125	1.303514377
17		4	16	37	39.375	0.93968254
18	2017年	1	17	29	40.250	0.720496894
19		2	18	42	40.875	1.027522936
20		3	19	55	41.250	1.333333333
21		4	20	38	41.625	0.912912913
22	2018年	1	21	31	41.625	0.744744745
23		2	22	43	41.875	1.026865672
24		3	23	54		
25		4	24	41		

图 5-33 计算 Y/CMA

步骤 4：计算各比值 Y/CMA 的同月（季度）平均数，消除不规则变动的影响。在 B21 单元格中输入公式"=AVERAGE(B14:B19)"，将公式横拉到 E21 单元格，如图 5-34 所示。同时，同月（季度）平均数除以总平均数得到季节指数 S，在 B22 单元格输入公式

“=B21/AVERAGE($L$4:$L$23)”，将公式横拉到 E22 单元格，如图 5-35 所示。

B21　=AVERAGE(B14:B19)

	A	B	C	D	E
1	年份	季度			
2		1	2	3	4
3	2013	25	32	37	26
4	2014	30	38	42	30
5	2015	29	39	50	35
6	2016	30	39	51	37
7	2017	29	42	55	38
8	2018	31	43	54	41
9					
10					
11					
12	年份	季度			
13		1	2	3	4
14	2013			1.208163265	0.8125
15	2014	0.898876404	1.101449275	1.204301075	0.860215
16	2015	0.805555556	1.03654485	1.302931596	0.909091
17	2016	0.776699029	1	1.303514377	0.939683
18	2017	0.720496894	1.027522936	1.333333333	0.912913
19	2018	0.744744745	1.026865672		
20	合计	3.946372628	5.192382733	6.352243647	4.434401
21	平均	0.789274526	1.038476547	1.270448729	0.88688
22	季节指数	0.792229525	1.042364544	1.275205218	0.890201

图 5-34　计算同月平均数

B22　=B21/AVERAGE($L$4:$L$23)

	A	B	C	D	E
1	年份	季度			
2		1	2	3	4
3	2013	25	32	37	26
4	2014	30	38	42	30
5	2015	29	39	50	35
6	2016	30	39	51	37
7	2017	29	42	55	38
8	2018	31	43	54	41
9					
10					
11					
12	年份	季度			
13		1	2	3	4
14	2013			1.208163265	0.8125
15	2014	0.898876404	1.101449275	1.204301075	0.860215
16	2015	0.805555556	1.03654485	1.302931596	0.909091
17	2016	0.776699029	1	1.303514377	0.939683
18	2017	0.720496894	1.027522936	1.333333333	0.912913
19	2018	0.744744745	1.026865672		
20	合计	3.946372628	5.192382733	6.352243647	4.434401
21	平均	0.789274526	1.038476547	1.270448729	0.88688
22	季节指数	0.792229525	1.042364544	1.275205218	0.890201

图 5-35　计算季节指数

步骤 5：拟合预测值方程。根据求得的季节指数，用实际值/季节指数得到一个季节分离趋势序列，如图 5-36 所示。然后用趋势序列拟合一条回归线 $Y=a+bx$，方法是选中 M 列，制作折线图，鼠标选中折线图，鼠标右键选择"添加趋势线"，在"设置趋势线格式"下选择"线性"，勾选"显示公式"和"显示 R 平方值"，如图 5-37 所示，图形上会显示线性回归方程 $Y=0.5592x+30.607$。R 平方值约为 0.76，大于 0.5，表示回归拟合结果相对可信。

图 5-36 计算季节分离趋势序列

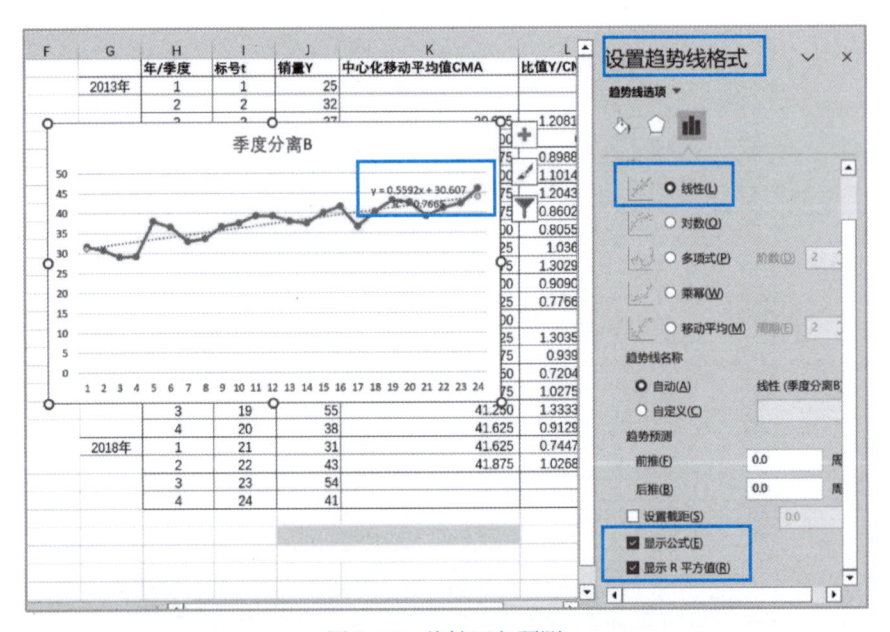

图 5-37 线性回归预测

步骤 6：拟合设置趋势线并代入预测方程，最终预测值 $Y=（a+bx）×$相应季度的季节指数，即最终预测值 $Y=(0.5592x+30.607) ×$相应季度的季节指数。例如，需要预测 2019 年 1—4

季度的销量，可在单元格 J26 中输入公式"=(0.5592*I26+30.607)*B26"，下拉公式到 J29 单元格，2019 年的 1—4 季度的销量预测结果如图 5-38 所示。

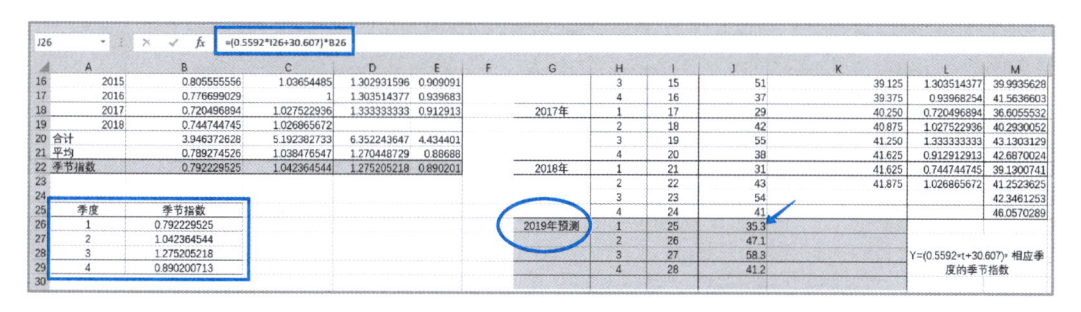

图 5-38　2019 年 1—4 季度的销量预测结果

5.2.2　使用居中移动平均法进行年度产品销售量预测分解

案例文件：第 5 章/案例 5-8 季节性销售预测模型.xlsx

1. 案例说明

某店铺有 2018 年、2019 年和 2020 年每个月份的某种饮料的销售量记录，见表 5-2。该店铺目前准备预测该种饮料下一年度的销售量，根据 2018—2020 年的历史销售数据，为下一年度每个月份的销售量进行预测。

表 5-2　2018—2020 年各月销售量

时间	销售量/瓶	时间	销售量/瓶	时间	销售量/瓶
2018 年 1 月	5255	2019 年 1 月	5619	2020 年 1 月	5081
2018 年 2 月	5165	2019 年 2 月	4676	2020 年 2 月	4851
2018 年 3 月	5394	2019 年 3 月	5587	2020 年 3 月	5949
2018 年 4 月	6101	2019 年 4 月	6207	2020 年 4 月	6708
2018 年 5 月	7390	2019 年 5 月	7392	2020 年 5 月	7652
2018 年 6 月	7917	2019 年 6 月	8529	2020 年 6 月	8525
2018 年 7 月	8535	2019 年 7 月	8963	2020 年 7 月	9156
2018 年 8 月	8535	2019 年 8 月	9315	2020 年 8 月	8874
2018 年 9 月	6803	2019 年 9 月	6459	2020 年 9 月	6475
2018 年 10 月	6241	2019 年 10 月	6540	2020 年 10 月	7032
2018 年 11 月	5147	2019 年 11 月	5087	2020 年 11 月	5229
2018 年 12 月	5557	2019 年 12 月	5732	2020 年 12 月	5543

2. 分析思路

从 2018—2020 年销量情况的初步分析来看，该种饮料的销售量在 5—10 月是销售旺季，其他月份是销售淡季。其中，7月和8月是销售的高峰期，如图5-39所示。

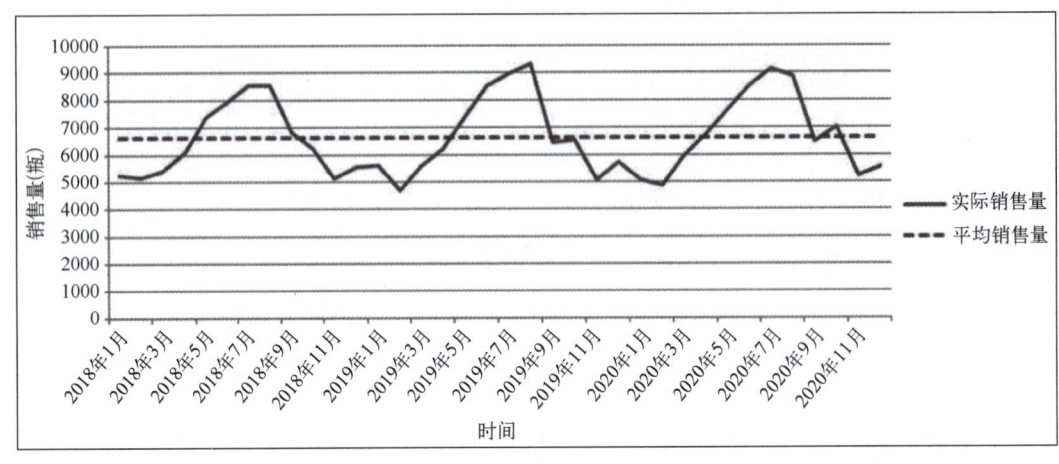

图 5-39　2018—2020 年销售趋势

3. 操作步骤

步骤 1：首先，计算每个月的居中移动平均销售量。将结果进行"中心化"处理，即将移动平均的结果再进行一次偶数项移动平均，得出"中心化移动平均值"（CMA）。中心化移动平均值的含义可参照图5-40～图5-42进行理解。

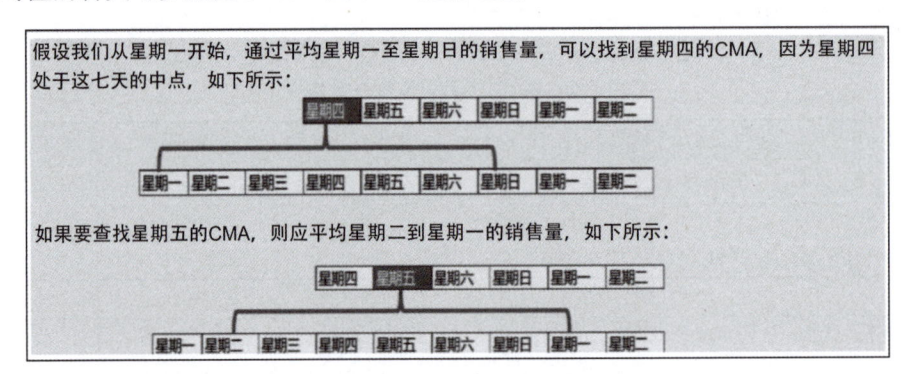

图 5-40　星期的中心化移动平均值

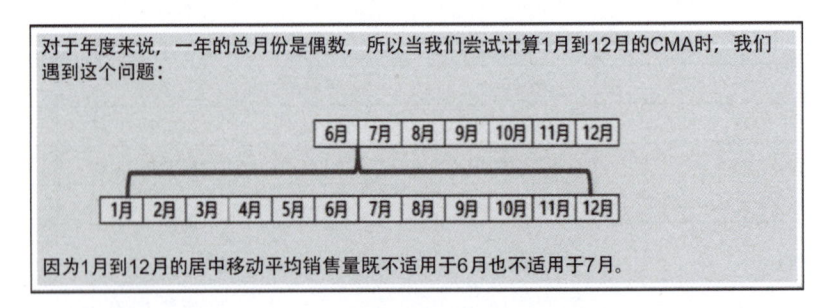

图 5-41　偶数项中心化移动平均值

第 5 章 供应链预测分析

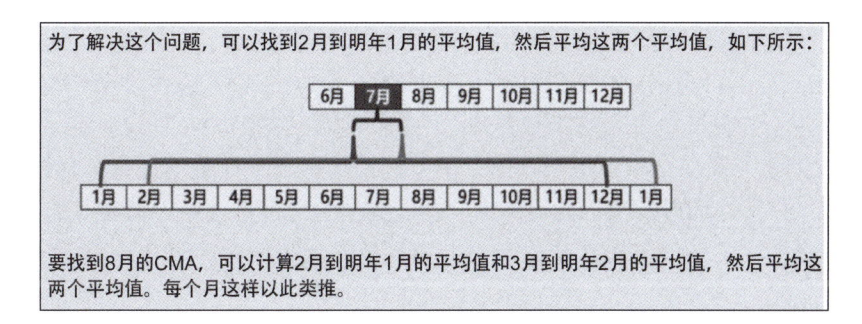

> 为了解决这个问题，可以找到2月到明年1月的平均值，然后平均这两个平均值，如下所示：
>
> | 6月 | **7月** | 8月 | 9月 | 10月 | 11月 | 12月 |
>
> | 1月 | 2月 | 3月 | 4月 | 5月 | 6月 | 7月 | 8月 | 9月 | 10月 | 11月 | 12月 | 1月 |
>
> 要找到8月的CMA，可以计算2月到明年1月的平均值和3月到明年2月的平均值，然后平均这两个平均值。每个月这样以此类推。

图 5-42 CMA 的计算方法

步骤 2：计算销售指数。在 G11 单元格中输入公式"=AVERAGE(F5:F16,F6:F17)"，将公式下拉到单元格 G34，同时在 H11 单元格中输入公式"=F11/G11"，将公式下拉到单元格 H34，结果如图 5-43 所示。

时间序列	日期	年度	月份	实际销售量	居中移动平均销售量	销售指数
1	2018年1月	2018	1	5255		
2	2018年2月	2018	2	5165		
3	2018年3月	2018	3	5394		
4	2018年4月	2018	4	6101		
5	2018年5月	2018	5	7390		
6	2018年6月	2018	6	7917		
7	2018年7月	2018	7	8535	6518.50	1.309350311
8	2018年8月	2018	8	8535	6513.291667	1.310397329
9	2018年9月	2018	9	6803	6500.958333	1.046461099
10	2018年10月	2018	10	6241	6513.416667	0.958176072
11	2018年11月	2018	11	5147	6517.916667	0.789669501
12	2018年12月	2018	12	5557	6543.5	0.849239704
13	2019年1月	2019	1	5619	6586.833333	0.853065459
14	2019年2月	2019	2	4676	6637.166667	0.70451749
15	2019年3月	2019	3	5587	6655.333333	0.839477111
16	2019年4月	2019	4	6207	6653.458333	0.932898305
17	2019年5月	2019	5	7392	6663.416667	1.109340804
18	2019年6月	2019	6	8529	6668.208333	1.279054219
19	2019年7月	2019	7	8963	6653.083333	1.34719491
20	2019年8月	2019	8	9315	6637.958333	1.40329293
21	2019年9月	2019	9	6459	6660.333333	0.969771283
22	2019年10月	2019	10	6540	6696.291667	0.976659967
23	2019年11月	2019	11	5087	6728	0.756093936
24	2019年12月	2019	12	5732	6738.666667	0.850613376
25	2020年1月	2020	1	5081	6746.541667	0.753120602
26	2020年2月	2020	2	4851	6736.208333	0.72013806
27	2020年3月	2020	3	5949	6718.5	0.885465506
28	2020年4月	2020	4	6708	6739.666667	0.995301449
29	2020年5月	2020	5	7652	6766.083333	1.130934933
30	2020年6月	2020	6	8525	6764.125	1.260325615
31	2020年7月	2020	7	9156		
32	2020年8月	2020	8	8874		

图 5-43 居中移动平均销售量和销售指数

步骤 3：求平均销售指数和季节性销售指数。通过将每个月的实际销售量除以当月的居中移动平均销售量得到当月的销售指数，对该月销售指数进行平均后，得到该月平均销售指数，根据全面平均销售指数的权重，得到每个月的季节性销售指数。在单元格 M5 中输入公式“=SUMIF($E$11:$E$34,L5,$H$11:$H$34)/2”，在单元格 M17 中输入公式“=SUM(M5:M16)”，同时在单元格 N5 中输入公式“=M5/$M$17”，公式下拉，结果如图 5-44 所示。

需要注意的是，图 5-44 中每个月的“季节性销售指数”代表的是每个月销售的权重。比如，1 月的“季节性销售指数”为 6.68%，表示 1 月的销售量占全年销售量的 6.68%；5 月的“季节性销售指数”为 9.32%，表示 5 月的销售量占全年销售量的 9.32%。12 个月合计正好等于 100%。

M5 =SUMIF($E$11:$E$34,L5,$H$11:$H$34)/2

	B	C	D	E	F	G	H	I	J	K	L	M	N
3													
4	时间序列	日期	年度	月份	实际销售量	居中移动平均销售量	销售指数	预测销售量	差异值		月份	平均销售指数	季节性销售指数
5	1	2018年1月	2018	1	5255			5216	-39		1	0.80309603	6.68%
6	2	2018年2月	2018	2	5165			4627	-538		2	0.712327775	5.93%
7	3	2018年3月	2018	3	5394			5602	208		3	0.862471308	7.18%
8	4	2018年4月	2018	4	6101			6262	161		4	0.964099877	8.02%
9	5	2018年5月	2018	5	7390			7275	-115		5	1.120137868	9.32%
10	6	2018年6月	2018	6	7917			8247	330		6	1.269689917	10.57%
11	7	2018年7月	2018	7	8535	6518.50	1.309350311	8627	92		7	1.32827261	11.05%
12	8	2018年8月	2018	8	8535	6513.291667	1.310397329	8813	278		8	1.356845129	11.29%
13	9	2018年9月	2018	9	6803	6500.958333	1.046461099	6548	-255		9	1.008116191	8.39%
14	10	2018年10月	2018	10	6241	6513.416667	0.958176072	6283	42		10	0.96741802	8.05%
15	11	2018年11月	2018	11	5147	6517.916667	0.789669501	5020	-127		11	0.772881718	6.43%
16	12	2018年12月	2018	12	5557	6543.5	0.849239704	5520	-37		12	0.84992654	7.07%
17	13	2019年1月	2019	1	5619	6586.833333	0.853065459	5354	-265		合计	12.01528298	100%
18	14	2019年2月	2019	2	4676	6637.166667	0.70451749	4749	73				

图 5-44　求平均销售指数和季节性销售指数

步骤 4： 求预测销售量。在单元格 I5 中输入公式“=ROUND(VLOOKUP(D5,$L$20:$M$22,2,0)*INDEX($N$5:$N$17,E5),0)”，同时在单元格 J5 中输入公式“=I5−F5”，将公式下拉到底部，如图 5-45 所示。需要注意的是，VLOOKUP 公式是将 L20:M23 区域的年份销售额引用过来，INDEX 函数是在 N5:N16 单元格区域根据月份偏移返回到指定月份的季节性销售指数。

I5 =ROUND(VLOOKUP(D5,$L$20:$M$22,2,0)*INDEX($N$5:$N$17,E5),0)

	B	C	D	E	F	G	H	I	J	K	L	M	N
1													
2	季节性销售的滚动预测模型——居中移动平均法												
3													
4	时间序列	日期	年度	月份	实际销售量	居中移动平均销售量	销售指数	预测销售量	差异值		月份	平均销售指数	季节性销售指数
5	1	2018年1月	2018	1	5255			5216	-39		1	0.80309603	6.68%
6	2	2018年2月	2018	2	5165			4627	-538		2	0.712327775	5.93%
7	3	2018年3月	2018	3	5394			5602	208		3	0.862471308	7.18%
8	4	2018年4月	2018	4	6101			6262	161		4	0.964099877	8.02%
9	5	2018年5月	2018	5	7390			7275	-115		5	1.120137868	9.32%
10	6	2018年6月	2018	6	7917			8247	330		6	1.269689917	10.57%
11	7	2018年7月	2018	7	8535	6518.50	1.309350311	8627	92		7	1.32827261	11.05%
12	8	2018年8月	2018	8	8535	6513.29	1.310397329	8813	278		8	1.356845129	11.29%
13	9	2018年9月	2018	9	6803	6500.96	1.046461099	6548	-255		9	1.008116191	8.39%
14	10	2018年10月	2018	10	6241	6513.42	0.958176072	6283	42		10	0.96741802	8.05%
15	11	2018年11月	2018	11	5147	6517.92	0.789669501	5020	-127		11	0.772881718	6.43%
16	12	2018年12月	2018	12	5557	6543.50	0.849239704	5520	-37		12	0.84992654	7.07%
17	13	2019年1月	2019	1	5619	6586.83	0.853065459	5354	-265		合计	12.01528298	100.00%
18	14	2019年2月	2019	2	4676	6637.17	0.70451749	4749	73				
19	15	2019年3月	2019	3	5587	6655.33	0.839477111	5750	163				
20	16	2019年4月	2019	4	6207	6653.46	0.932898305	6428	221		2018	78040	
21	17	2019年5月	2019	5	7392	6663.42	1.109340804	7468	76		2019	80106	
22	18	2019年6月	2019	6	8529	6668.21	1.279054219	8465	-64		2020	58486	
23	19	2019年7月	2019	7	8963	6653.08	1.34719491	8856	-107		2021	83000	

图 5-45　求预测销售量和差异值

步骤 5：结果解读。已知 2021 年预测销售量为 83000，在单元格 N5 中输入公式"=$M$23*N5"，公式下拉，得到 2021 年各个月份的预测分解销售量。这个预测结果是否相对可靠，还需要通过监测指标标准差和相关系数 R 平方值判断，当 R 平方值越接近 1，预测结果越相对可信。因此，在单元格 M25 中输入公式"=STDEV(J5:J40)"，在单元格 M26 中输入公式"=RSQ(F5:F40,I5:I40)"，如图 5-46 所示。可以看出，R 平方值约为 0.63>0.5，预测结果勉强可信（一般 R 平方值>0.8 才相对可靠）。

图 5-46 检测指标 R 平方值

5.2.3 使用规划求解法进行年度产品总销量预测

1. 分析思路

接着上述案例 5-8，假设该店铺尚未确定 2021 年的全年预测销售量，用规划求解法预测每月的销售量，并为该店铺确定 2021 年度的全年预测销售量。用规划求解法预测原理如下：

首先，建立预测模型，即

预测月份 t 的销售量=基准+趋势×时期数+月份 t 的季节性指数

- 基准：每次观测时期开始时月度销售的最佳估计数（该数值不含季节性因素）。
- 趋势：销售数量的每月度增长率的最佳估计数。
- 季节性指数：销售量高于或低于平均水平的最佳估计数。比如，8 月季节性指数为 200，则表示 8 月将比平均月份的销量多 200 个数量。

其次，根据先后的历史销售情况，利用 Excel 的规划求解工具得到基准、趋势和季节性销售指数的最优解。

最后，将最优解代入预测模型，即可得到所预测的月份的销售量。规划求解在 Excel 中的操作路径如图 5-47 所示。

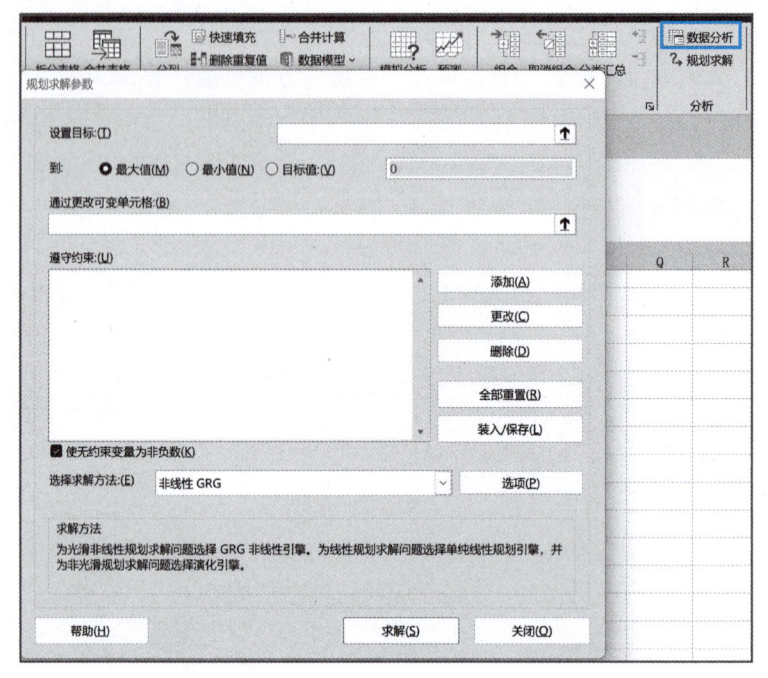

图 5-47　规划求解的 Excel 操作路径

2．操作步骤

步骤 1：整理表格，构建规划求解预测模型。在单元格 F5 中输入预测销售量公式"=$K$4+$K$5*B5+VLOOKUP(D5,$J$8:$K$19,2,0)"，即月度预测销售量=基准+趋势×时间序列数+该月份的季节性销售指数，如图 5-48 所示。

图 5-48　构建规划求解预测模型

步骤 2：设定差异量、差异量平方、目标值、标准差、R 平方值等公式。在单元格 G5 中输入公式"=F5-E5"，在单元格 H5 中输入公式"=G5^2"，将公式下拉到底部。接着，在单元格 K23 中输入公式"=SUM(H5:H40)"，在单元格 K26 中输入公式"=STDEV(G5:G40)"，在单元格 K27 中输入公式"=RSQ(F5:F40,E5:E40)"。结果如图 5-49 所示。

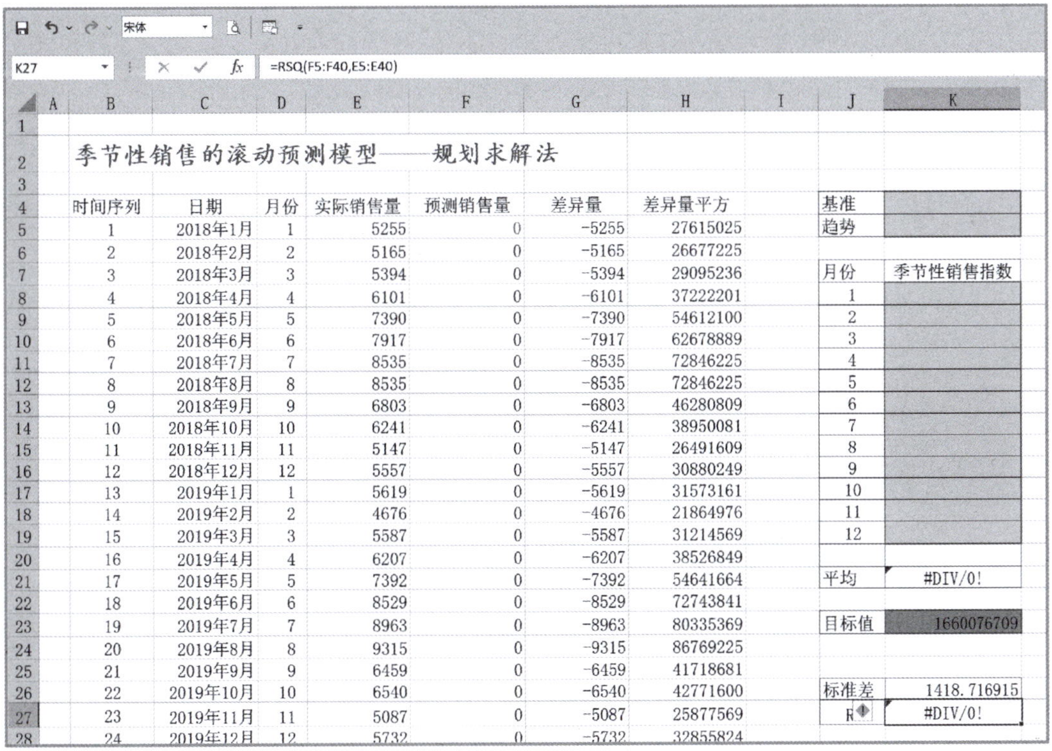

图 5-49 设定差异量平方和 R 平方值等公式

步骤 3：执行规划求解。打开 Excel "数据" → "规划求解"，弹出 "规划求解参数" 对话框，目标设为最小值，表示期望实际值和预测值差异最小。基准、趋势和各月的季节性销售指数为可变单元格，也就是需要求解的内容。单元格 K21 的平均值应该为 0，属于约束条件，如图 5-50 所示。执行规划求解，结果如图 5-51 所示。

需要注意的是，规划求解右侧有基准、趋势和季节性销售指数，最优解的目标是预测偏差最小，如图 5-52 所示。

步骤 4：结果解读。下拉 F 列的公式到 2021 年各月份，计算出对应的各月预测值，并且全年的预测值为 83075，如图 5-53 所示。R 平方值为 0.9785，接近 1，表示规划求解拟合出来的预测值相对可靠。

图 5-50　设置规划求解参数

时间序列	日期	月份	实际销售量	预测销售量	差异量	差异量平方		基准	6427.905806
1	2018年1月	1	5255	5177	-78	6017		趋势	11.64686714
2	2018年2月	2	5165	4787	-378	143132			
3	2018年3月	3	5394	5529	135	18127		月份	季节性销售指数
4	2018年4月	4	6101	6220	119	14077		1	-1262.123796
5	2018年5月	5	7390	7357	-33	1077		2	-1664.526869
6	2018年6月	6	7917	8199	282	79744		3	-934.2083449
7	2018年7月	7	8535	8755	220	48531		4	-254.846429
8	2018年8月	8	8535	8770	235	55447		5	871.049637
9	2018年9月	9	6803	6420	-383	146778		6	1701.602842
10	2018年10月	10	6241	6437	196	38443		7	2245.86456
11	2018年11月	11	5147	4970	-177	31153		8	2249.390589
12	2018年12月	12	5557	5421	-136	18458		9	-112.843534
13	2019年1月	1	5619	5317	-302	91089		10	-107.3068777
14	2019年2月	2	4676	4926	250	62718		11	-1585.52479
15	2019年3月	3	5587	5668	81	6626		12	-1146.526988
16	2019年4月	4	6207	6359	152	23229			
17	2019年5月	5	7392	7497	105	11015		平均	0
18	2019年6月	6	8529	8339	-190	36042			
19	2019年7月	7	8963	8895	-68	4616		目标值	1515707
20	2019年8月	8	9315	8910	-405	163836			
21	2019年9月	9	6459	6560	101	10130			
22	2019年10月	10	6540	6577	37	1356		标准差	208.0939743
23	2019年11月	11	5087	5110	23	541		R^2	0.978517558

图 5-51　规划求解结果

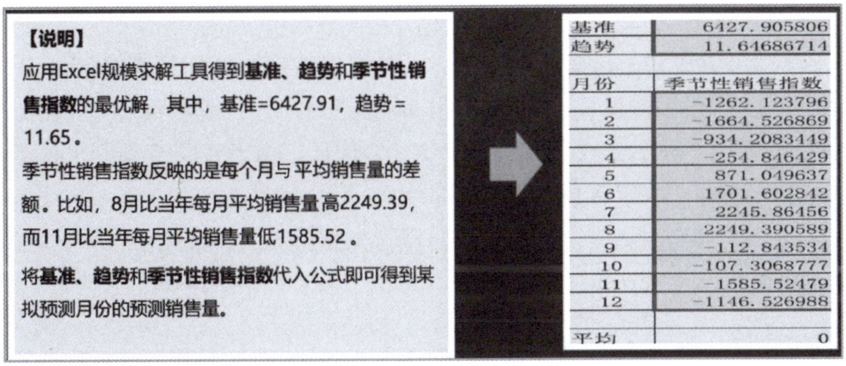

【说明】

应用Excel规模求解工具得到**基准、趋势和季节性销售指数**的最优解，其中，基准=6427.91，趋势=11.65。

季节性销售指数反映的是每个月与平均销售量的差额。比如，8月比当年每月平均销售量高2249.39，而11月比当年每月平均销售量低1585.52。

将**基准、趋势和季节性销售指数**代入公式即可得到某拟预测月份的预测销售量。

基准	6427.905806
趋势	11.64686714

月份	季节性销售指数
1	-1262.123796
2	-1664.526869
3	-934.2083449
4	-254.846429
5	871.049637
6	1701.602842
7	2245.86456
8	2249.390589
9	-112.843534
10	-107.3068777
11	-1585.52479
12	-1146.526988
平均	0

图 5-52　规划求解说明

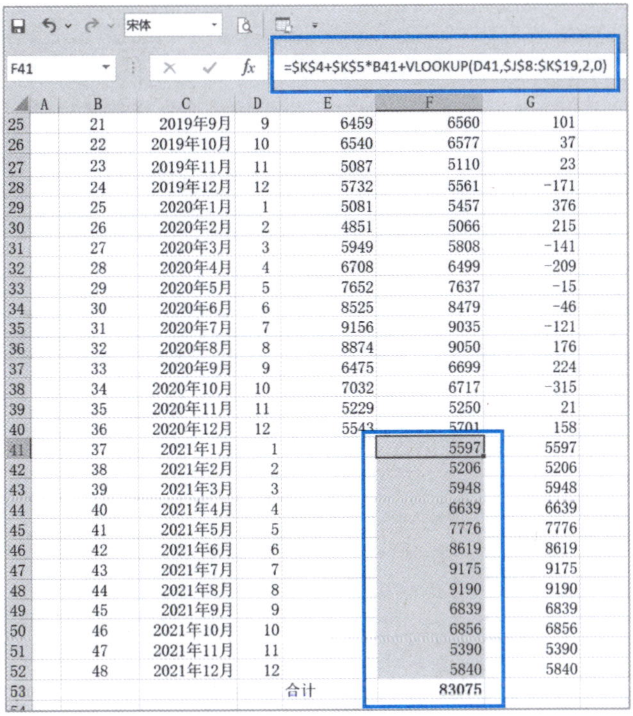

F41　=$K$4+$K$5*B41+VLOOKUP(D41,$J$8:$K$19,2,0)

	A	B	C	D	E	F	G
25		21	2019年9月	9	6459	6560	101
26		22	2019年10月	10	6540	6577	37
27		23	2019年11月	11	5087	5110	23
28		24	2019年12月	12	5732	5561	-171
29		25	2020年1月	1	5081	5457	376
30		26	2020年2月	2	4851	5066	215
31		27	2020年3月	3	5949	5808	-141
32		28	2020年4月	4	6708	6499	-209
33		29	2020年5月	5	7652	7637	-15
34		30	2020年6月	6	8525	8479	-46
35		31	2020年7月	7	9156	9035	-121
36		32	2020年8月	8	8874	9050	176
37		33	2020年9月	9	6475	6699	224
38		34	2020年10月	10	7032	6717	-315
39		35	2020年11月	11	5229	5250	21
40		36	2020年12月	12	5543	5701	158
41		37	2021年1月	1		5597	5597
42		38	2021年2月	2		5206	5206
43		39	2021年3月	3		5948	5948
44		40	2021年4月	4		6639	6639
45		41	2021年5月	5		7776	7776
46		42	2021年6月	6		8619	8619
47		43	2021年7月	7		9175	9175
48		44	2021年8月	8		9190	9190
49		45	2021年9月	9		6839	6839
50		46	2021年10月	10		6856	6856
51		47	2021年11月	11		5390	5390
52		48	2021年12月	12		5840	5840
53					合计	83075	

图 5-53　规划求解计算 2021 年预测销售量

5.2.4　使用线性回归系数调整法预测产品销量

1. 分析思路

接着上述案例 5-8，假设该店铺尚未确定 2021 年全年的预测销售量，应用线性回归系数调整法预测每月的销售量，并为该店铺确定 2021 年度的全年预测销售量。

2. 操作步骤

步骤 1：根据历史数据，运用线性回归方法计算对应历史期间预测销售量。选中单元格区域 E5:E40，插入折线图，鼠标选中折线图，右键选择"添加趋势线"，在添加趋势线选项中选择"线性"，勾选"显示公式"和"显示 R 平方值"，结果如图 5-54 所示。回归预测方程为 $Y=16.443X+6340.8$，其中 X 为时间序列编号。

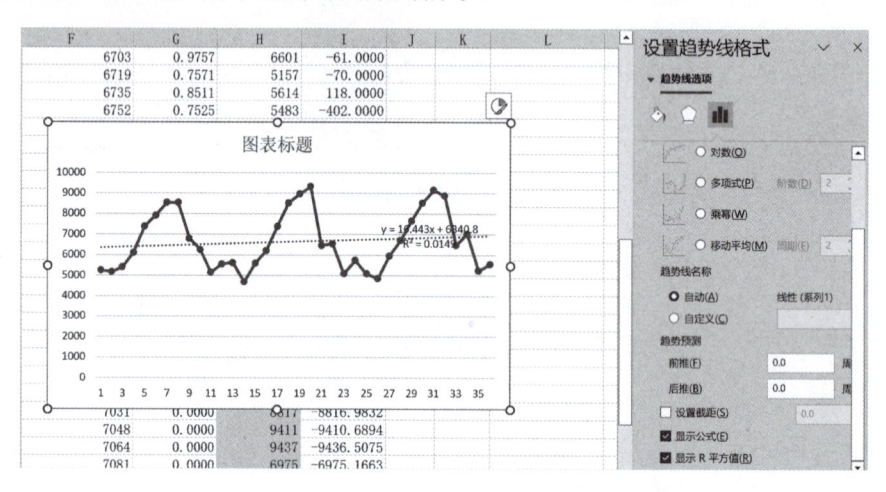

图 5-54 利用折线图得出线性回归预测方程

步骤 2：计算预测销售量和平均系数。在单元格 G5 中输入系数公式"=E5/F5"，在单元格 I5 中输入差异量公式"=E5-H5"，下拉公式到底部。然后，在单元格 F5 中输入公式"=16.443*B5+6340.8"，下拉公式到底部，即为预测销售量。在单元格 L5 中输入公式"=SUMIF($D$5:$D$40,K5,$G$5:$G$40)/3"，求得近 3 年的各月平均系数。结果如图 5-55 所示。

图 5-55 计算预测销售量和平均系数

步骤 3： 求系数调整后的预测销售量。在单元格 L19 中输入公式“=STDEV(I5:I40)”，在单元格 L20 中输入 *R* 平方值公式“=RSQ(E5:E40,H5:H40)”。然后计算系数调整后的预测销售量，即初始预测销售量×月份平均系数。在单元格 H5 中输入公式“=ROUND(VLOOKUP(D5,$K$5:$L$16,2,0)*F5,0)”，将公式下拉到底部，结果如图 5-56 所示。

H5　=ROUND(VLOOKUP(D5,$K$5:$L$16,2,0)*F5,0)

季节性销售的滚动预测模型——线性回归系数调整法

时间序列	日期	月份	实际销售量	初始预测销售量	系数	系数调整后的预测销售量	差异量	月份	平均系数
1	2018年1月	1	5255	6357	0.8266	5163	92.0000	1	0.812137936
2	2018年2月	2	5165	6374	0.8104	4756	409.0000	2	0.746232054
3	2018年3月	3	5394	6390	0.8441	5472	-78.0000	3	0.856353618
4	2018年4月	4	6101	6407	0.9523	6147	-46.0000	4	0.959500056
5	2018年5月	5	7390	6423	1.1506	7257	133.0000	5	1.129830624
6	2018年6月	6	7917	6439	1.2295	8075	-158.0000	6	1.253995487
7	2018年7月	7	8535	6456	1.3220	8620	-85.0000	7	1.335250826
8	2018年8月	8	8535	6472	1.3187	8646	-111.0000	8	1.335860811
9	2018年9月	9	6803	6489	1.0484	6392	411.0000	9	0.985041278
10	2018年10月	10	6241	6505	0.9594	6406	-165.0000	10	0.98476045
11	2018年11月	11	5147	6522	0.7892	5005	142.0000	11	0.767454051
12	2018年12月	12	5557	6538	0.8499	5450	107.0000	12	0.833499856
13	2019年1月	1	5619	6555	0.8573	5323	296.0000		
14	2019年2月	2	4676	6571	0.7116	4903	-227.0000		
15	2019年3月	3	5587	6587	0.8481	5641	-54.0000	标准差	203.5941341
16	2019年4月	4	6207	6604	0.9399	6336	-129.0000	R^2	0.979415755
17	2019年5月	5	7392	6620	1.1166	7480	-88.0000		

图 5-56　系数调整后的预测销售量

步骤 4： 结果验证。将单元格 H 列公式下拉到 2021 年 12 月，即为 2021 年各月预测销售量，预测结果是否可信呢？*R* 平方值=0.9794，接近 1，结果相对可靠。前述居中移动平均法 *R* 平方值=0.63，规划求解法 *R* 平方值=0.9785，综合比较，只有线性系数调整法和规划求解法预测的结果相对可信。

5.2.5　季节性变动预测方法适用场景

季节性变动预测方法有多种，共性是求季节指数，监控指标是 *R* 平方值。*R* 平方值越接近 1，表示预测拟合值越可靠。三种季节预测方法的适用场景说明见表 5-3。

表 5-3　三种季节预测方法的适用场景说明

预测方法	预测场景	具体方法
居中移动平均法	当公司已经拟定下一年度预测销售量指标时，可以将年度预测指标进一步分解到每个月，作为预测考核指标（如果公司没有拟定下一年度预测指标，应用该方法也可以进行下一年度销售量的预测）	下一年度某月预测销售量=下一年度预测销售量×季节性销售指数
规划求解法	当公司对下一年度预测销售量指标尚未确定时，通过该方法可以预测下一年度每个月的销售量，同时将每个月的预测数进行汇总，得到下一年度的预测销售量	下一年度某月预测销售量=基准+趋势×时期数+某月的季节性销售指数
线性回归系数调整法	同“规划求解法”	下一年度某月预测销售量=（$a+bx$）×某月平均系数

说明：

- 预测时，需要多长时间的历史数据才合适？一般需要 3 年的历史数据，历史数据跨度越大，预测得出的数据就越准确。对于规划求解法，理论上只需要一年的历史数据即可，但预测出来的准确性存在问题。
- 预测后，模型是固定不变的吗？要进行滚动预测，根据最新的数据适时调整后，再进行更新预测。
- 季节性销售不明显的行业可以用这三种模型预测吗？可以应用。季节性销售明显的行业可以用回归分析、移动平均或指数平滑等，当不明确是否有季节性时，强烈推荐用线性回归系数调整法，准确性相对更高。
- 不同的产品可以用一种预测模型吗？一般来说，不同产品的历史数据不一样，应分别预测，但预测方法是相同的。

第 6 章 生产数据分析

生产数据即与生产有关的数据，如原料数据、设备数据、工艺数据、产品数据等，生产数据分析主要包括生产计划自动排程、生产成本与效率分析、生产优化分析等。本章将会介绍以下几个方面的内容：

- 生产计划自动排程的原理和方法。
- 使用模拟分析实现总成本约束下的最优生产量分配。
- 使用规划求解实现利润最大化下的最优目标产量分配。

6.1 使用 Excel 函数实现生产计划自动排程

1. 生产计划自动排程概述

生产计划自动排程是根据订单、产能、休息日等信息自动生成生产计划的 Excel 报表。实际生产时，PMC（生产计划控制）是一项比较复杂的工作，要考虑插单、断料等因素，需要不断调整生产计划，即使是大型企业，也很难完全依靠昂贵的 APS（高级计划与排程）系统执行。Excel 制作的生产排程报表作为辅助优化小工具，能发挥一定的作用。

案例文件：第 6 章/案例 6-1 生产计划自动排程案例.xlsx

2. 案例说明

某制造企业需要制定生产计划自动排程，已知订单数为 465，日投入产量为 100 个订单，现在需要通过 Excel 制作一个生产计划排程表，并考虑到已知订单数、节假日、产能负荷等情况，便于计划员进行生产计划排程管理。

3. 分析思路

生产计划一般以日为单位，通常根据订单数确定日投入数。计算日投入订单生产能力和订单剩余数后，比较两者大小，哪个小就排哪个。经常用到的 Excel 函数是 "=MIN（剩余订单量，日投入量）"，此函数是求最小值的。自动排程即用 MIN 函数求日投入量与剩余订单量的最小值。剩余订单量=总订单数-截至昨日的累计已排产数量。截至昨日的累计已排产数量=从第 0 天到昨天的累计排产数量，用 SUM 函数求得。然后，考虑节假日、优先顺序、格式调整等，做相应的函数处理。

4．操作步骤

（1）确定日投入量和剩余订单量的基本参数

在单元格 E2 中输入公式"=MIN($C$2,$B$2-SUM($D$2:D2))"，注意相对引用和绝对引用的作用。将公式横向拉满，E2 到 J2 之和等于订单总数 465，表示订单数在这几天刚好排产完，结果如图 6-1 所示。

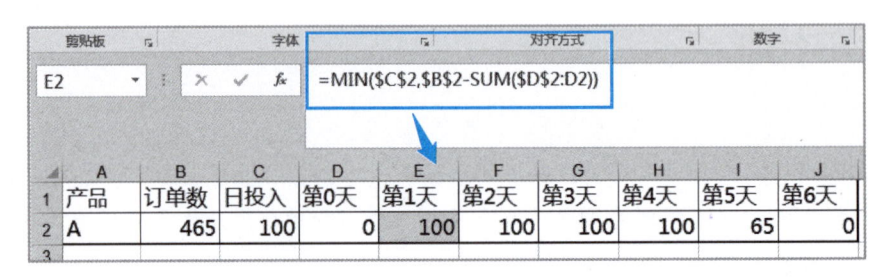

图 6-1 日投入量与剩余订单量的最小值

（2）确定订单优先顺序

步骤 1：增加辅助列"建议启动日期"，用来识别订单优先顺序。建议启动日期=交货日期-订单数/日投入量。在单元格 E2 中输入公式"=C2-B2/D2"，结果如图 6-2 所示。

图 6-2 设置"建议启动日期"

步骤 2：筛选、排序获得订单启动顺序。注意：对照第一个日期，我们一般不会按照建议启动日期排产，而是按照这个顺序从可启动日期就开始排产，比如 4 月 20 日。

（3）确定每天排多少量和产能负荷

步骤 1：生产计划排程，确定每天的排产数量，输入公式"=MIN(日投入量，剩余订单量)"。

步骤 2：当前面订单排完后，后面的订单要继续考虑剩余产能和剩余订单量。后面订单设置公式"=MIN(剩余产能，剩余订单量)"。

步骤 3：计算剩余产能。剩余产能=日投入量×（1-已排产产品的当日使用负荷之和）

×100%。在单元格 G7 中输入公式"=SUMPRODUCT(G2:G6/D2:D6)",结果如图 6-3 所示。SUMPRODUCT 函数可以这样理解,5 个订单如果第一天均生产 100 个,占用负荷为 100/1888+100/1777+100/1500+100/1600+100/1500,用 SUMPRODUCT 公式即为 SUMPRODUCT (G2:G6/D2:D6)。

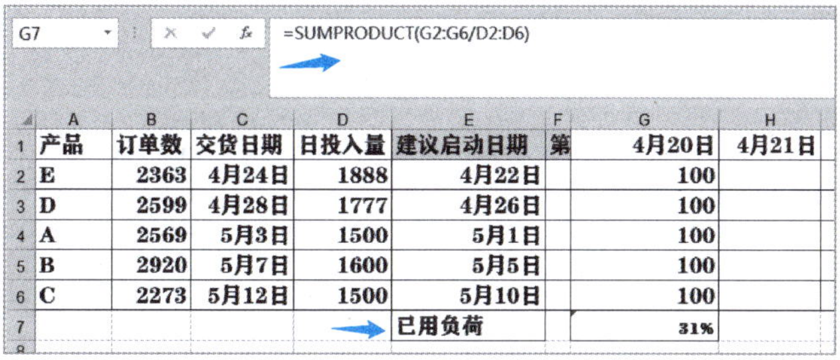

图 6-3 设置剩余产能已用负荷

步骤 4:计算剩余订单量。剩余订单量=订单量-该订单截至昨天的累计排产数量。

步骤 5:设置 G3 单元格公式,加上绝对引用的符号,便于下拉公式时锁定单元格,避免公式发生同步变化。要考虑剩余订单和剩余产能。注意绝对引用的妙用,用 ROUND 取整数。在 G3 单元格中输入公式=ROUND(MIN($B3-SUM($F3:F3),$D3*(1-SUMPRODUCT(G$2:G2/$D$2:$D2))),0),横向和纵向下拉公式填满,结果如图 6-4 所示。

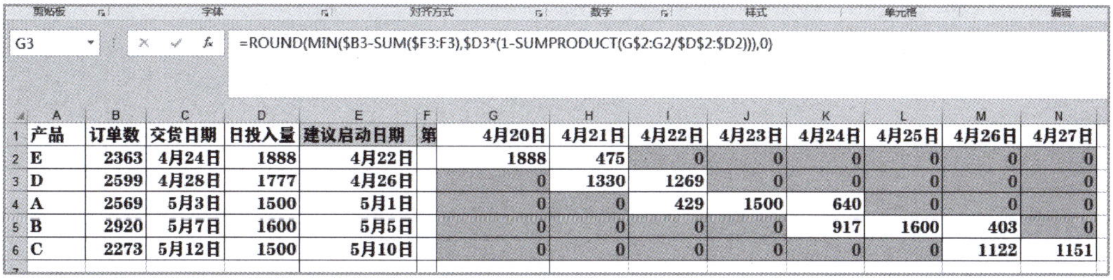

图 6-4 设置每天排产计划

步骤 6:去除单元格中的 0。为了界面清爽,通过 Excel"选项"→"高级",取消勾选"在具有零值的单元格中显示零",去除单元格中的 0,结果如图 6-5 所示。

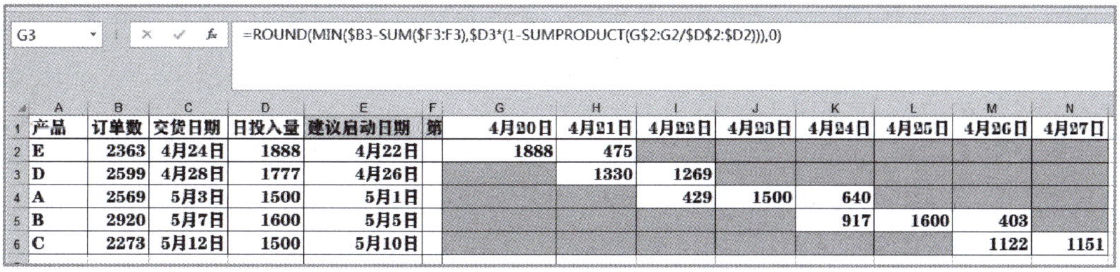

图 6-5 取消勾选"在具有零值的单元格中显示零"

步骤 7：统一单元格中的公式。因首行和下一行等公式不一样，设置出来的公式也不统一，影响后续休息日因素的公式设置。设置方法是插入辅助行（平时可隐藏）。在单元格 D2 和 E2 中分别输入 1 和 1 月 1 日，是为了计算剩余产能，结果如图 6-6 所示。

	A	B	C	D	E	F	G	H	I	J	K	L	M	N
1	产品	订单数	交货日期	日投入量	建议启动日期	第(	4月20日	4月21日	4月22日	4月23日	4月24日	4月25日	4月26日	4月27日
2	辅助行			1	1月1日									
3	E	2363	4月24日	1888	4月22日		1888	475	0	0	0	0	0	0
4	D	2599	4月28日	1777	4月26日		0	1330	1269	0	0	0	0	0
5	A	2569	5月3日	1500	5月1日		0	0	0	429	1500	640	0	0
6	B	2920	5月7日	1600	5月5日		0	0	0	0	0	917	1600	403
7	C	2273	5月12日	1500	5月10日		0	0	0	0	0	0	1122	1151

G3 单元格公式：=ROUND(MIN($B3-SUM($F3:F3),(1-SUMPRODUCT(G$2:G2/$D$2:$D2))*$D3),0)

图 6-6　统一单元格中的公式

步骤 8：考虑休息日因素。因休息日不排产，在休息日上方单元格内注明"休息"二字，然后用 IF 判断，如果是休息，排产数量为 0，否则按照原来的公式排产，如图 6-7 所示，该表为生产计划排程表，从表中可以直观地观察到每个产品、每个订单的日投入量、日生产分配量，并且考虑到了休息日因素，便于计划员更好地管控生产计划进度。

	A	B	C	D	E	F	G	H	I	J	K	L	M	N
2	产品	订单数	交货日期	日投入量	建议启动日期	第(	4月20日	4月21日	4月22日	4月23日	4月24日 休息	4月25日 休息	4月26日	4月27日
4	E	2363	4月24日	1888	4月22日		1888	475	0	0	0	0	0	0
5	D	2599	4月28日	1777	4月26日		0	1330	1269	0	0	0	0	0
6	A	2569	5月3日	1500	5月1日		0	0	0	429	1500	0	640	0
7	B	2920	5月7日	1600	5月5日		0	0	0	0	0	0	917	1600
8	C	2273	5月12日	1500	5月10日		0	0	0	0	0	0	0	0

G4 单元格公式：=IF(G$1="休息",0,ROUND(MIN($B4-SUM($F4:F4),(1-SUMPRODUCT(G$3:G3/$D$3:$D3))*$D4),0))

图 6-7　考虑休息日因素

5. 生产计划自动排程原理小结

生产计划自动排程是制造业的核心工作，同时也是难点，因为要涉及多种约束因素，如产能限制、节假日、插单、工单调整、欠料、在途物料、工艺变更、人力配置等诸多需要考虑的因素，但核心的排程原理是不变的，在用 Excel 制定基础的生产计划自动排程时，重点要关注以下几点：

- 首个订单的首日生产，不需要考虑剩余订单和剩余产能。
- 首个订单的后续生产，需要考虑剩余订单和剩余产能。
- 其他订单，需要同时考虑剩余订单和剩余产能。
- 剩余订单和剩余产能，用 MIN 函数，谁小取谁，考虑到单元格公式统一，需要加个辅助行，所有公式都考虑剩余订单和剩余产能。
- 用到的主要函数有 MIN 函数（剩余订单）和 SUMPRODUCT 函数（剩余产能）。

6.2 使用模拟分析实现总成本约束下的最优生产量分配

案例文件：第 6 章/案例 6-2 某公司产销平衡预算分析.xlsx

1. 案例说明

某公司生产计划员统计了三组产品数据，要求根据单位材料直接成本，通过模拟计算方法，在材料总成本的约束下测算最优生产量，以及模拟计算各个产品的最优生产分配量，便于实现总成本最优。

- 问题 1：假设公司准备了 15 万元的成本生产这些产品，单位产品的材料成本是 120 元，产品生产量初始值设为 1000。那么，最多能生产多少，才能刚好用完这 15 万元？
- 问题 2：15 万元的成本全部用来生产 A、B、C、D 四种产品，预计生产量是多少？
- 问题 3：假设公司分别拿出 10 万元、15 万元、25 万元、50 万元材料成本，四种产品成本已知，求在上述两个条件下，各自的生产量是多少？

2. 分析思路

首先要将三组产品数据表合并成一张表（多表合并功能），然后通过 Excel 单变量求解最优值，再通过 Excel 模拟运算表功能计算最佳分配量。

3. 操作步骤

步骤 1：多表合并。新建一个 Sheet（工作表），命名为"总产量合计-合并计算"，鼠标选中 A2:G6 区域，然后单击菜单栏"数据"→"合并计算"，在选项框中分别将 A 班产量、B 班产量、C 班产量三张表选中对应区域，如图 6-8 所示。合并计算后的结果如图 6-9 所示。

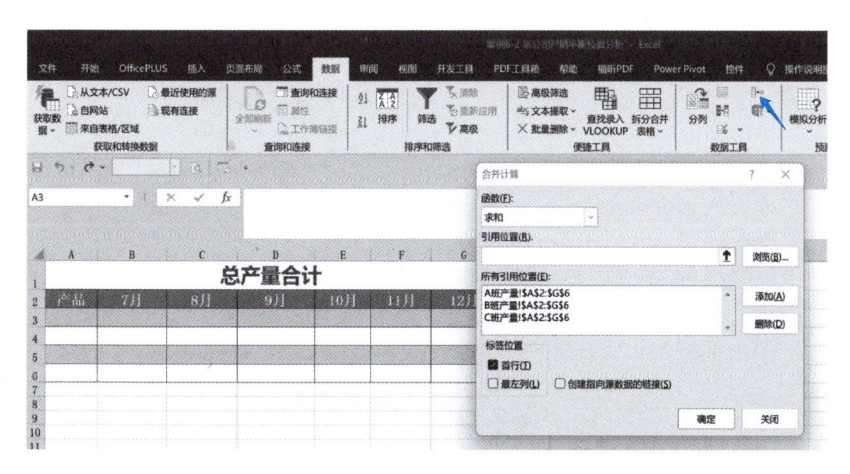

图 6-8 合并计算

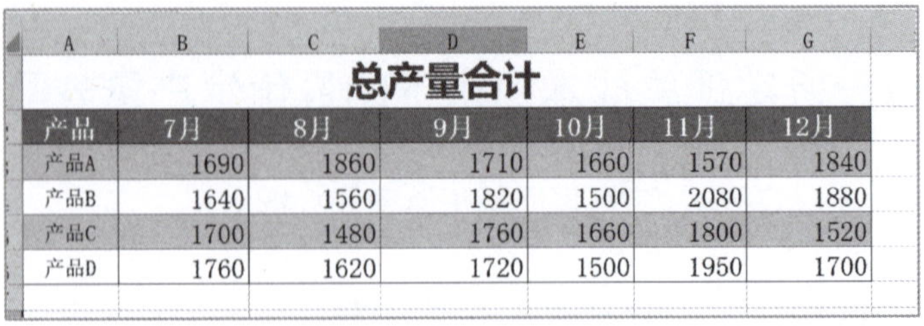

总产量合计						
产品	7月	8月	9月	10月	11月	12月
产品A	1690	1860	1710	1660	1570	1840
产品B	1640	1560	1820	1500	2080	1880
产品C	1700	1480	1760	1660	1800	1520
产品D	1760	1620	1720	1500	1950	1700

图 6-9　合并计算后的结果

步骤 2：假设公司准备了 15 万元的成本生产这些产品，单位产品的材料成本是 120 元，产品生产量初始值设为 1000。那么，最多能生产多少，才能刚好用完这 15 万元？打开菜单栏“数据”→“模拟分析”→“单变量求解”，在弹出的单变量求解对话框中分别选中目标单元格、目标值和可变单元格。可变单元格就是需要求解的最优值，注意单元格 E8 的公式“=E9*E8”，如图 6-10 所示。单变量求解后的最优值结果如图 6-11 所示，结果表示：在 15 万元的材料成本下，产品 A 生产量应该为 1250。

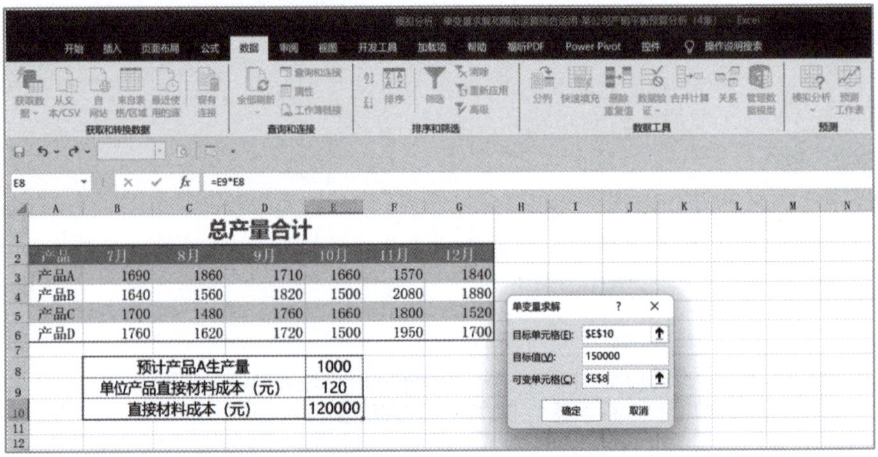

图 6-10　单变量求解

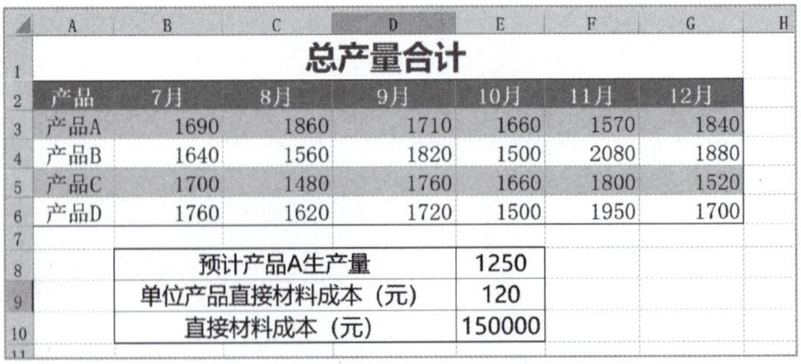

总产量合计						
产品	7月	8月	9月	10月	11月	12月
产品A	1690	1860	1710	1660	1570	1840
产品B	1640	1560	1820	1500	2080	1880
产品C	1700	1480	1760	1660	1800	1520
产品D	1760	1620	1720	1500	1950	1700

预计产品A生产量	1250
单位产品直接材料成本（元）	120
直接材料成本（元）	150000

图 6-11　单变量求解后的最优值结果

步骤 3：15 万元的成本全部用来生产 A、B、C、D 四种产品，预计生产量是多少？首先在单元格 D13 中输入公式"=INT(150000/E9)"，然后选中 C13:D16 数据区域，在 Excel 菜单栏中打开"数据"→"模拟分析"→"模拟运算表"，在"输入引用列的单元格"中选择"$E$9"，如图 6-12 所示。模拟运算后的结果如图 6-13 所示。

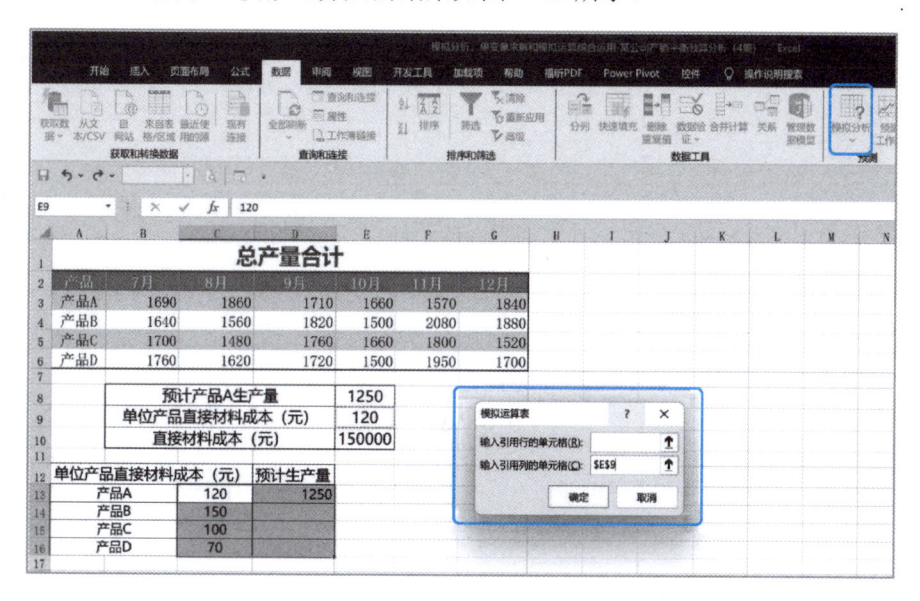

图 6-12　执行"模拟运算表"（一）

图 6-13　模拟运算后的结果

步骤 4：假设公司分别拿出 10 万元、15 万元、25 万元、50 万元材料成本，四种产品成本已知，求在上述两个条件下，各自的生产量是多少？在单元格 D19 中输入公式"=INT(E10/E9)"，如图 6-14 所示。

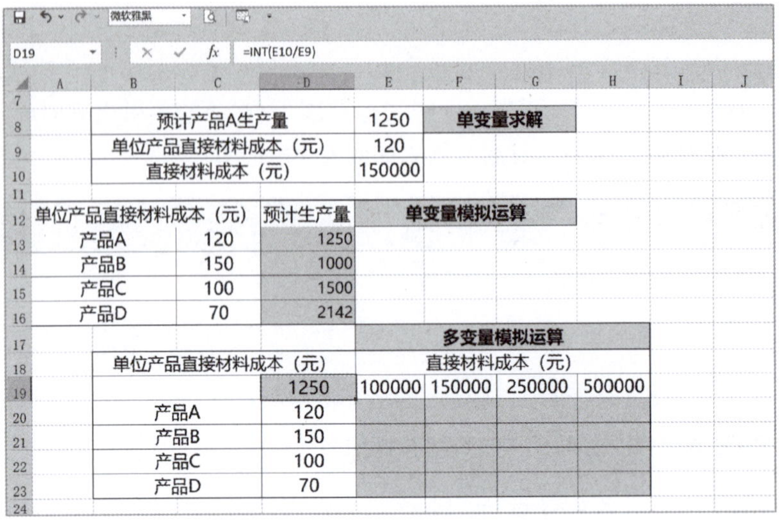

图 6-14　设定 D19 单元格公式

步骤 5：执行 Excel 模拟运算和结果解读。鼠标选中 D19:H23 区域，在 Excel 菜单栏中打开"数据"→"模拟分析"→"模拟运算表"，在"输入引用行的单元格"中选择"$E$10"，在"输入引用列的单元格"中选择"$E$9"，如图 6-15 所示。模拟运算后的结果如图 6-16 所示。可以看到，在 15 万元的材料成本下，产品 A 生产量应该为 1250；当公司分别拿出 10 万元、15 万元、25 万元、50 万元材料成本时，四种产品的各自最优生产量分配如图 6-16 所示（单元格 E20:H23 区域）。

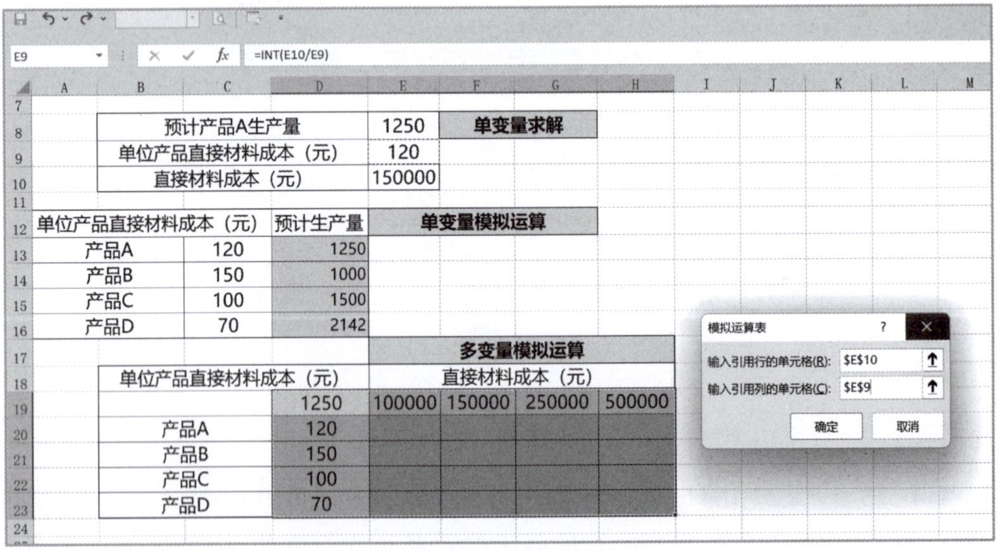

图 6-15　执行"模拟运算表"（二）

17		多变量模拟运算			
18	单位产品直接材料成本（元）	直接材料成本（元）			
19		1250	100000	150000	250000	500000
20	产品A	120	833	1250	2083	4166
21	产品B	150	666	1000	1666	3333
22	产品C	100	1000	1500	2500	5000
23	产品D	70	1428	2142	3571	7142

图 6-16　模拟运算后的最优生产量分配

6.3　使用规划求解实现利润最大化下的最优目标产量分配

案例文件： 第 6 章/案例 6-3 利润最大化下的最优目标产品分析.xlsx

1．案例说明

某企业生产四种产品，7 月至下年 1 月的产品销量和期初库存统计如图 6-17 所示。各产品的单位生产成本、单位毛利和生产时间是固定的，企业在单位成本、单位毛利、生产时间等约束条件下，该如何组织生产，对四种产品目标销量进行分配，使得总利润最大？约束条件如下：

- 花费的生产费用不超过 50 万元。
- 耗费的生产时间不得超过 600 小时。
- 各产品的目标产量和期初库存量的总和不得低于预计销量。
- 各产品的最高产量不得超过预计销量的 10%。

产品销量统计

产品	7月	8月	9月	10月	11月	12月	1月预计销量
产品A	1600	1364	1500	1483	1456	1587	1680
产品B	1596	1456	1680	1500	1468	1300	1700
产品C	1560	1548	1633	1358	1376	1400	1500
产品D	1500	1669	1280	1346	1354	1318	1660

期初库存统计

产品	7月	8月	9月	10月	11月	12月	1月
产品A	200	290	786	996	1173	1287	1540
产品B	150	194	298	438	438	1050	1630
产品C	200	340	272	399	701	1125	1245
产品D	300	560	511	951	1105	1701	1583

图 6-17　产品销量和期初库存统计

2．分析思路

目标函数是利润，目标产品是可变单元格，重点是根据上述约束条件，计算出最低和最高产量、设置生产成本和生产时间，然后通过 Excel 规划求解功能计算各种产品的最优产量，使得产品总利润最高。

3．操作步骤

步骤 1：构建数据模型。生产成本限制输入 500000，生产时间限制输入 600，如图 6-18 所示。

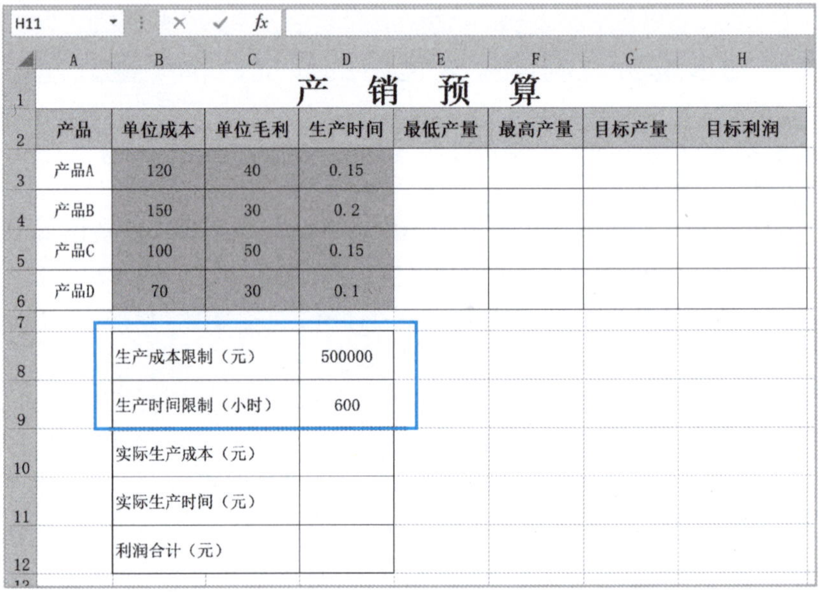

图 6-18 构建数据模型

步骤 2：计算最低产量和最高产量。各种产品的目标产量和期初库存量的总和不得低于预计销量，意味着目标产量≥预计销量-期初库存，即最低产量=预计销量-期初库存。在单元格 E3 中输入公式 "=销售和库存统计!H3-销售和库存统计!H10"，按回车键并下拉公式。各种产品的最高产量不得超过预计销量的 10%，意味着最高产量<预计销量×1.1，在单元格 F3 中输入公式 "=销售和库存统计!H3*(1+10%)"，按回车键并下拉公式，结果如图 6-19 所示。

步骤 3：设置实际生产成本、实际生产时间和总利润公式。实际生产成本=单位成本×目标产量，实际生产时间=单位生产时间×目标产量，利润合计是 A、B、C、D 四种产品的目标利润之和。在单元格 D10 中输入公式 "=SUMPRODUCT(B3:B6*G3:G6)"，在单元格 D11 中输入公式 "=SUMPRODUCT(D3:D6*G3:G6)"，在单元格 D12 中输入公式=SUM(H3:H6)，结果如图 6-20 所示。

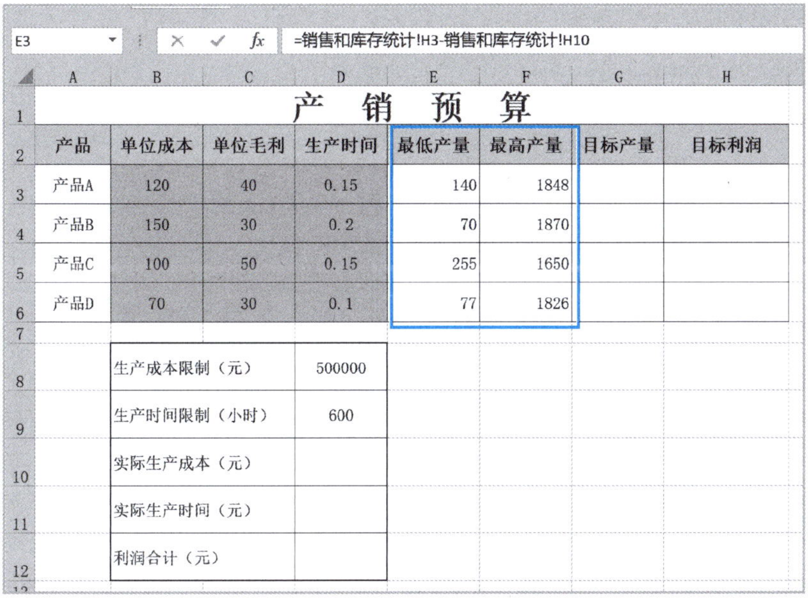

图 6-19　计算最低产量和最高产量

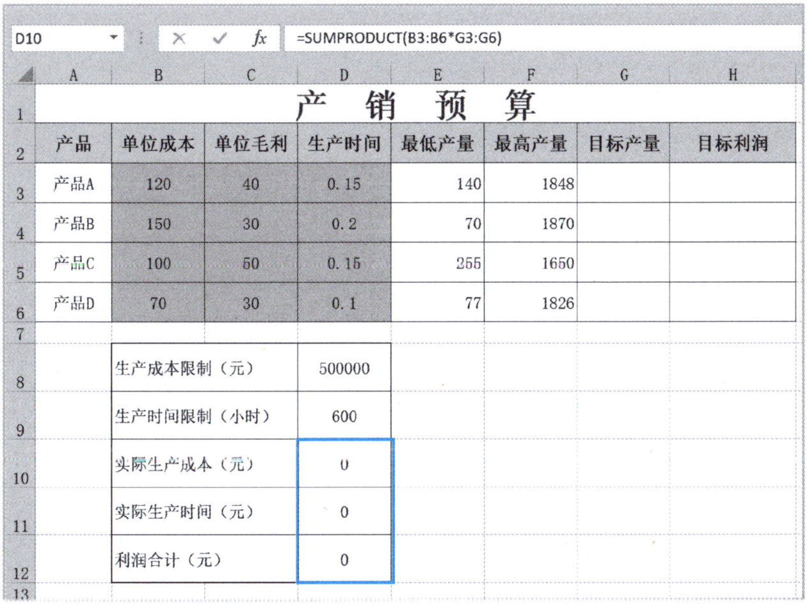

图 6-20　设置实际生产成本、实际生产时间和总利润公式

步骤 4：设置目标利润公式。在单元格 H3 中输入公式"=G3*C3"，按回车键并下拉公式，结果如图 6-21 所示。

133

产销预算

产品	单位成本	单位毛利	生产时间	最低产量	最高产量	目标产量	目标利润
产品A	120	40	0.15	140	1848		0
产品B	150	30	0.2	70	1870		0
产品C	100	50	0.15	255	1650		0
产品D	70	30	0.1	77	1826		0

生产成本限制（元）	500000
生产时间限制（小时）	600
实际生产成本（元）	0
实际生产时间（元）	0
利润合计（元）	0

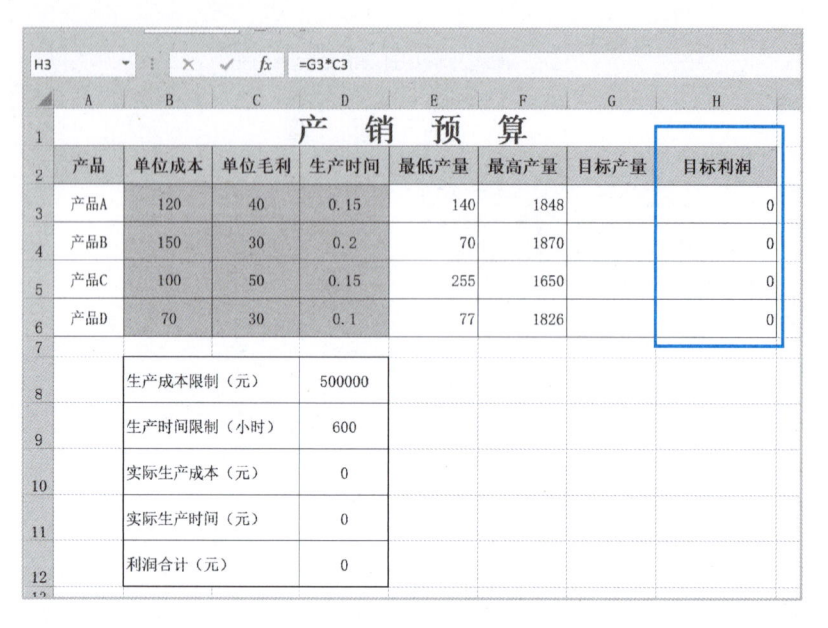

图 6-21　设置目标利润公式

步骤 5：执行规划求解。目标、可变单元格和约束条件设置如图 6-22 所示。注意，选择求解方法设置为"非线性 GRG"。

图 6-22　执行规划求解

步骤 6：求解结果输出。A、B、C、D 四种产品的目标产量和目标利润结果输出如图 6-23 所示。在这种产量分配下利润最高，总利润为 180953 元。结果说明，在生产成本、生产时间条件约束下，要达到利润最大化目标（180953 元），产品 A、B、C、D 的目标最优产量分配分别为 1039、70、1650、1826。

产品	单位成本	单位毛利	生产时间	最低产量	最高产量	目标产量	目标利润
产品A	120	40	0.15	140	1848	1039	41573
产品B	150	30	0.2	70	1870	70	2100
产品C	100	50	0.15	255	1650	1650	82500
产品D	70	30	0.1	77	1826	1826	54780

生产成本限制（元）	500000
生产时间限制（小时）	600
实际生产成本（元）	428040
实际生产时间（元）	600
利润合计（元）	180953

图 6-23　规划求解结果

第 7 章 采购数据分析

降本增效是采购的核心价值。如何实现降本增效？首先要基于采购数据进行深入的多维度数据分析，如价格分析、市场分析、产品分析、品类分析、区域分析、采购经济批量分析、供货水平分析、供应商服务能力分析等。本章将会介绍以下几个方面的内容：
- 评价指标法的分析步骤和计算方法。
- 利用模拟分析法实现最优采购方案。
- 利用 EOQ 模型实现最优订货方案。

7.1 用评价指标法选择合适的供应商

评价指标法是现代很多企业常用的一种供应商评价选择方法，比较直观、形象、易理解，操作起来比较简单。虽然在打分过程中不免带有打分者的主观色彩，但通过多名专家打分量化的评价效果还是相对可靠的。评价指标法的操作流程如下：
- 确定评价指标。
- 确定评价指标权重。
- m 个专家根据评价指标对 n 个供应商打分。
- 分析处理 m 个专家的分值，得出每个供应商每项指标的平均得分。
- 根据指标权重和指标得分，计算每个供应商的综合得分。
- 根据排名选择供应商，选择得分最高，也就是评价结果最好的供应商。

案例文件：第 7 章/案例 7-1 评价指标法案例.xlsx

1. 案例说明

新奥制造商经过前期供应商报价、现场考察等工作，初步确定了 3 家零部件供应商作为未来的战略合作伙伴，现在计划通过评价指标法最终确定一家供应商进行合作。供应商考察小组建议主要考虑的因素及其权重为质量（0.25）、价格（0.25）、交货准时性（0.15）、研发实力（0.15）、可靠性（0.1）、售后服务（0.1），考察组专家对 3 家供应商的各项指标打分情况如图 7-1 所示。

	A	B	C	D	E
1	专家	评价指标	A供应商	B供应商	C供应商
2	王老师	质量	7	3	6
3		价格	9	9	9
4		交货准时性	10	3	4
5		研发实力	5	6	6
6		可靠性	9	6	8
7		售后服务	6	4	5
8	张老师	质量	6	10	9
9		价格	9	8	9
10		交货准时性	10	5	8
11		研发实力	10	8	3
12		可靠性	9	5	3
13		售后服务	4	4	4
14	李老师	质量	9	7	5
15		价格	3	7	4
16		交货准时性	9	9	8
17		研发实力	10	7	10
18		可靠性	4	8	7
19		售后服务	5	4	9

图 7-1　考察组专家对 3 家供应商的打分情况

2．分析思路

评价指标法的关键是评价指标的确定和权重的设置，因此需要确定评价指标，并确定指标的权重，最后通过专家打分计算出综合得分。

3．操作步骤

步骤 1：确定评价指标。考察组专家确定的评价指标为质量、价格、交货准时性、研发实力、可靠性、售后服务。

步骤 2：确定评价指标权重。主要考虑的指标权重为质量（0.25）、价格（0.25）、交货准时性（0.15）、研发实力（0.15）、可靠性（0.1）、售后服务（0.1）。

步骤 3：m 个专家根据评价指标对 n 个供应商打分，如图 7-1 所示。

步骤 4：分析处理 3 个专家的分值，得出每家供应商每项指标的平均得分。汇总处理专家评分的值，计算方法是用算术平均值，在单元格 H2 中输入公式"=AVERAGE(C2,C8,C14)"，并将公式横向和纵向分别拉满，结果如图 7-2 所示。

	G	H	I	J
	评价指标	A供应商	B供应商	C供应商
	质量	7.333	6.667	6.667
	价格	7.000	8.000	7.333
	交货准时性	9.667	5.667	6.667
	研发实力	8.333	7.000	6.333
	可靠性	7.333	6.333	6.000
	售后服务	5.000	4.000	6.000

图 7-2　专家评分算术平均值

步骤 5：计算加权指标的供应商得分。在单元格 H8 中输入公式"=SUMPRODUCT(H2:H7,$K$2:$K$7)"，并将公式横向拉到单元格 J8，加权计算后的 3 家供应商得分和排名结果如图 7-3 所示。

评价指标	A供应商	B供应商	C供应商	权重
质量	7.333	6.667	6.667	0.25
价格	7.000	8.000	7.333	0.25
交货准时性	9.667	5.667	6.667	0.15
研发实力	8.333	7.000	6.333	0.15
可靠性	7.333	6.333	6.000	0.1
售后服务	5.000	4.000	6.000	0.1
得分	7.517	6.600	6.650	
排名	1	3	2	

图 7-3　加权计算后的 3 家供应商得分和排名结果

步骤 6：根据得分选择供应商。A 供应商的得分最高，因此选择 A 供应商。

说明：评价指标法的优势是操作简便、容易理解，大部分企业都采取这种方法选择供应商。不足之处是各个指标的权重设置和打分不可避免地带有主观性。

7.2　用模拟分析实现最优采购方案

案例文件：第 7 章/案例 7-2 模拟运算最优采购决策方案.xlsx

1. 案例说明

科创电子计划采购某物料 50000pcs，其中 A、B、C、D 四家供应商在预定期内的供货能力分别是 48000pcs、48700pcs、48200pcs、48400pcs，其产品质量达标率分别是 98.00%、97.00%、98.20%、98.10%。假设四家供应商报价相同，在质量达标率和供货水平（供货能力=实际供货量/总需求量）为 1∶1 的权重值下，需要采购员分析提供一份采购{40000,45000,50000,55000,60000}不同产品数量的采购方案。

2. 分析思路

此案例需要用到 Excel 模拟分析。模拟分析，又叫假设分析、What-If 分析，主要用来分析变量的变化对结果的影响。Excel 提供了两种模拟运算表，分别是单变量模拟运算表和多变量模拟运算表。

3. 操作步骤

步骤 1：构建 Excel 初始模型。打开"模拟运算最优采购决策方案.xlsx"，建立 Excel 初始模型。在单元格 B5 中输入公式"=B3/$B$1"，横向拉满公式，并且在单元格 B8 中输入公式"=B5"，横向拉满公式，结果如图 7-4 所示。

第 7 章　采购数据分析

图 7-4　构建 Excel 初始模型

步骤 2：计算计划采购量时的供货水平。鼠标选中数据区域 A8:E13，打开菜单栏"数据"→"模拟分析"→"模拟运算表"，在"输入引用列的单元格"中选择"$B$1"，如图 7-5 所示。模拟运算后的结果如图 7-6 所示。

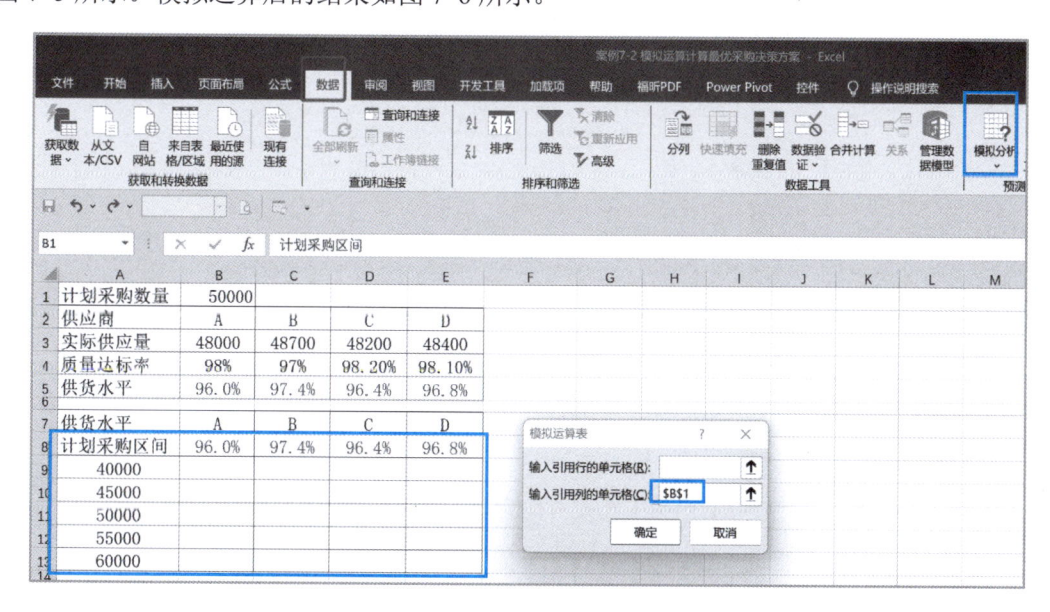

图 7-5　模拟运算表计算

139

K12

	A	B	C	D	E
1	计划采购数量	50000			
2	供应商	A	B	C	D
3	实际供应量	48000	48700	48200	48400
4	质量达标率	98%	97%	98.20%	98.10%
5	供货水平	96.0%	97.4%	96.4%	96.8%
6					
7	供货水平	A	B	C	D
8	计划采购区间	96.0%	97.4%	96.4%	96.8%
9	40000	120.0%	121.8%	120.5%	121.0%
10	45000	106.7%	108.2%	107.1%	107.6%
11	50000	96.0%	97.4%	96.4%	96.8%
12	55000	87.3%	88.5%	87.6%	88.0%
13	60000	80.0%	81.2%	80.3%	80.7%

图 7-6　模拟运算后的结果

步骤 3：最优采购方案调整。计算在质量达标率和供货水平（供货能力=实际供货量/总需求量）为 1∶1 的权重值下采购{40000,45000,50000,55000,60000}不同产品数量的供货水平。分别在 B17、C17、D17、E17 单元格中输入以下公式：

=IF(B9>=1,1*0.5+$B$4*0.5,B9*0.5+$B$4*0.5)

=IF(C9>=1,1*0.5+$C$4*0.5,C9*0.5+$C$4*0.5)

=IF(D9>=1,1*0.5+$D$4*0.5,D9*0.5+$D$4*0.5)

=IF(E9>=1,1*0.5+$D$4*0.5,E9*0.5+$D$4*0.5)

结果如图 7-7 所示，在单元格 F17 中输入公式“=MAX(B17:E17)”，求得分最好的水平值。

B17　=IF(B9>=1,1*0.5+$B$4*0.5,B9*0.5+$B$4*0.5)

	A	B	C	D	E	F	G
1	计划采购数量	50000					
2	供应商	A	B	C	D		
3	实际供应量	48000	48700	48200	48400		
4	质量达标率	98%	97%	98.20%	98.10%		
5	供货水平	96.0%	97.4%	96.4%	96.8%		
6							
7	供货水平	A	B	C	D		
8	计划采购区间	96.0%	97.4%	96.4%	96.8%		
9	40000	120.0%	121.8%	120.5%	121.0%		
10	45000	106.7%	108.2%	107.1%	107.6%		
11	50000	96.0%	97.4%	96.4%	96.8%		
12	55000	87.3%	88.5%	87.6%	88.0%		
13	60000	80.0%	81.2%	80.3%	80.7%		
14							
15	综合水平	A	B	C	D		
16	计划采购区间	96.0%	97.4%	96.4%	96.8%	最优方案	
17	40000	99.00%	98.50%	99.10%	99.10%	99.10%	C
18	45000	99.00%	98.50%	99.10%	99.05%	99.10%	C
19	50000	97.00%	97.20%	97.30%	97.45%	97.45%	D
20	55000	92.64%	92.77%	92.92%	93.05%	93.05%	D
21	60000	89.00%	89.08%	89.27%	89.38%	89.38%	D

图 7-7　计算调整后的供货水平

步骤 4：结果解读。从图 7-7 可以看出，当计划采购量为 40000、45000 时，选择 C 供应商进行采购；当计划采购量为 50000、55000、60000 时，选择 D 供应商进行采购。

7.3 用 EOQ 模型实现最优订货方案

案例文件：第 7 章/案例 7-3 EOQ 经济采购批量模型.xlsx

1. 案例说明

根据平台大数据分析和公司营销战略测算，某平台电商公司的一款电器年需求量为 16000 件，每次订货成本为 600 元，单件存货的年存储成本为 30 元，订货量为 600 件。需要解决：

- 计算经济订货量及年总成本的最小值。
- 计算年订货成本、年储存成本、年总成本。
- 当订货量在 200～1500 件，以 100 为步长进行变化时，年订货量、年订货成本、年储存成本以及年总成本如何变化。
- 绘制该商品的年订货成本、年储存成本、年总成本随订货量变化的图表。

2. 分析思路

EOQ 可以用来确定企业一次订货（外购或自制）的数量。当企业按照经济订货批量来订货时，可实现订货成本和存储成本之和最小化。主要假设有：

- 已知全部需求的满足数。
- 已知连续不变的需求速率。
- 已知不变的补给完成周期时间。
- 产品价格在订货期保持不变。
- 多种存货项目之间不存在交互作用。
- 没有在途存货。

EOQ 是通过平衡采购进货成本和保管仓储成本核算，以实现总库存成本最低的最优订货量。EOQ 模型经过微积分推导的公式模型如图 7-8 所示。经济订货批量是固定订货批量模型的一种。

$Q^* = \text{SQRT}(2kD/h)$

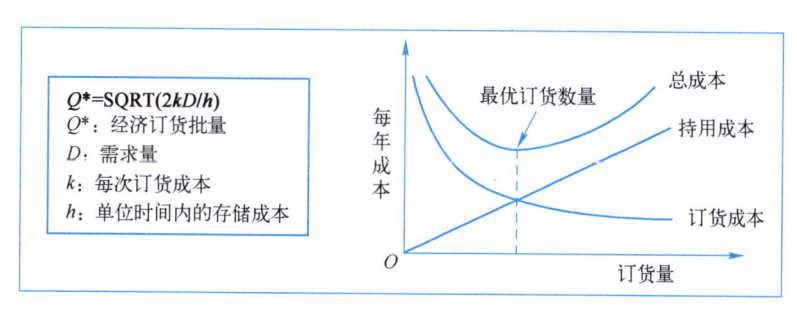

Q^*：经济订货批量
D：需求量
k：每次订货成本
h：单位时间内的存储成本

图 7-8 EOQ 的公式模型

3. 操作步骤

步骤 1： 输入数据。在单元格 B2 中输入公式“=C2”，在单元格 B6 中输入“=C6”，C6 暂时输入 900，将年需求量、每次订货成本、单位年储存成本等已知数据输入表格，如图 7-9 所示。

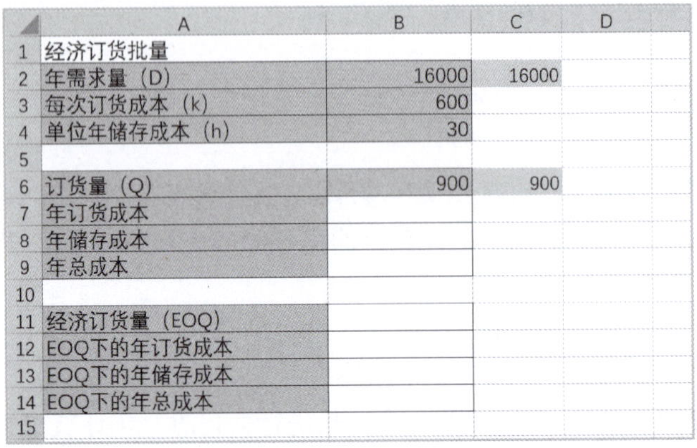

	A	B	C	D
1	经济订货批量			
2	年需求量（D）	16000	16000	
3	每次订货成本（k）	600		
4	单位年储存成本（h）	30		
5				
6	订货量（Q）	900	900	
7	年订货成本			
8	年储存成本			
9	年总成本			
10				
11	经济订货量（EOQ）			
12	EOQ下的年订货成本			
13	EOQ下的年储存成本			
14	EOQ下的年总成本			
15				

图 7-9　输入数据

步骤 2： 计算年订货成本、年储存成本、年总成本。在单元格 C7 中输入公式“=C3*C2/C6”，在单元格 C8 中输入公式“=C4*C6/2”，在单元格 C9 中输入公式“=C7+C8”，结果如图 7-10 所示。

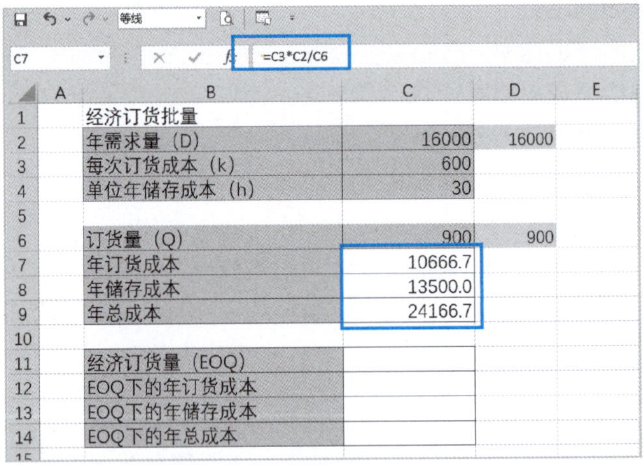

C7　=C3*C2/C6

	A	B	C	D	E
1		经济订货批量			
2		年需求量（D）	16000	16000	
3		每次订货成本（k）	600		
4		单位年储存成本（h）	30		
5					
6		订货量（Q）	900	900	
7		年订货成本	10666.7		
8		年储存成本	13500.0		
9		年总成本	24166.7		
10					
11		经济订货量（EOQ）			
12		EOQ下的年订货成本			
13		EOQ下的年储存成本			
14		EOQ下的年总成本			

图 7-10　计算年订货成本、年储存成本、年总成本

公式说明：基于 EOQ 公式模型 Q^*=SQRT(2kD/h)，经济批量平衡点是年订货成本=年储存成本，将 Q^*=SQRT(2kD/h)经过公式变换，年订货成本=kD/Q^*，年储存成本=$hQ^*/2$，年总成本=年订货成本+年储存成本。

步骤 3： 计算经济订货量（EOQ）、EOQ 下的年订货成本、EOQ 下的年储存成本、EOQ

下的年总成本。在单元格 C11 中输入公式“=SQRT(2*C3*C2/C4)”，在单元格 C12 中输入公式“=C3*C2/C11”，在单元格 C13 中输入公式“=C4*C11/2”，在单元格 C14 中输入公式“=C12+C13”，结果如图 7-11 所示。

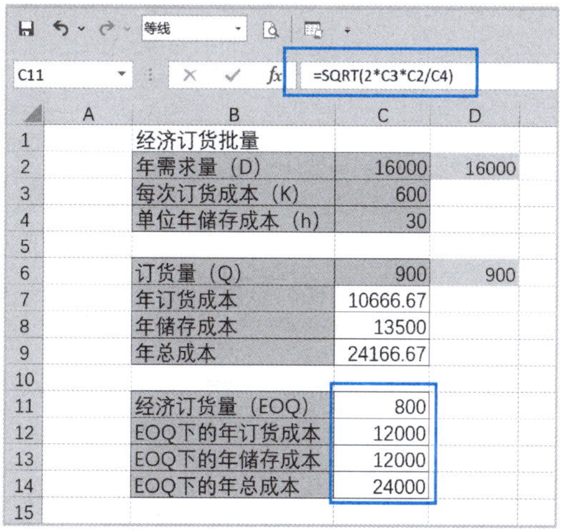

C11　=SQRT(2*C3*C2/C4)

	A	B	C	D
1		经济订货批量		
2		年需求量（D）	16000	16000
3		每次订货成本（K）	600	
4		单位年储存成本（h）	30	
5				
6		订货量（Q）	900	900
7		年订货成本	10666.67	
8		年储存成本	13500	
9		年总成本	24166.67	
10				
11		经济订货量（EOQ）	800	
12		EOQ下的年订货成本	12000	
13		EOQ下的年储存成本	12000	
14		EOQ下的年总成本	24000	
15				

图 7-11　计算经济订货量（EOQ）等

步骤 4：计算当订货量在 200～1500 件，以 100 为步长进行变化时，年订货成本、年储存成本以及年总成本如何变化。首先构建数据模型，在单元格 F4 中输入公式“=C6”，在单元格 G4 中输入公式“=C7”，在单元格 H4 中输入公式“=C8”，在单元格 I4 中输入公式“=C9”，结果如图 7-12 所示。

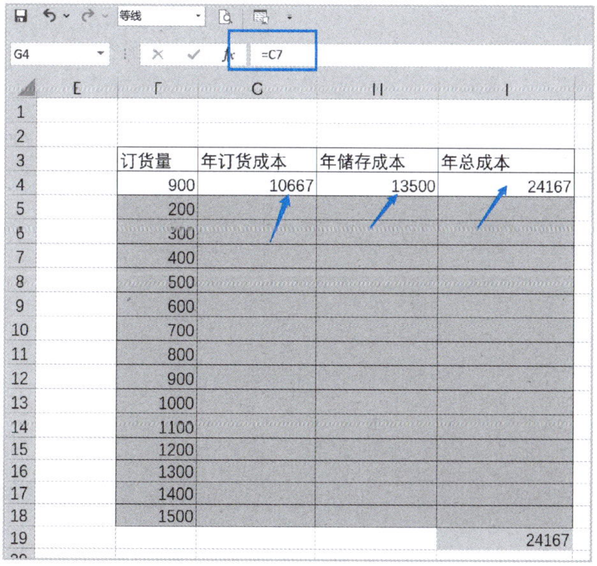

G4　=C7

	E	F	G	H	I
1					
2					
3		订货量	年订货成本	年储存成本	年总成本
4		900	10667	13500	24167
5		200			
6		300			
7		400			
8		500			
9		600			
10		700			
11		800			
12		900			
13		1000			
14		1100			
15		1200			
16		1300			
17		1400			
18		1500			
19					24167

图 7-12　构建订货量在 200～1500 件的数据模型

步骤 5： 用模拟运算表模拟计算当订货量在 200～1500 件，以 100 为步长进行变化时，年订货成本、年储存成本以及年总成本的变化。选中单元格区域 F3:I17，打开菜单栏“数据”→“模拟分析”→“模拟运算表”，弹出模拟运算表对话框，在“输入引用列的单元格”中选择“$C$6”，注意是绝对引用，如图 7-13 所示。模拟运算后的结果如图 7-14 所示。

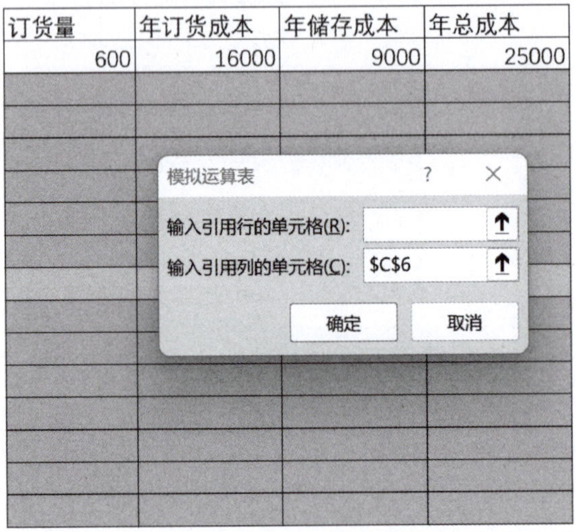

订货量	年订货成本	年储存成本	年总成本
600	16000	9000	25000

图 7-13　模拟运算表设置

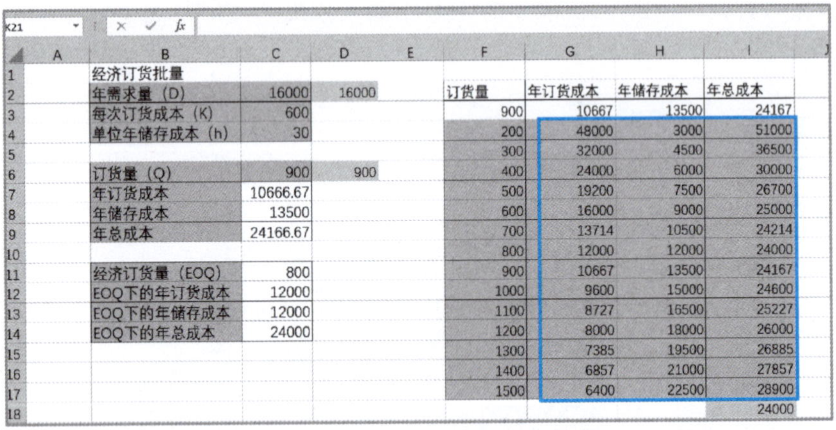

	A	B	C	D	E	F	G	H	I
1		经济订货批量							
2		年需求量（D）	16000	16000		订货量	年订货成本	年储存成本	年总成本
3		每次订货成本（K）	600			900	10667	13500	24167
4		单位年储存成本（h）	30			200	48000	3000	51000
5						300	32000	4500	36500
6		订货量（Q）	900	900		400	24000	6000	30000
7		年订货成本	10666.67			500	19200	7500	26700
8		年储存成本	13500			600	16000	9000	25000
9		年总成本	24166.67			700	13714	10500	24214
10						800	12000	12000	24000
11		经济订货量（EOQ）	800			900	10667	13500	24167
12		EOQ下的年订货成本	12000			1000	9600	15000	24600
13		EOQ下的年储存成本	12000			1100	8727	16500	25227
14		EOQ下的年总成本	24000			1200	8000	18000	26000
15						1300	7385	19500	26885
16						1400	6857	21000	27857
17						1500	6400	22500	28900
18									24000

图 7-14　模拟运算后的结果

步骤 6： 求最低年总成本。在单元格 I18 中输入公式“=MIN(I3:I17)”，可以看出，当订货量为 800 件时，年订货成本和年储存成本刚好相等，这时年总成本是最低的，所以 800 是最佳订货量，如图 7-15 所示。

步骤 7： 绘制该商品的年订货成本、年储存成本、年总成本随订货量变化的图表。选中单元格区域 F2:I17，在菜单栏中选择"插入"→"带直线的散点图"，结果如图 7-16 所示。选中图表，点击鼠标右键，单击"选择数据"，在弹出的选择数据源对话中，选择"年订货成本"，单击"编辑"，鼠标选择年订货成本，在弹出的编辑数据系列对话框中，将 X 轴系列值中的$F$3 改为$F$4，将 Y 轴系列值中的$G$3 改为$G$4，如图 7-17 所示。最后，分别将年储存成本和年总成本执行同样的操作，结果如图 7-18 所示。

图 7-15 最佳订货量

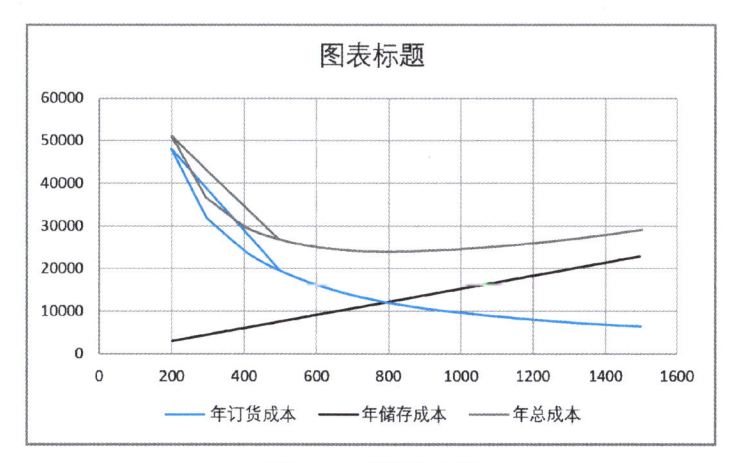

图 7-16 制作散点图

图 7-17 更改 X 轴和 Y 轴系列值

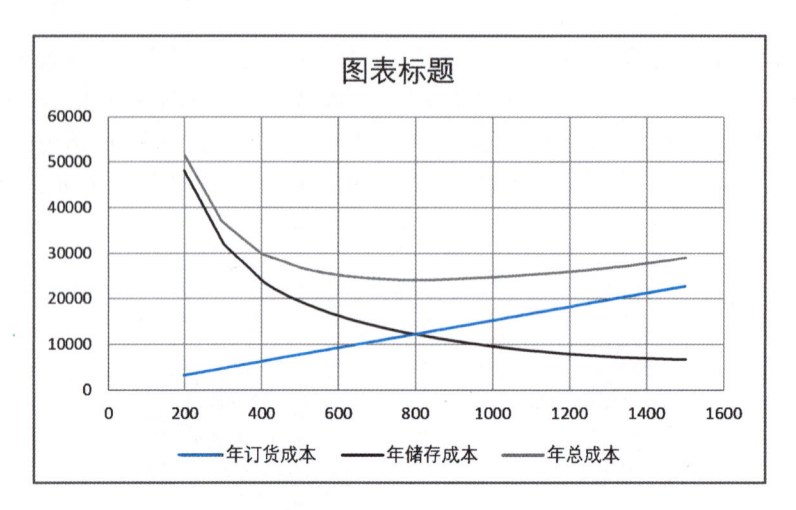

图 7-18 修改后的散点图

步骤 8：构建当前订货量和经济订货量垂直参考线，便于后面动态图表演示。在单元格 B20 中输入公式"=C6"，在单元格 B21 中输入公式"=B20"，将公式下拉到单元格 B23；在单元格 F20 中输入公式"=C11"，在单元格 F21 中输入公式"=F20"，将公式下拉到单元格 F24。在单元格 C20 中输入"51000"，在单元格 C21 中输入公式"=C7"，在单元格 C22 中输入公式"=C8"，在单元格 C23 中输入公式"=C9"；在单元格 G20 中输入"51000"，在单元格 G21 中输入公式"=C12"，在单元格 G22 和 G23 中输入公式"=C14"，在单元格 G24 中输入公式"=C15"，如图 7-19 所示。

图 7-19 构建垂直参考线

步骤 9：设置当前订货量系列值。鼠标选择图 7-19 中的绘图区，点击鼠标右键，选择"选择数据"，在弹出的编辑数据系列对话框中，分别对 X 轴系列值和 Y 轴系列值进行设置，如图 7-20 所示。同理，对经济订货量数据区域进行同样的操作，如图 7-21 所示。最后的结果如图 7-22 所示。

图 7-20　设置当前订货量系列值

图 7-21　设置经济订货量系列值

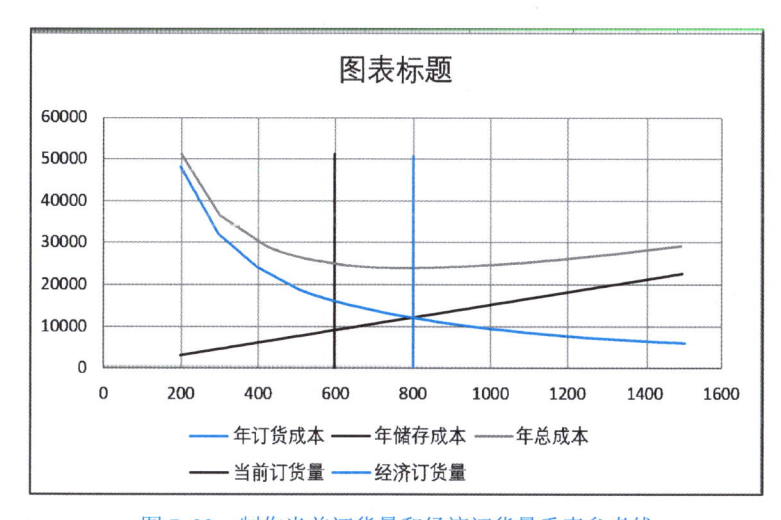

图 7-22　制作当前订货量和经济订货量垂直参考线

147

步骤 10：插入窗体控件。选中图表，在菜单栏中单击"开发工具"→"插入"，在表单控件中选择窗体控件（即第四个控件），如图 7-23 所示。

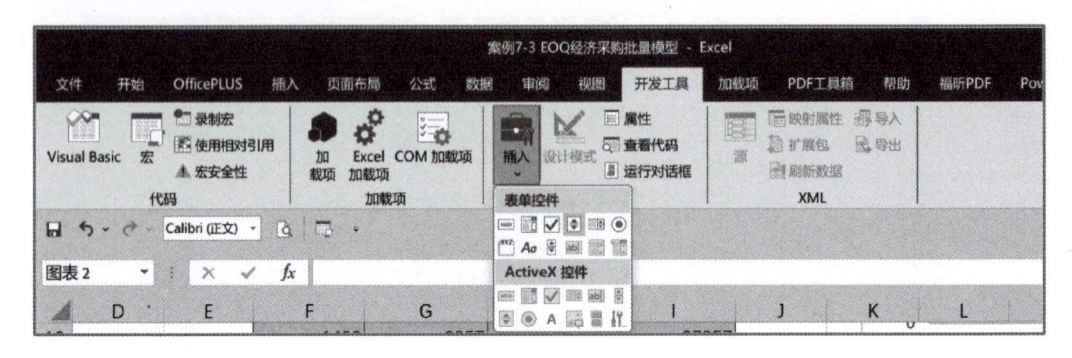

图 7-23 插入窗体控件

步骤 11：设置控件格式。将窗体控件放置在图表右上角，并选中窗体控件，点击鼠标右键，选择"设置控件格式"，如图 7-24 所示。

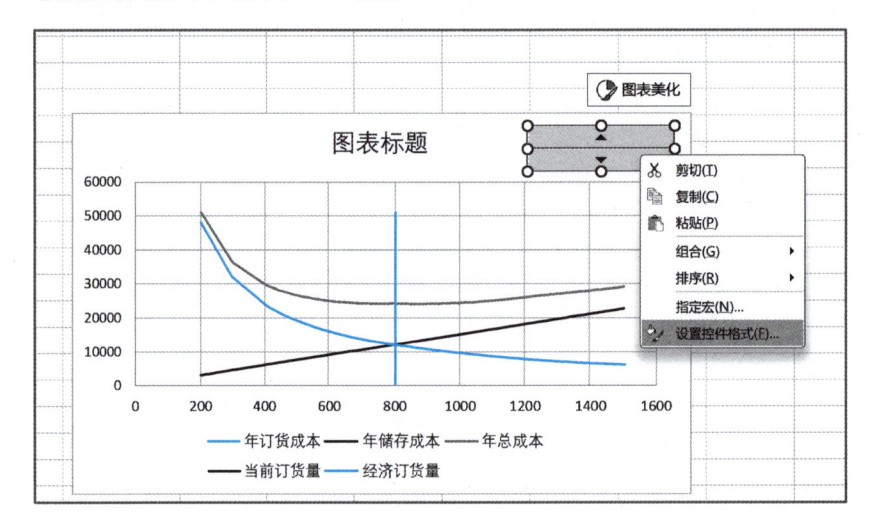

图 7-24 设置控件格式

步骤 12：设置控件格式。当前值设为 200，最小值设为 200，最大值设为 1500，即订货量范围在 200～1500，步长设为 100，表示每单击控件一次，订货量垂直参考线移动的距离，单元格链接选择"$D$6"，如图 7-25 所示。单击"确定"，图表结果如图 7-26 所示，当单击控件时，当前订货量垂直参考线左右动态移动。

步骤 13：添加系列名称。将标题更改为"订货量的变化"，单击年订货成本曲线，然后单击曲线上最后一个数据点，点击鼠标右键，选择"添加数据标签"，如图 7-27 所示。再次选中该点，点击鼠标右键，选择"设置数据标签格式"，去掉"Y 值"勾选，勾选"系列名称"，如图 7-28 所示。同理，对年储存成本、年总成本进行同样的操作。最终结果如图 7-29 所示。

图 7-25　设置控件格式

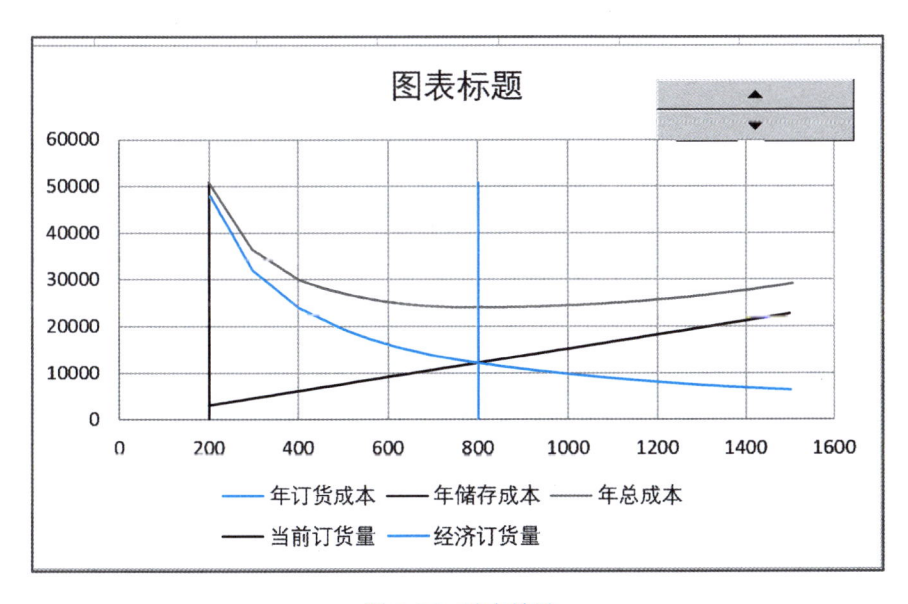

图 7-26　动态效果

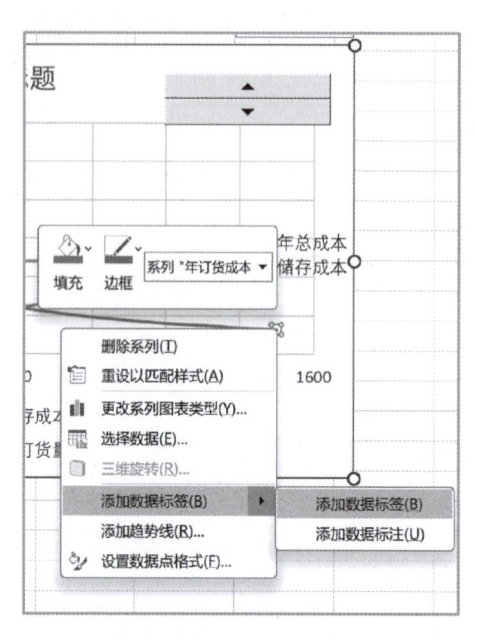

图 7-27 添加数据标签

图 7-28 设置系列名称

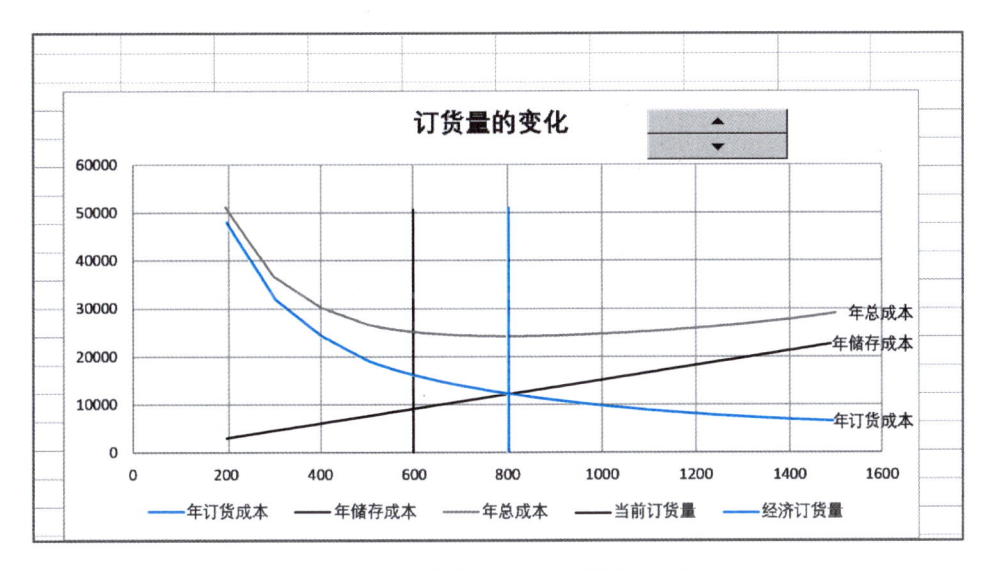

图 7-29 订货量自由移动后的成本变化

步骤 14： 结果解读。单击窗体控件，可以看到当前"当前订货量"垂直参考线按照 100 单位向前或向后移动，当此线移动到 800 时，两条垂直参考线重合在年订货成本与年储存成本的交叉点上，此时年总成本最低，说明 800 是经济订货量。

第 8 章 物流数据分析

物流数据分析主要包括仓储规划分析、进销存分析、存货周转分析、存货分析、物流成本分析、时效分析、物流网络布局规划等。本章将会介绍以下几个方面的内容：
- ABC 分类法的原理、计算步骤和计算公式。
- 利用 EIQ 方法对仓储布局进行优化。
- 重心法单仓选址的计算公式和应用。
- 模拟运算在物流成本测算场景中的应用。
- 规划求解在物流运输优化中的应用。

8.1 ABC 分类法的实战应用案例

案例文件：第 8 章/案例 8-1 根据仓库出库商品进行 ABC 分类法分析.xlsx

1. 案例说明

ABC 分类法又称帕累托分析，其原理是二八定律，通过识别并分析关键的少数因素，把主要精力放在关键的少数因素上，能达到事半功倍的效果。实战中将数据按重要程度分为 20%和 80%两类，或者分为 A、B、C 三个类别，也称为 ABC 分类法。二八原则为我们在有限的资源条件下找到解决问题的思路。

2. 分析思路

在仓储物流领域，ABC 分类法应用比较广泛。具体思路是将库存物品按品种和占用资金的多少，分为特别重要的库存（A 类）、一般重要的库存（B 类）和不重要的库存（C 类）三个等级，然后针对不同等级分别进行管理和控制。ABC 分类法的一般应用步骤如下：

- 搜集数据。从系统中导出原始数据。
- 处理数据。计算各种库存品的年耗用金额。
- 编制 ABC 分析表。按耗用金额排序，计算累计百分比。
- 确定分类。根据企业实际划分标准，无统一标准。
- 绘制 ABC 分类图。把库存商品与资金分类情况在柏拉图上展示。

根据某仓库物动量半年月报数据，对库存商品进行 ABC 分类法分析。根据出库量进行 ABC 分类的标准为：A 类出库量 70%，B 类出库量 20%，C 类出库量 10%。源数据有 6 张表格，如图 8-1 所示。

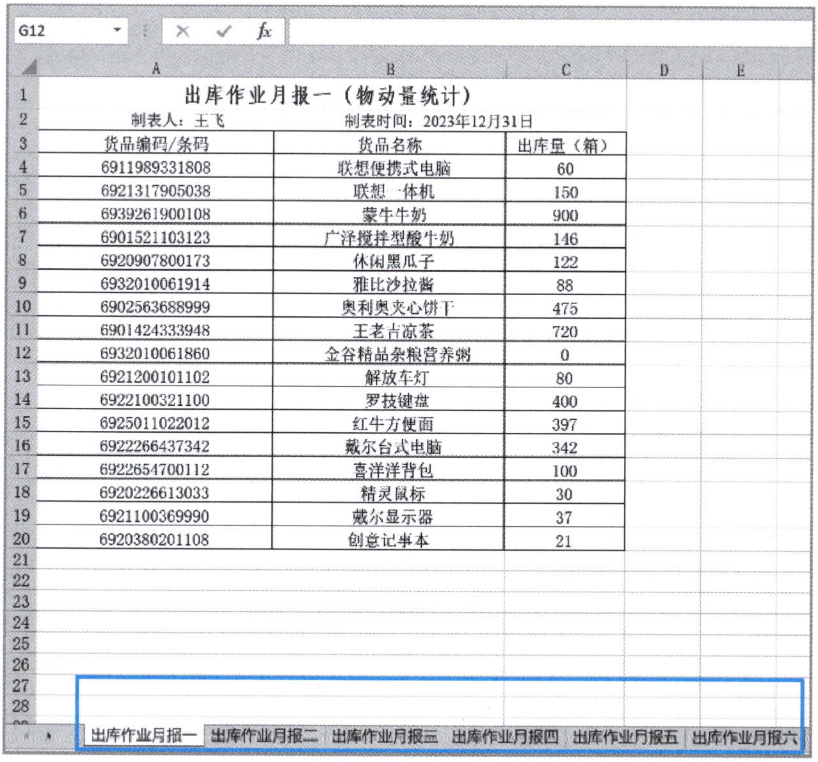

出库作业月报一（物动量统计）

制表人：王飞　　制表时间：2023年12月31日

货品编码/条码	货品名称	出库量（箱）
6911989331808	联想便携式电脑	60
6921317905038	联想一体机	150
6939261900108	蒙牛牛奶	900
6901521103123	广泽搅拌型酸牛奶	146
6920907800173	休闲黑瓜子	122
6932010061914	雅比沙拉酱	88
6902563688999	奥利奥夹心饼干	475
6901424333948	王老吉凉茶	720
6932010061860	金谷精品杂粮营养粥	0
6921200101102	解放车灯	80
6922100321100	罗技键盘	400
6925011022012	红牛方便面	397
6922266437342	戴尔台式电脑	342
6922654700112	喜洋洋背包	100
6920226613033	精灵鼠标	30
6921100369990	戴尔显示器	37
6920380201108	创意记事本	21

图 8-1　某仓库物动量半年月报数据

3. 操作步骤

步骤 1： 执行报表汇总并合并计算数据。在合并汇总表格界面选中单元格 A3:C20 数据区域，然后在菜单栏中执行“数据”→“合并计算”，在引用位置处分别将 6 张月报的数据添加进来，“标签位置”勾选“首行”，设置方法如图 8-2 所示。单击“确定”，合并计算后的结果如图 8-3 所示。

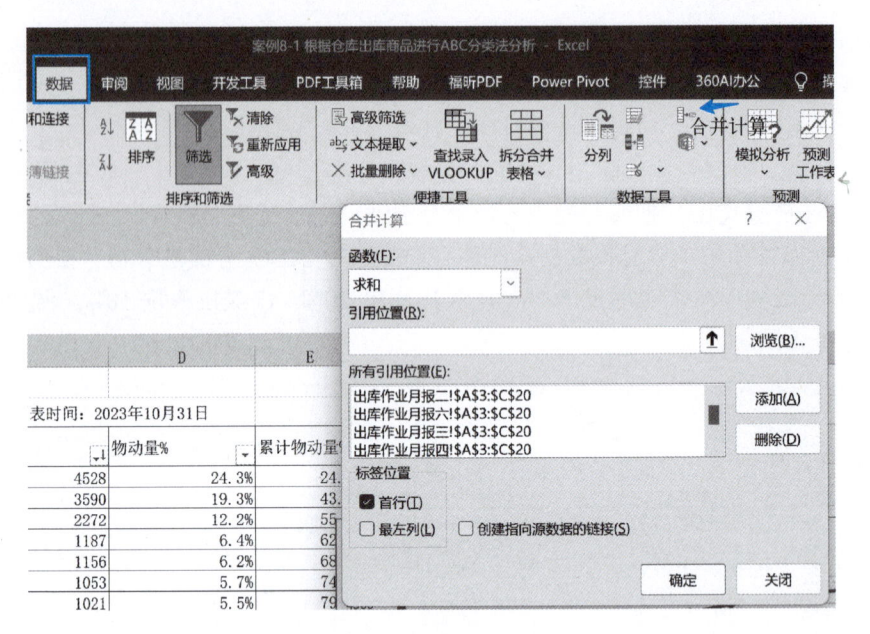

图 8-2 合并计算设置

图 8-3 合并计算后的结果

步骤 2：匹配货品名称，对出库量进行降序排列。在 B4 单元格中输入公式"=VLOOKUP(A4,出库作业月报五!A:C,2,0)"，下拉公式，将货品名称匹配过来，并将出库量降序排列，结果如图 8-4 所示。

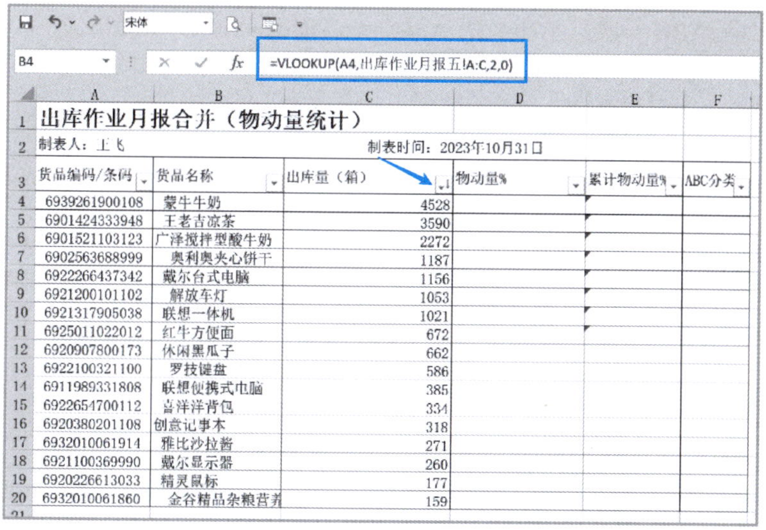

第 8 章　物流数据分析

图 8-4　匹配货品名称和降序排列

步骤 3：计算物动量百分比和累计物动量百分比。在 D4 单元格中输入公式"=C4/SUM($C$4:$C$20)"，下拉公式到底部。接着，在 E4 单元格中输入公式"=D4"，在 E5 单元格中输入公式"=E4+D5"，下拉公式到底部，如图 8-5 所示。可以看到，D 列是物动量百分比，加起来刚好是 100%，E 列是累计物动量百分比，随着行数累计，百分比逐步增加，最后达到 100%。

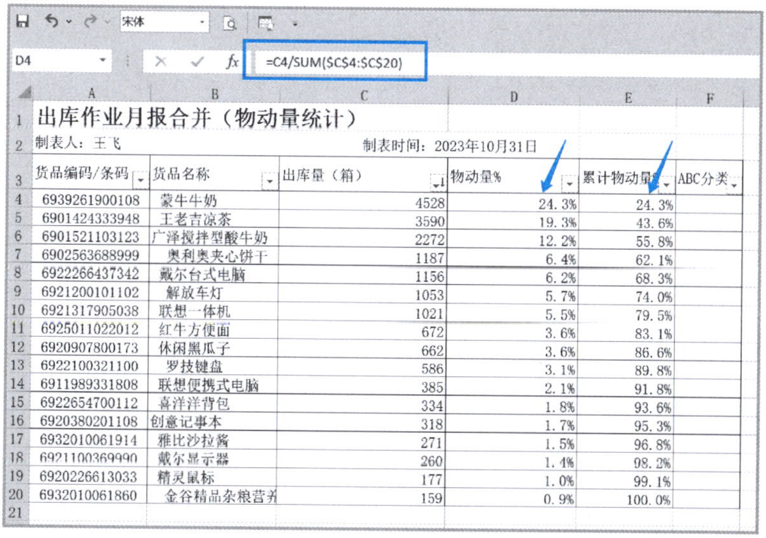

图 8-5　计算物动量百分比和累计物动量百分比

步骤 4：执行 ABC 分类。这里按照 A 类（约 70%）、B 类（约 20%）、C 类（约 10%）分类，输入分类，结果如图 8-6 所示。

货品编码/条码	货品名称	出库量（箱）	物动量%	累计物动量%	ABC分类
6939261900108	蒙牛牛奶	4528	24.3%	24.3%	
6901424333948	王老吉凉茶	3590	19.3%	43.6%	
6901521103123	广泽搅拌型酸牛奶	2272	12.2%	55.8%	A
6902563688999	奥利奥夹心饼干	1187	6.4%	62.1%	
6922266437342	戴尔台式电脑	1156	6.2%	68.3%	
6921200101102	解放车灯	1053	5.7%	74.0%	
6921317905038	联想一体机	1021	5.5%	79.5%	
6925011022012	红牛方便面	672	3.6%	83.1%	B
6920907800173	休闲黑瓜子	662	3.6%	86.6%	
6922100321100	罗技键盘	586	3.1%	89.8%	
6911989331808	联想便携式电脑	385	2.1%	91.8%	
6922654700112	喜洋洋背包	334	1.8%	93.6%	
6920380201108	创意记事本	318	1.7%	95.3%	
6932010061914	雅比沙拉酱	271	1.5%	96.8%	C
6921100369990	戴尔显示器	260	1.4%	98.2%	
6920226613033	精灵鼠标	177	1.0%	99.1%	
6932010061860	金谷精品杂粮营养	159	0.9%	100.0%	

图 8-6　执行 ABC 分类

步骤 5：绘制 ABC 分类图。按住 Ctrl 快捷键，分别选中单元格区域 C4:C20、E4:E20、F4:F20，插入柱形图，选中蓝色柱形图，点击鼠标右键，选择"更改系列图表类型"，对系列名称进行勾选设置，如图 8-7 所示。单击"确定"后，图表结果如图 8-8 所示。

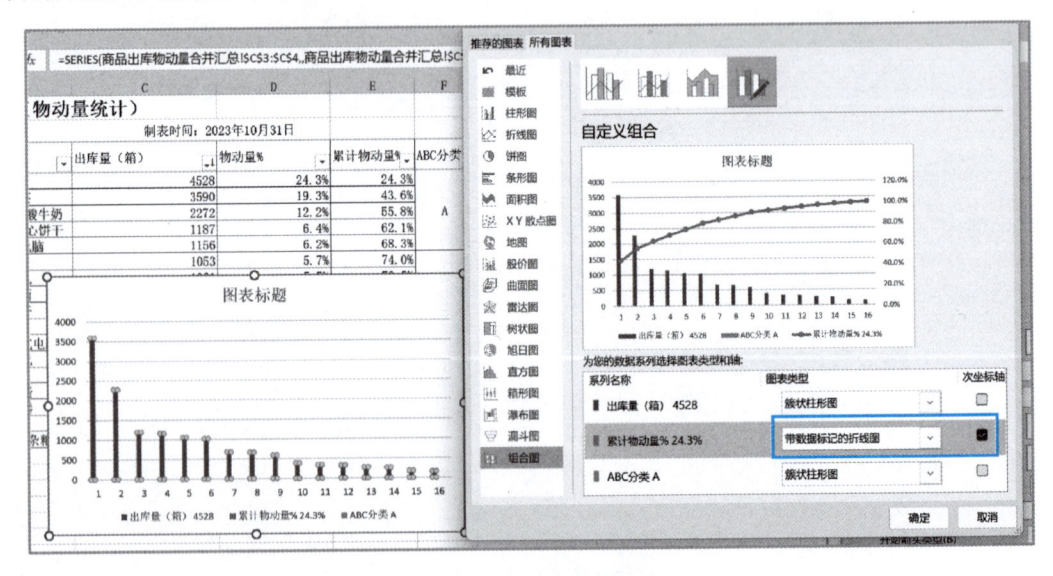

图 8-7　绘制柱形图

第 8 章 物流数据分析

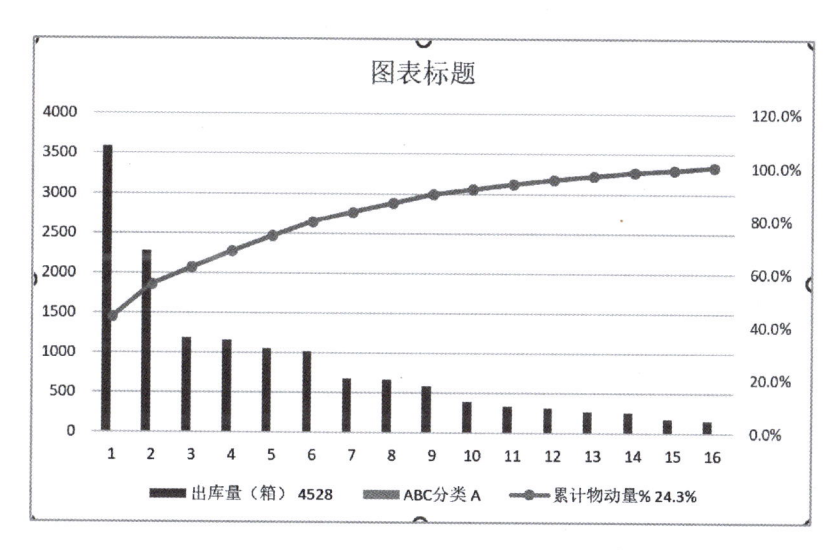

图 8-8 调整图表类型后的结果

步骤 6：设置水平（分类）轴标签。选中图表，点击鼠标右键，选择"选择数据源"，选择"ABC 分类 A"，单击右侧水平（分类）轴标签"编辑"，如图 8-9 所示。在弹出的对话框中，轴标签选择 F 列，设置方法如图 8-10 所示。

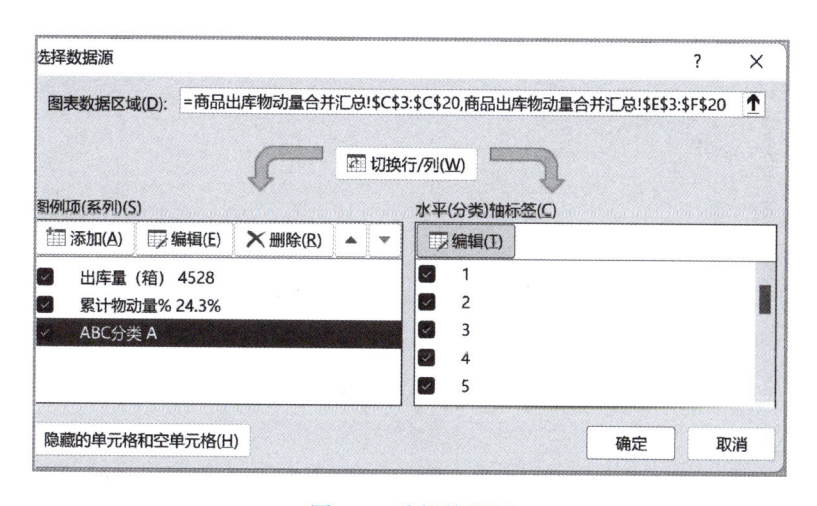

图 8-9 选择数据源

步骤 7：标题和刻度调整。修改图表标题为"ABC 分类法"，更改左右坐标轴刻度，分别双击坐标轴刻度，在"设置坐标轴格式"中进行设置，即将左边坐标轴最大值设置为 5000，右边坐标轴最大值设置为 100%，最终图表即为柏拉图，如图 8-11 所示。

157

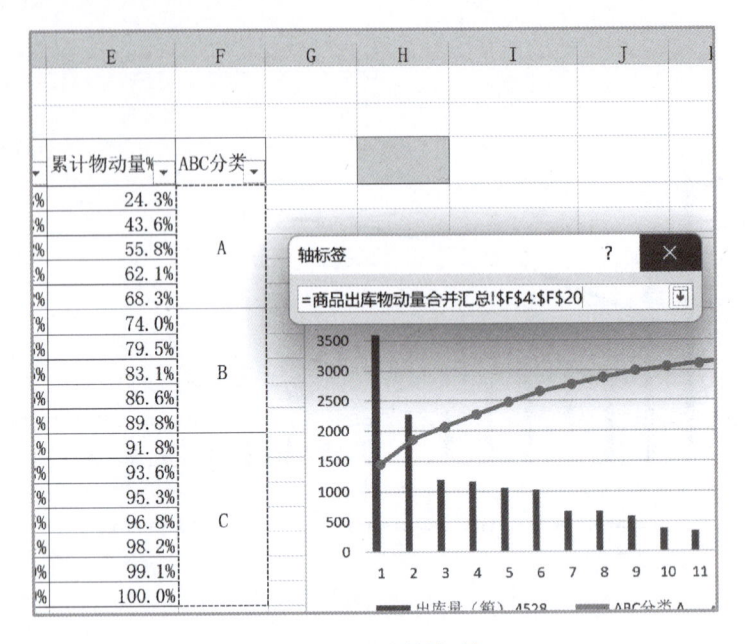

图 8-10　设置轴标签

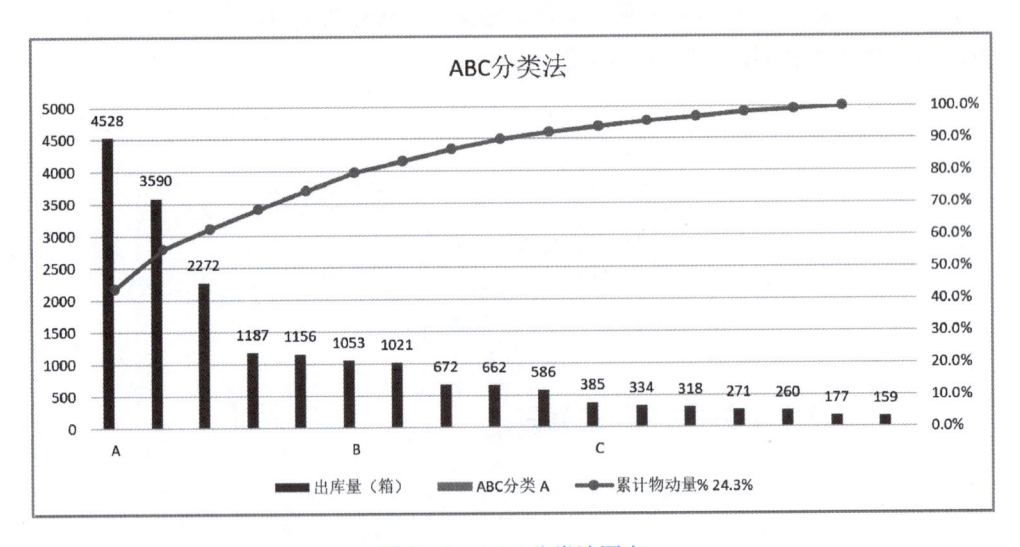

图 8-11　ABC 分类法图表

步骤 8：结果解读。从上述图表可以看出，A 类物资小数量、大金额，B 类物资中数量、中金额，C 类物资大数量、小金额；A 类出库量累计占比约 80%；折线图为累计物动量，最后为 100%。通过 ABC 分类法对物资进行分类，可以识别出 A 类物资如牛奶、凉茶、饼干、戴尔电脑等，便于制定有针对性的库存管控措施。针对不同的分类采取不同的管控策略，有助于提升整体库存周转水平。

8.2 采用 EIQ 分析法优化仓储布局

EIQ 是以订单（E）、品项（I）、数量（Q）分析手法来对仓储物流进行布局规划的，即从客户订单的品项、数量与订购次数等观点出发，进行出货特性的分析。EIQ 是简明有效的仓储物流布局规划与分析工具。

案例文件： 第 8 章/案例 8-2 EIQ 仓储物流规划分析.xlsx

1. 案例说明

某公司仓库面积约为 2000 平方米。现公司需要新上线一条生产线，要占用部分仓储面积。总经理希望对现有仓库布局进行优化，既能挪出空间架设新生产线，又不影响现有仓库的正常运作，要求仓库经理采用 EIQ 分析法，抽取一个月的数据，对仓库布局进行优化分析并调整。

2. 分析思路

搜集一定时间内该公司的订单数据，分别进行订单量（EQ）分析、品项数量（IQ）分析、物品平均单次订货数量（IQ/IK）分析，并对各项物资进行布局空间优化分析。EQ、EN、IQ、IK 的结果应用参见表 2-2。

3. EQ 分析

步骤 1： 对订单进行数据统计，并计算数量占比和累计占比。在单元格 D2 中输入公式 "=C2/SUM($C$2:$C$15)"，下拉公式。在单元格 E2 中输入公式 "=D2"，在单元格 E3 中输入公式 "=E2+D3"，下拉公式，结果如图 8-12 所示。

	A	B	C	D	E
1	订单(E)	订单比%	数量(Q)	数量占比%	累计占比%
2	7070122a	9%	36186	12%	12%
3	7070123a	7%	30313	10%	22%
4	7070124a	5%	30053	10%	32%
5	7070127a	9%	28597	9%	41%
6	7070125a	7%	26054	9%	50%
7	7070128a	9%	25762	8%	58%
8	7070127p	6%	23108	8%	66%
9	7070124p	3%	21988	7%	73%
10	7070122p	5%	19235	6%	79%
11	7070125p	7%	17925	6%	85%
12	7070123p	11%	15742	5%	90%
13	7070126a	10%	13197	4%	94%
14	7070128p	8%	9920	3%	98%
15	7070126p	4%	7152	2%	100%

图 8-12 计算数量占比和累计占比

步骤 2： 对订单进行 ABC 分类。分类的原则是：订单累计占比达 30%，定义为 A 类；

订单累计占比达 40%，定义为 B 类；余下为 C 类。在单元格 G4 中输入公式"=E4"，在单元格 G9 中输入公式"=SUM(D5:D9)"，在单元格 G15 中输入公式"=SUM(D10:D15)"，并输入对应的 ABC 分类，如图 8-13 所示。

	A	B	C	D	E	F	G	H
1	订单(E)	订单比%	数量（Q）	数量占比%	累计占比%	订单占比%	订单累计比%	ABC分类
2	7070122a	9%	36186	12%	12%	21%	32%	A
3	7070123a	7%	30313	10%	22%			
4	7070124a	5%	30053	10%	32%			
5	7070127a	9%	28597	9%	41%	34%	41%	B
6	7070125a	7%	26054	9%	50%			
7	7070128a	9%	25762	8%	58%			
8	7070127p	6%	23108	8%	66%			
9	7070124p	3%	21988	7%	73%			
10	7070122p	5%	19235	6%	79%	45%	27%	C
11	7070125p	7%	17925	6%	85%			
12	7070123p	11%	15742	5%	90%			
13	7070126a	10%	13197	4%	94%			
14	7070128p	8%	9920	3%	98%			
15	7070126p	4%	7152	2%	100%			

图 8-13 对订单进行 ABC 分类

步骤 3：结果解读。可将订单分类管理，保证 A 订单优先处理，保证 A 订单的订货信息快速准确地传递，以实现合理的资源分配。

4. IQ 分析

步骤 1：统计品项品种比例，并对数量进行降序排列，计算数量占比和数量累计占比。在单元格 D2 中输入公式"=C2/SUM($C$2:$C$16)"，在单元格 E2 中输入公式"=E2"，在单元格 E3 中输入公式"=E2+D3"，下拉公式，结果如图 8-14 所示。

D2 =C2/SUM($C$2:$C$16)

	A	B	C	D	E
1	品项(I)	品种比%	数量（Q）	数量占比	数量累计%
2	005	9%	154800	50.72%	50.72%
3	004	4%	40912	13.40%	64.12%
4	006	10%	28896	9.47%	73.59%
5	009	7%	23049	7.55%	81.14%
6	007	5%	17286	5.66%	86.80%
7	003	4%	16000	5.24%	92.04%
8	001	6%	11050	3.62%	95.66%
9	002	11%	6600	2.16%	97.83%
10	012	9%	4350	1.43%	99.25%
11	013	7%	897	0.29%	99.54%
12	015	11%	701	0.23%	99.77%
13	011	9%	330	0.11%	99.88%
14	010	5%	280	0.09%	99.97%
15	014	2%	50	0.02%	99.99%
16	008	1%	29	0.01%	100.00%

图 8-14 计算 IQ 的数量占比和数量累计占比

步骤 2：对品项进行 ABC 分类。ABC 分类的原则是：数量累计占比达 60%～70%且品种占比在 20%以下的，划归为 A 类；数量累计占比达 70%～90%且品种占比在 20%～30%的，划归为 B 类；剩下的划归为 C 类。结果如图 8-15 所示。

	A	B	C	D	E	F
1	品项（I）	品种比%	数量（Q）	数量占比	数量累计%	ABC分类
2	005	9%	154800	50.72%	50.72%	A
3	004	4%	40912	13.40%	64.12%	A
4	006	10%	28896	9.47%	73.59%	B
5	009	7%	23049	7.55%	81.14%	B
6	007	5%	17286	5.66%	86.80%	B
7	003	4%	16000	5.24%	92.04%	C
8	001	6%	11050	3.62%	95.66%	C
9	002	11%	6600	2.16%	97.83%	C
10	012	9%	4350	1.43%	99.25%	C
11	013	7%	897	0.29%	99.54%	C
12	015	11%	701	0.23%	99.77%	C
13	011	9%	330	0.11%	99.88%	C
14	010	5%	280	0.09%	99.97%	C
15	014	2%	50	0.02%	99.99%	C
16	008	1%	29	0.01%	100.00%	C

图 8-15　对品项进行 ABC 分类

步骤 3：结果解读。该仓库可将商品进行分类分区储存，保证 A 类商品存货充足且储位固定，储区空间要充分保障，储区位置接近出货口以便出货，并定期查看 A 类库存，不应使其出现缺货状况。

对次数少、数量大的订单进行重点管理。分类商品应分区式储存，动线设置要区分对待，次数少、数量大的可以存储在较远位置，可分级使用拣货设备。

5．IQ/IK 分析

求出 IQ/IK 的值，如图 8-16 所示。结果解读如下：

- 005、004 和 006 的总出货量和物品平均单次订货数量均大，拣货系统规划时应分配固定储位，保证较高存货水平，另外为保证其出货，一些先进设备应优先使用。
- 007、003 和 001 的总出货量和物品平均单次订货数量均较大，为分类意义不突出的商品，根据商品分类特性归为相应的分类商品中。
- 011、008、014 和 010 的总出货量和物品平均单次订货数量均较小，分配弹性储位且货位大小易于调整，通常拣货区和仓储区合并规划，以减少多余库存，降低存货水平。

	A	B	C	D
1	品项	IQ	IK	IQ/IK
2	005	154800	14	11057.14
3	004	40912	11	3719.273
4	006	28896	12	2408
5	007	17286	8	2160.75
6	003	16000	8	2000
7	009	23049	13	1773
8	001	11050	8	1381.25
9	002	6600	6	1100
10	012	4350	7	621.4286
11	013	897	2	448.5
12	015	701	2	350.5
13	011	330	5	66
14	008	29	1	29
15	014	50	2	25
16	010	280	12	23.33333

图 8-16 IQ/IK 分析

6. 各类货物现有布局数据分析

步骤 1：整理数据。分别对各类货物在仓库中占用的面积、出货量、出货次数进行降序排列，结果如图 8-17 所示。

品名	面积		品名	IQ		品名	IK
005	807		PE	154800		005	14
003	260		钢丝	40912		009	13
001	188.5		铝带	28896		010	12
012	188		缆高	23049		006	12
002	135		钢带	17286		004	11
013	130		pp	16000		007	8
007	130		胶带	11050		003	8
006	130		haiso(油膏)	6600		001	8
004	113.75		PVC	4350		012	7
009	108.75		仿纶	897.8		002	6
008	102		札纱	701		011	5
015	58		热熔胶	330		015	2
014	43		印字带	280		014	2
011	15		PBT色母	50		013	2
010	14		阻水带	29		008	1

图 8-17 各类货物降序排列

步骤 2：分类分析。基于 IK 和占用面积两大维度对各位货物进行分类，结果如图 8-18 所示。

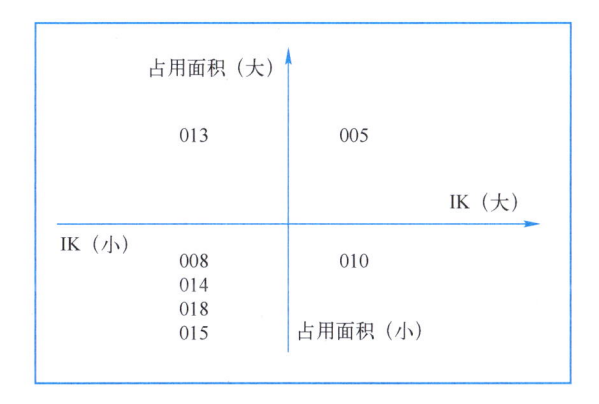

图 8-18　分类分析

步骤 3：结果解读。
- 005 占用面积大且出货次数多，要调整到通道附近或靠近出货。
- 013 要调整到离出货口远一些，同时要进行库存控制，降低库存。
- 010 调整到通道附近或靠近出货口，并适当增加操作面积。
- 008、014 等，可以放在中间位置，或者单独分割成区。

7. EIQ 布局优化小结

根据 EIQ 分析结果，结合布局现状，调整的思路就很明确了。对出货量与占用仓库面积对应不合理的货物进行调整，调整后，货物的出货次数与其所占用的仓库面积相匹配。

将出货量较大的货物安排在了靠近通道及出口的位置，而对 008、010、011、014 这四种出货量及出货次数均非常小的货物进行了合并，成为一个仓储区。

基于货物出货次数的考虑，对方案进行微调，得出最终优化方案。此方案中，结合 010 与 011 出货次数的对比，将 010 位置上调至离通道更近的位置。

8.3　采用重心法进行仓库选址

仓库选址是指运用科学的方法决定仓库的地理位置，使之与企业的整体经营运作体系有机结合，以便有效、经济地达到企业经营目的。

8.3.1　仓库选址的原则

仓库选址原则包括以下四项：
- 费用原则（成本最优）。
- 服务用户原则（距离、覆盖范围）。
- 适用性原则（符合现实环境）。
- 长期发展原则（考虑到未来可扩展性需要）。

8.3.2　仓库选址需要考虑的因素

仓库选址需要考虑的因素包括以下几项：
- 城市规划（未来 3～5 年或更长一段时间内，城市区域规划发展与扩张）。
- 资质文件（如仓库是否具备消防合规文件、给排水等措施条件）。
- 交通条件（交通的便利性，便于大货车/小车顺畅进出及装卸作业）。
- 运输距离（与客户或工厂综合距离最优）。
- 装卸作业资源（仓库周边或园区是否有配套装卸工具、人员资源）。
- 作业便利性（是否需要月台、雨棚等）。
- 资源可展性（随着业务发展，仓库面积是否可随时增加/减少）。
- 成本要素（仓库运作成本，如仓租、改造费、服务费等）。
- 仓储安全（仓库门、窗、隔离墙、摄像头、门禁等）。
- 地质、气候要素（仓库位置不用担心洪水倒灌等气候影响）。
- 网络资源（如仓库联网或登录系统，需要考虑网络资源）。

8.3.3　仓库选址的方法

1. 定性分析

定性分析是一种传统分析方法，即经验分析，主要靠人员经验及初步数据分析后进行选址确定，选址方法如图 8-19 所示。

图 8-19　选址方法

2. 定量分析

定量分析主要用到重心法、线性规划、模拟法等计量数学模型。其中，重心法分为单仓选址和多仓选址。因篇幅限制，本节只介绍用重心法进行单仓选址。重心法是单仓（单设施）选址中常用的模型，选址要素只包含运输费率和该点的货物运输量，在数字上被归纳为静态连续选址模型。重心法的原理是利用函数求出由仓库至顾客间运输成本最小的地点，因为选址因素只包括运输费率和该点的货物运输量。重心法单仓选址的目的是总运输成本最低，涉及的三个变量是运输量、运输费率和距离。重心法单仓选址的目标函数公式为

$$\text{Min } TC = \sum V_i R_i d_i$$

式中　　TC——总运输成本；

　　　　V_i——i 点的运输量；

　　　　R_i——到 i 点的运输费率；

　　　　d_i——从位置待定的仓库到 i 点的距离。

8.3.4　采用重心法进行仓库选址的案例

案例文件：第 8 章/案例 8-3 重心法（单仓选址）.xlsx

1. 案例说明

此案例目的是通过工厂的位置和运输参数来计算选择成本最优的仓库。某公司有两个工厂向仓库供货，由仓库供应三个需求中心，地点和运输参数信息见表 8-1。我们需要寻找使运输成本最小的单一仓库的位置。例如，产品 A 由 P1 供应，产品 B 由 P2 供应。这些产品随后被运到 M1、M2、M3 市场。

表 8-1　地点和运输参数信息

地点 i	总运输量 V_i/吨	运输费率 R_i/(元/吨·公里)	坐标值 X_i	坐标值 Y_i
P1	2000	0.050	3	8
P2	3000	0.050	8	2
M1	2500	0.075	2	5
M2	1000	0.075	6	4
M3	1500	0.075	8	8

2. 分析思路

通过数据建模进行规划求解，确定成本最优的坐标值，即首先建立可变单元格、约束条件和目标函数，然后用规划求解实现最优解（成本最优的坐标值）。

3. 操作步骤

步骤 1：整理数据，标记好地点和坐标，如图 8-20 所示，在 Excel 表格中输入地点 i、V_i(吨)、X_i 和 Y_i 等参数。

步骤 2：数据建模。新建 G 列和 H 列，自变量 X 和 Y 坐标，在目标函数单元格 B14 中输入公式"=SUMPRODUCT(C5:C9,D5:D9,G5:G9)"。在单元格 G5 中输入公式"=SQRT((B$12-E5)^2+(C$12-F5)^2)"，下拉公式，即通过三角形坐标求距离，SQRT 函数表示求平方根。在单元格 H5 中输入公式"=G5*D5"，下拉公式，结果如图 8-21 所示。

图 8-20　仓库和工厂布局基础数据

图 8-21　构建数据模型

步骤 3：规划求解。打开 Excel 菜单栏，执行路径"数据"→"规划求解"，在弹出的参数框中，设置目标栏，鼠标选择单元格 B14，表示目标函数是求最小值。在可变单元格中，鼠标选择 B12:C12，表示需要计算的自变量坐标值。然后勾选"使无约束变量为非负数"，选择求解方法为"非线性 GRG"，如图 8-22 所示。

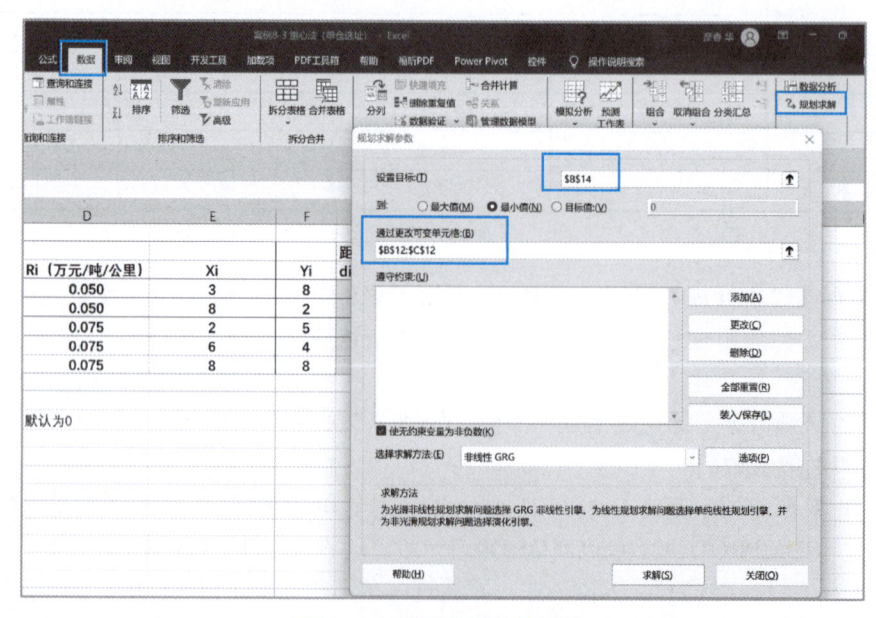

图 8-22　规划求解参数设置

步骤 4：结果解读。单击“求解”后，结果如图 8-23 所示。可以看出，当仓库位置选择位于坐标（4.910,5.058）时，物流运输成本最优，为 2142.51 元。

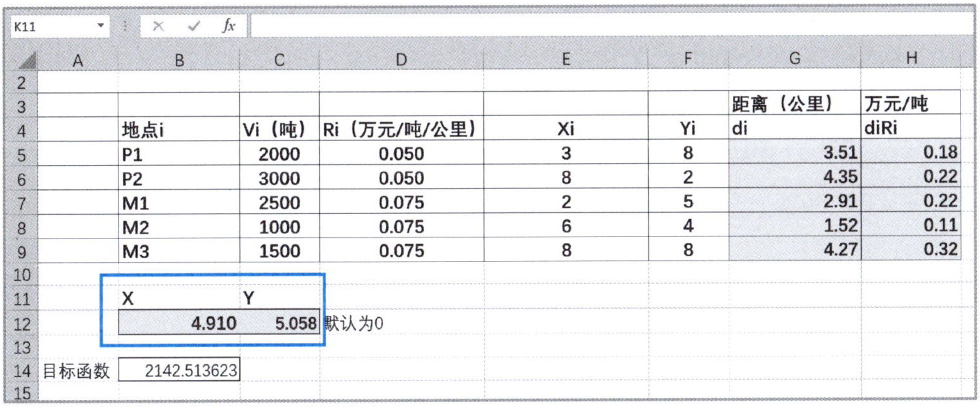

K11

	A	B	C	D	E	F	G	H
2								
3							距离（公里）	万元/吨
4		地点i	Vi（吨）	Ri（万元/吨/公里）	Xi	Yi	di	diRi
5		P1	2000	0.050	3	8	3.51	0.18
6		P2	3000	0.050	8	2	4.35	0.22
7		M1	2500	0.075	2	5	2.91	0.22
8		M2	1000	0.075	6	4	1.52	0.11
9		M3	1500	0.075	8	8	4.27	0.32
10								
11		X	Y					
12		4.910	5.058	默认为0				
13								
14	目标函数	2142.513623						
15								

图 8-23　运输成本最优的仓库最佳位置

8.4　采用模拟运算表测算物流成本率的变化

案例文件：第 8 章/案例 8-4 采用模拟运算表测算物流成本率的变化.xlsx

1. 案例说明

某企业准备开拓新零售门店加盟连锁，前期预计在深圳和东莞展开招商加盟，因业务正在拓展中，意向门店只有 5 家，并且产品重量、规格、货量、客单价等暂无信息，公司要求物流部提供配送方案和成本率测算，并为后续业务下单提供建议下单量参考。公司给出的物流成本率预算目标为 8%，并且随着加盟门店数量的增加，后期公司会固定某个物流成本率值和客单价，需要提供在此条件下的建议下单量。

2. 分析思路

首先要构建费用模型，明确城市门店配送模式和收费方式，计算物流费率。收费方式根据同城业务场景进行合理选择，图 8-24 所示为同城配送收费模式。从案例说明可以看出，该企业门店数较少，只有 5 家，包车模式或按件收费模式会导致装载率不高，增加成本，因此选择里程+点数的收费模式。基于该收费模式，通过模拟运算表构建费用计算模型来观察物流成本率的变化趋势。最后，试算门店下单量与物流成本率的变化关系。

3. 操作步骤

步骤 1：构建费用初始模型，里程单价按照 1.8 元/公里，门店卸货费按 30 元/家；初始客单价按 80 元/件，每个门店初始下单量按 10 件计算，门店初始数量为 2 家，如图 8-25 所示。

收费模式	定义	适用场景	备注
包车	550元/车，续航100公里 800元/车，续航200公里	门店多，货量大，产品包装规格不标准	
里程+点数	1.8元/公里+30元（每增加一个卸货点）	门店少	前期该企业新零售门店少，适合此模式
元/件	按件收费	门店多，量大，产品包装规格相差不大	门店多时再考虑

图 8-24 同城配送收费模式

	C	D
2	总距离（公里）	100
3	里程单价（元/公里）	1.8
4	门店数量（家）	2
5	门店卸货费（元/家）	30
6	门店卸货费合计	
7	总运费（元）	
8	客单价（元/件）	80
9	每个门店下单量（件）	10
10	数量（件）	
11	货值（元）	
12	物流成本率%	

图 8-25 费用初始模型

步骤 2：输入基本公式。在单元格 D6 中输入公式"=D5*(D4-1)"，即门店卸货费合计；在单元格 D7 中输入公式"=D2*D3+D6"，即总运费=里程单价+门店卸货费合计；在单元格 D10 中输入公式"=D9*D4"，即总件数；在单元格 D11 中输入公式"=D8*D10"，即总货值；在单元格 D12 中输入公式"=D7/D11"，即物流成本率。结果如图 8-26 所示。

	C	D
2	总距离（公里）	100
3	里程单价（元/公里）	1.8
4	门店数量（家）	2
5	门店卸货费（元/家）	30
6	门店卸货费合计	30
7	总运费（元）	210
8	客单价（元/件）	80
9	每个门店下单量（件）	10
10	数量（件）	20
11	货值（元）	1600
12	物流成本率%	13%

图 8-26 计算初始运费及成本率等

步骤 3：采用模拟运算表测算随着门店数量的变化，物流成本率的变化趋势。构建模拟运算表模型，如图 8-27 所示。需要观察当门店数量从 2 家到 100 家时，物流成本率是如何变化的。鼠标选中数据区域 B16:C36，在菜单栏中单击"数据"→"模拟分析"→"模拟运算表"。在弹出的模拟运算表界面，在"输入引用列的单元格"中选择"$B$16"，如图 8-28 所示。单击"确定"后，模拟运算结果如图 8-29 所示，当门店数量从 2 家到 100 家时，物流成本率从 13.1%到 3.9%呈现递减变化，说明随着门店数量的增加，物流装载量也会增加，基于规模效应，物流成本率将逐步降低。

图 8-27 构建模拟运算表模型

图 8-28 模拟运算表参数设置

	A	B	C
14		模拟运算表	
15		门店数量（家）	物流成本率%
16		2	13.1%
17		5	7.5%
18		10	5.6%
19		15	5.0%
20		20	4.7%
21		25	4.5%
22		30	4.4%
23		35	4.3%
24		40	4.2%
25		45	4.2%
26		50	4.1%
27		55	4.1%
28		60	4.1%
29		65	4.0%
30		70	4.0%
31		75	4.0%
32		80	4.0%
33		85	4.0%
34		90	4.0%
35		95	3.9%
36		100	3.9%

图 8-29　模拟运算结果

步骤 4：根据物流成本率公式计算门店下单量，目的是观察当物流成本率从 3%到 10%、客单价从 50 元到 100 元时，对应的每个门店下单量应该为多少，为下单人员提供决策参考。物流运费/总货值=物流成本率，基于此，可以生成一个门店下单量参考模型，如图 8-30 所示。在单元格 F17 中输入公式"=($D$2*$D$3+($D$4-1)*$D$5)/($F$16*$E17*$D$4)"，下拉公式，依次在 G17 到 M17 中分别输入以下公式：

=($D$2*$D$3+($D$4-1)*$D$5)/($G$16*$E17*$D$4)
=($D$2*$D$3+($D$4-1)*$D$5)/(H$16*$E17*$D$4)
=($D$2*$D$3+($D$4-1)*$D$5)/($I$16*$E17*$D$4)
=($D$2*$D$3+($D$4-1)*$D$5)/($J$16*$E17*$D$4)
=($D$2*$D$3+($D$4-1)*$D$5)/($K$16*$E17*$D$4)
=($D$2*$D$3+($D$4-1)*$D$5)/($L$16*$E17*$D$4)
=($D$2*$D$3+($D$4-1)*$D$5)/($M$16*$E17*$D$4)

说明：以上公式是根据"物流运费/总货值=物流成本率"变换而来，重点要注意下拉公式时，公式的绝对引用和相对引用。

步骤 5：结果解读。公司批准的物流成本率预算目标定为 8%，产品客单价预算目标定为 80 元/件。在此约束条件下，当每个门店每次下单量为 16 件时，才能达到公司的物流成本率和产品客单价预算目标。

F17　fx　=($D$2*$D$3+($D$4-1)*$D$5)/($F$16*$E17*$D$4)

	E	F	G	H	I	J	K	L	M
14									
15	每个门店下单量(件)	物流成本率%							
16	客单价（元/件）	3%	4%	5%	6%	7%	8%	9%	10%
17	50	70.0	52.5	42.0	35.0	30.0	26.3	23.3	21.0
18	60	58.3	43.8	35.0	29.2	25.0	21.9	19.4	17.5
19	70	50.0	37.5	30.0	25.0	21.4	18.8	16.7	15.0
20	80	43.8	32.8	26.3	21.9	18.8	16.4	14.6	13.1
21	90	38.9	29.2	23.3	19.4	16.7	14.6	13.0	11.7
22	100	35.0	26.3	21.0	17.5	15.0	13.1	11.7	10.5
23									

图 8-30　门店下单量参考模型

8.5　用规划求解实现多点配送模式下车辆指派最优

案例文件：第 8 章/案例 8-5　多点配送下如何指派车辆使得总运费最低.xlsx

1．案例说明

某公司有两辆载重 8 吨和两辆载重 9 吨的卡车用于货物配送，某天有 4 项配送任务，不同车辆完成任务的费用关系如图 8-31 所示。现在需要确定总费用最小的车辆分配方案，即要求每台车都有执行任务，并且每项任务都有被执行，在此条件下，需要做到总费用最小。

任务 车辆	a	b	c	d
8吨	14	5	8	7
8吨	2	12	6	5
9吨	7	8	3	9
9吨	2	4	6	10

图 8-31　不同车辆完成任务的费用关系

2．分析思路

车辆指派问题，本质目标是使 m 辆车完成 m 项工作所花的成本最低。这里要求所有的车辆都被指派，且所有的工作都有车辆完成，首先建立可变单元格、约束条件和目标函数，然后用规划求解实现最优解。

3．操作步骤

步骤 1：整理表格，建立可变单元格和约束条件。在单元格 G11 中输入公式“=SUM(C11:F11)”，在单元格 C15 中输入公式“=SUM(C11:C14)”，下拉公式。在单元格 C19 中输入公式“=SUMPRODUCT(C4:F7,C11:F14)”，此为目标函数，如图 8-32 所示。

	A	B	C	D	E	F	G	H	I
1									
2		任务	a	b	c	d			
3		车辆							
4		8吨	14	5	8	7			
5		8吨	2	12	6	5			
6		9吨	7	8	3	9			
7		9吨	2	4	6	10			
8									
9	变量矩阵								
10		车辆/任务	a	b	c	d			
11		8吨					0	=	1
12		8吨					0	=	1
13		9吨					0	=	1
14		9吨					0	=	1
15			0	0	0	0			
16			=	=	=	=			
17			1	1	1	1			
18		目标函数							
19		费用最小	0						

图 8-32 建立可变单元格和约束条件

步骤 2：设置规划求解参数。在 Excel 菜单栏中执行"数据"→"规划求解"，弹出"规划求解参数"对话框，在"设置目标"中鼠标选择单元格 C19，在可变单元格中选择数据区域 C11:F14，约束条件设置方法如图 8-33 所示。注意，C11:F14=二进制，bin 是二进制的意思，表示 C11:F14 中的单元格，要么是 0，要么是 1，因为二进制的结果为 0 或 1，添加约束中二进制的设置方法如图 8-34 所示。

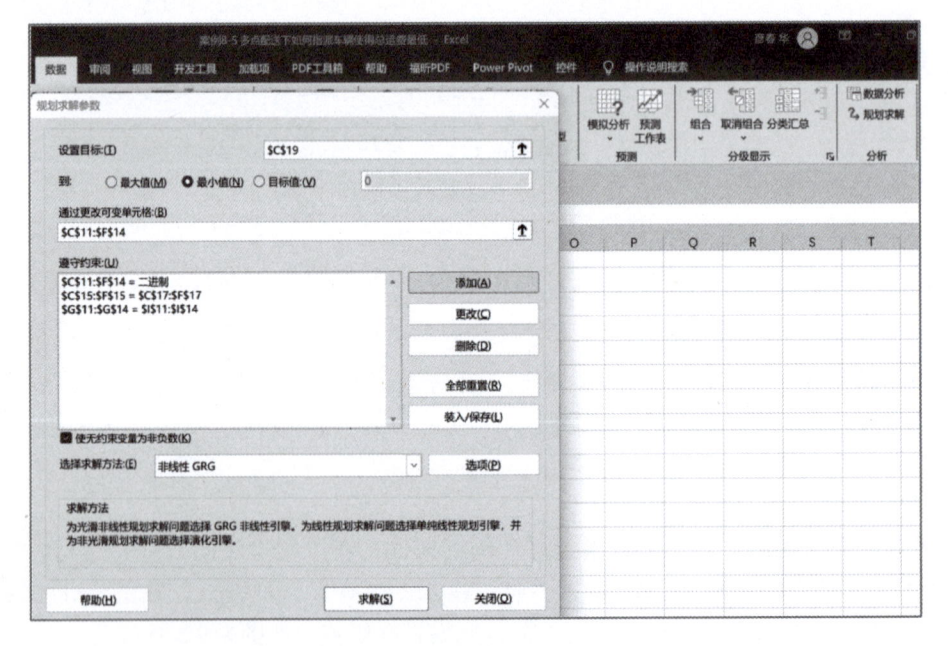

图 8-33 设置规划求解参数（一）

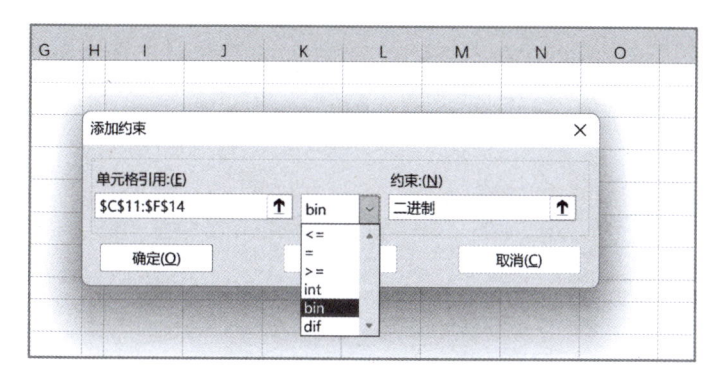

图 8-34 二进制的设置方法

步骤 3：结果解读。单击"确定"后，规划求解结果如图 8-35 所示。1 表示被指派，0 表示未指派。从横向看，每辆车都有派去执行任务；从纵向看，每个任务都有一辆车去执行。两辆载重 8 吨的卡车分别选任务 b、d，两辆载重 9 吨的卡车分别选任务 c、a，这样的任务分配费用最小(总费用 15)。

图 8-35 规划求解结果（一）

8.6 用规划求解设计最优运输方案

案例文件：第 8 章/案例 8-6 根据产能和需求约束，设计最优运输方案，使得运输费用最低.xlsx

1. 案例说明

某公司有 3 个分厂，分别设在武汉、广州、北京。3 个分厂生产的产品需要运往华东、华南、华北和华中 4 个配送中心。3 个分厂的每月产能和 4 个配送中心的需求量如图 8-36 所示。由于运输里程和交通条件的差异，各分厂到配送中心的运费并不相同，各分厂到各个配送中心的运输费用如图 8-36 所示。要求利用线性规划求解方案，设计一个合适的物流方案，使得运输费用最低。假设有 3 种场景：产销平衡、产大于销、销大于产。

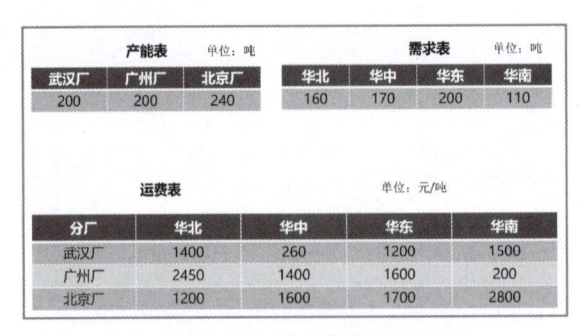

图 8-36　产能、需求量和运费信息

2．分析思路

建立数学模型，要求 3 个工厂各自到 4 个配送中心的最优运输量（运费×最优运输量的迭代求和为最低的运输费用）。目标函数要用到 SUMPRODUCT 函数。在产销平衡的场景下为平衡运输问题，总供应=总需求；在产销不平衡的场景下，产大于销，总供应>总需求，销大于产，总供应<总需求，需求量和供应量为两个约束条件，总体分析思路如下：

- 设置问题的决策变量和目标函数。
- 根据决策变量与目标函数，得出问题的线性规划模型。
- 根据约束条件构建 Excel 模型。
- 根据模型规划求解参数。
- 获得规划求解结果。

3．产销平衡场景下的方案设计

步骤1：构建基础数据模型。单元格区域 C9:F11 为可变单元格区域，在单元格 G9 中输入公式"=SUM(C9:F9)"，下拉公式；在单元格 C12 中输入公式"=SUM(C9:C11)"，横向拉动公式；在单元格 H4 中输入公式"=SUM(I9:I11)"，在单元格 J4 中输入公式"=SUM(C14:F14)"；在单元格 I14 中输入公式"=SUMPRODUCT(C3:F5,C9:F11)"，此为目标函数，因为可变单元格 C9:F11 暂时为空，所以目标函数值为 0，如图 8-37 所示。

图 8-37　构建基础数据模型

步骤 2：设置规划求解参数。在 Excel 菜单栏中执行"数据"→"规划求解"，在弹出的"规划求解参数"对话框中，设置对应参数，设置方法如图 8-38 所示。I14 为目标函数，选择"最小值"，表示要求运输费用最低；C9:F11 是可变单元格，即我们的求解目标；约束条件是需求和供应相等。

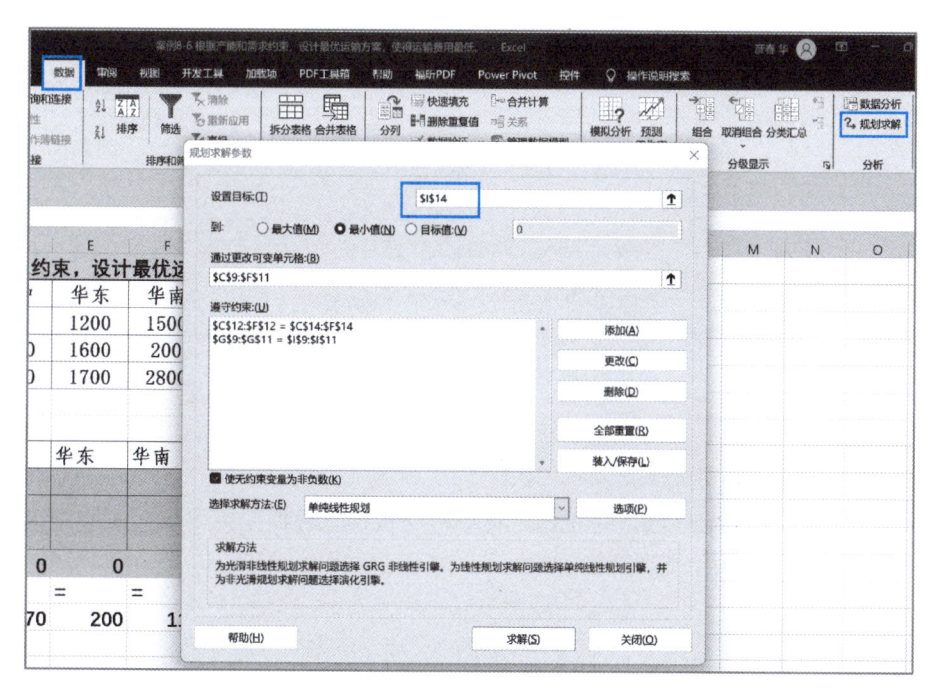

图 8-38 设置规划求解参数（二）

步骤 3：规划求解结果解读。单击"求解"按钮，确认后的最优结果如图 8-39 所示。可以看出，按照可变单元格数据区域 C9:F11 的数量分配，运输成本最低（运输费用为 574200 元）。

图 8-39 规划求解结果（二）

4. 产销不平衡（产大于销）场景下的方案设计

假设其他条件不变，武汉、广州、北京各厂的产能分别增加到 230、240、300 吨，需要重新设计物流运输方案，使得运输费用最低。操作步骤如下：

步骤 1：调整基础数据模型。在单元格区域 I9:I11 分别填写 230、240、300，其他区域设置不变，如图 8-40 所示。

	A	B	C	D	E	F	G	H	I	J
2		价格矩阵	华北	华中	华东	华南			运输问题类型	
3		武汉厂	1400	260	1200	1500		总供应		总需求
4		广州厂	2450	1400	1600	200		770	>	640
5		北京厂	1200	1600	1700	2800				
8		变量矩阵	华北	华中	华东	华南	实际供应		供应量（产能）	
9		武汉厂					0	<=	230	
10		广州厂					0	<=	240	
11		北京厂					0	<=	300	
12		实际需求	0	0	0	0				
13			=	=	=	=				
14		需求量	160	170	200	110		目标函数	0	

图 8-40　调整基础数据模型（一）

步骤 2：设置规划求解参数。在 Excel 菜单栏中执行"数据"→"规划求解"，在弹出的"规划求解参数"对话框中，设置对应参数，设置方法如图 8-41 所示。

图 8-41　设置规划求解参数（三）

步骤 3：结果解读。单击"求解"按钮，确认后的最优结果如图 8-42 所示。可以看出，按照可变单元格数据区域 C9:F11 的数量分配，运输成本最低（运输费用为 555200 元）。

价格矩阵	华北	华中	华东	华南		运输问题类型		
武汉厂	1400	260	1200	1500	总供应			总需求
广州厂	2450	1400	1600	200	770	>		640
北京厂	1200	1600	1700	2800				

变量矩阵	华北	华中	华东	华南	实际供应		供应量（产能）
武汉厂	0	170	60	0	230	<=	230
广州厂	0	0	130	110	240	<=	240
北京厂	160	0	10	0	170	<=	300
实际需求	160	170	200	110			
	=	=	=	=			
需求量	160	170	200	110	目标函数		555200

图 8-42　规划求解结果（三）

5. 产销不平衡（销大于产）场景下的方案设计

步骤 1：调整基础数据模型。在单元格区域 C14:F14 分别填写 180、170、210、150，其他区域设置不变，如图 8-43 所示。

价格矩阵	华北	华中	华东	华南		运输问题类型		
武汉厂	1400	260	1200	1500	总供应			总需求
广州厂	2450	1400	1600	200	640	<=		710
北京厂	1200	1600	1700	2800				

变量矩阵	华北	华中	华东	华南	实际供应		供应量（产能）
武汉厂					0	=	200
广州厂					0	=	200
北京厂					0	=	240
实际需求	0	0	0	0			
需求量	180	170	210	150	目标函数		0

图 8-43　调整基础数据模型（二）

步骤 2：设置规划求解参数。在 Excel 菜单栏中执行"数据"→"规划求解"，在弹出的"规划求解参数"对话框中，设置对应参数，设置方法如图 8-44 所示。

步骤 3：规划求解结果解读。单击"求解"按钮，确认后的最优结果如图 8-45 所示。可以看出，按照可变单元格数据区域 C9:F11 的数量分配，运输成本最低（运输费用为 508200 元）。

图 8-44 设置规划求解参数（四）

	A	B	C	D	E	F	G	H	I	J
1										
2		价格矩阵	华北	华中	华东	华南			运输问题类型	
3		武汉厂	1400	260	1200	1500		总供应		总需求
4		广州厂	2450	1400	1600	200		640	<=	710
5		北京厂	1200	1600	1700	2800				
6										
7										
8		变量矩阵	华北	华中	华东	华南	实际供应		供应量（产能）	
9		武汉厂	0	170	30	0	200	=	200	
10		广州厂	0	0	50	150	200	=	200	
11		北京厂	180	0	60	0	240	=	240	
12		实际需求	180	170	140	150				
13										
14		需求量	180	170	210	150		目标函数		508200
15										

图 8-45 规划求解结果（四）

第 9 章 使用 Power BI 制作供应链数据分析可视化看板

供应链数据具有来源多系统、结构多维化、数据独立性的特征。因此，针对供应链数据，需要构建多维度、可视化的动态数据分析看板，便于清晰直观地对数据进行深入分析和钻取，从而洞察数据背后的业务规律。本章，将会介绍以下几个方面的内容：
- 数据清洗的常用技能，如数据导入、合并查询、新建自定义列。
- 数据建模的操作技能，如构建关系、度量值、新建列等。
- 常见的可视化图表的应用场景和制作方法。
- 库存周转率的原理和计算方法。

9.1 某连锁门店销售分析可视化分析

案例文件：第 9 章/案例 9-1 连锁门店销售分析.xlsx

1. 案例说明

某连锁门店在 8 个城市设有门店，主要销售的产品有手机、电脑、平板三类，每一类产品又分别来自 A、B、C 3 个品牌。已知门店近两年的销售明细，借助 Power BI 分别从品牌、类别、门店城市、年度、总体概况 5 个方面对门店的销售情况进行多维度可视化分析，并将结果分享到 Power BI 服务中，便于同事和领导共同查看并讨论当前销售市场的状况，从而优化销售策略，获取更多销售利润。

2. 分析思路

首先要对导入 Power BI 的数据进行清洗，如数据合并和新建自定义列；然后规划导航页、添加书签、构建维度表及度量值，规划导航和添加书签是本节案例的重点内容；最后在每个导航页分别构建品牌、类别、门店、总体概况等维度页的可视化看板。

9.1.1 数据清洗——数据的导入、合并查询与新建自定义列

1. 启动 Power BI Desktop

执行"主页"→"获取数据"→"Excel",选择目标 Excel 在本地电脑所在的路径位置(第 9 章/案例 9-1 连锁门店销售分析.xlsx),在"导航器"中将产品明细、类别、门店城市、品牌及销售明细均勾选,单击"转换数据",进入 Power Query 查询编辑器页面,如图 9-1 所示。

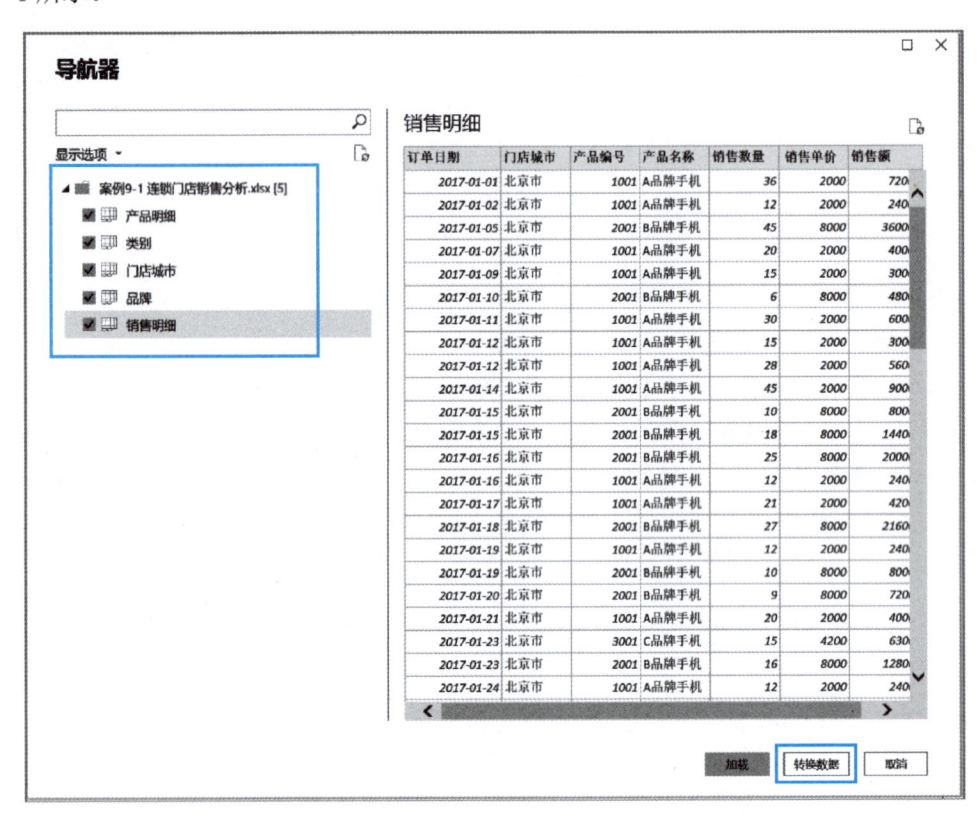

图 9-1 导入数据

2. 提升标题位置

单击"转换数据"进入 Power Query,检查各个表的数据类型,发现门店城市表的标题不在第一行,因此,需要在菜单栏中单击"将第一行用作标题",如图 9-2 所示。

3. 执行合并查询

选中左边的"销售明细",然后单击菜单栏中的"合并查询",在弹出的"合并"对话框中,单击"销售明细"中的"产品编号",在下方下拉框中选择"产品明细",并单击"产品

编号",使其变成灰色选中状态,"联接种类"选择"左外部(第一个中的所有行,第二个中的匹配行)",如图 9-3 所示。

图 9-2　将第一行用作标题

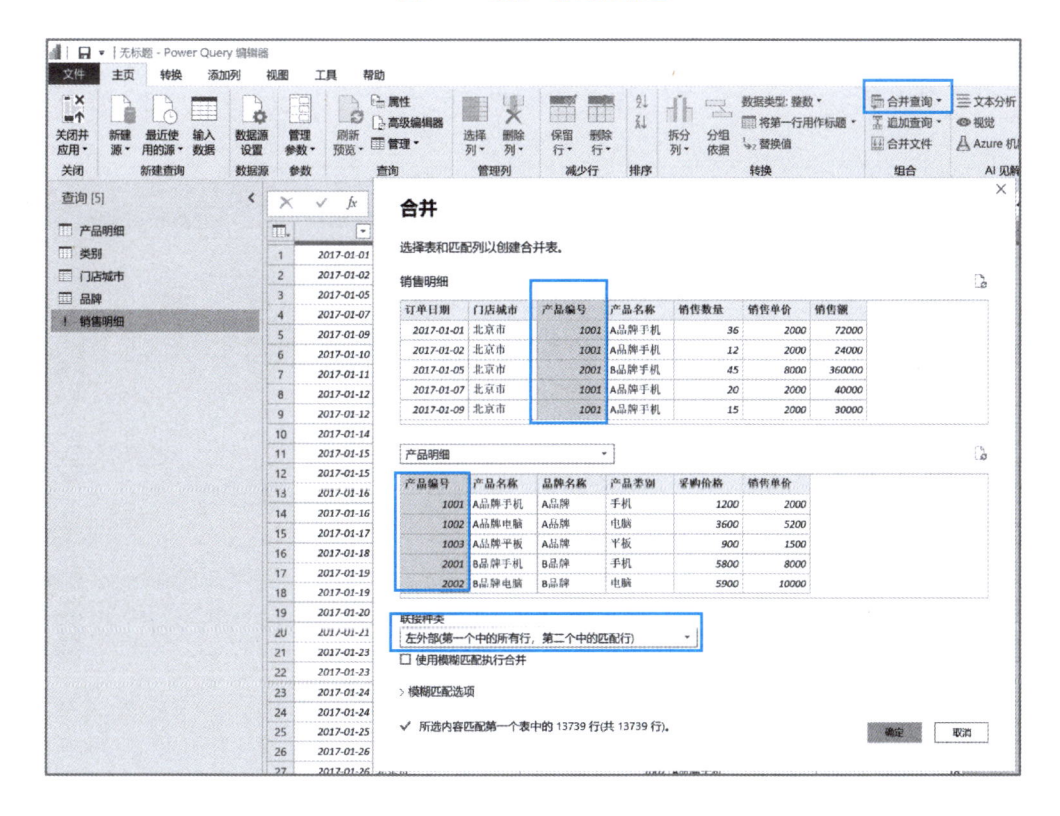

图 9-3　"合并查询"设置

4．匹配采购价格

单击"确定"后,单击产品明细列旁的箭头,在展开的下拉框中只勾选"采购价格",取消勾选"使用原始列名作为前缀",设置方法如图 9-4 所示。单击"确定"后,结果如

181

图 9-5 所示，采购价格即从产品明细表中成功匹配过来了。

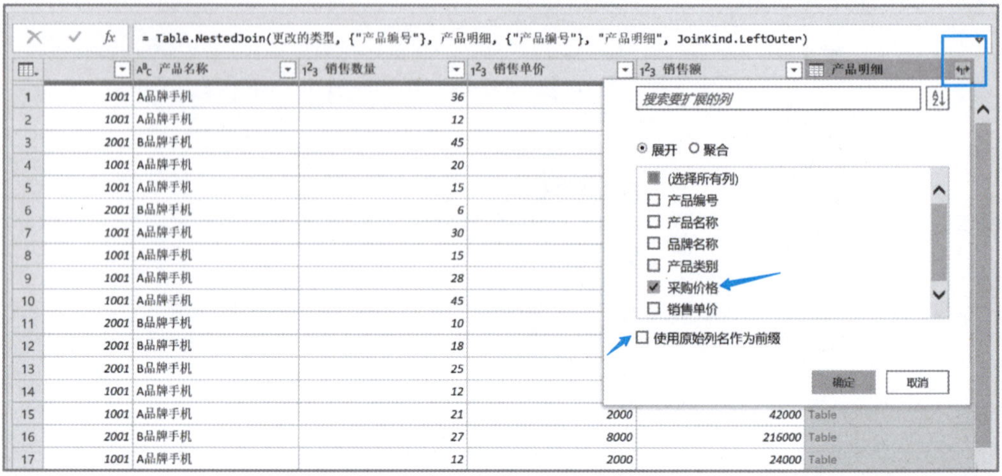

图 9-4 扩展列中选择"采购价格"

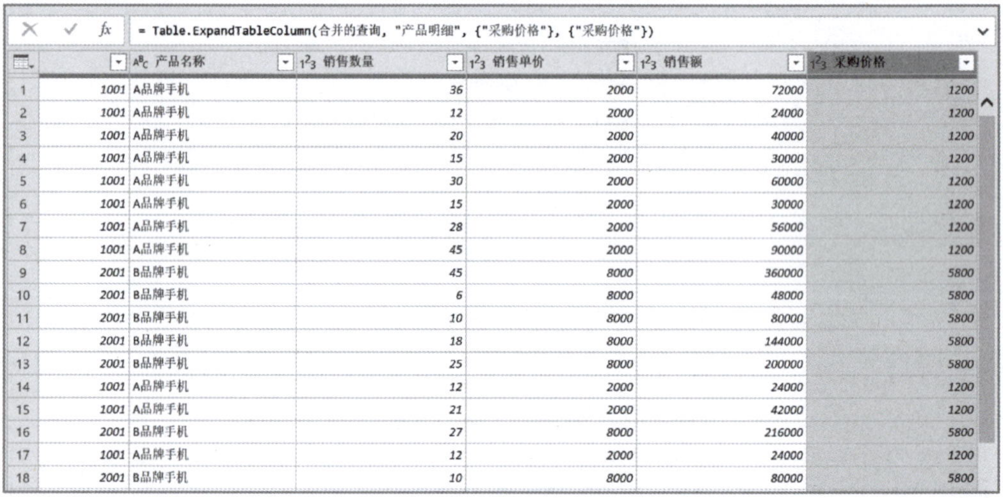

图 9-5 引用采购价格

5．新建销售成本列

单击菜单栏上的"添加列"→"自定义列"，在"新列名"中输入"销售成本"。在"自定义列公式"下选择"=[采购价格]*[销售数量]"，可以在右边"可用列"中通过双击选择，设置方法如图 9-6 所示。单击"确定"后，结果如图 9-7 所示，销售成本列就计算出来了。

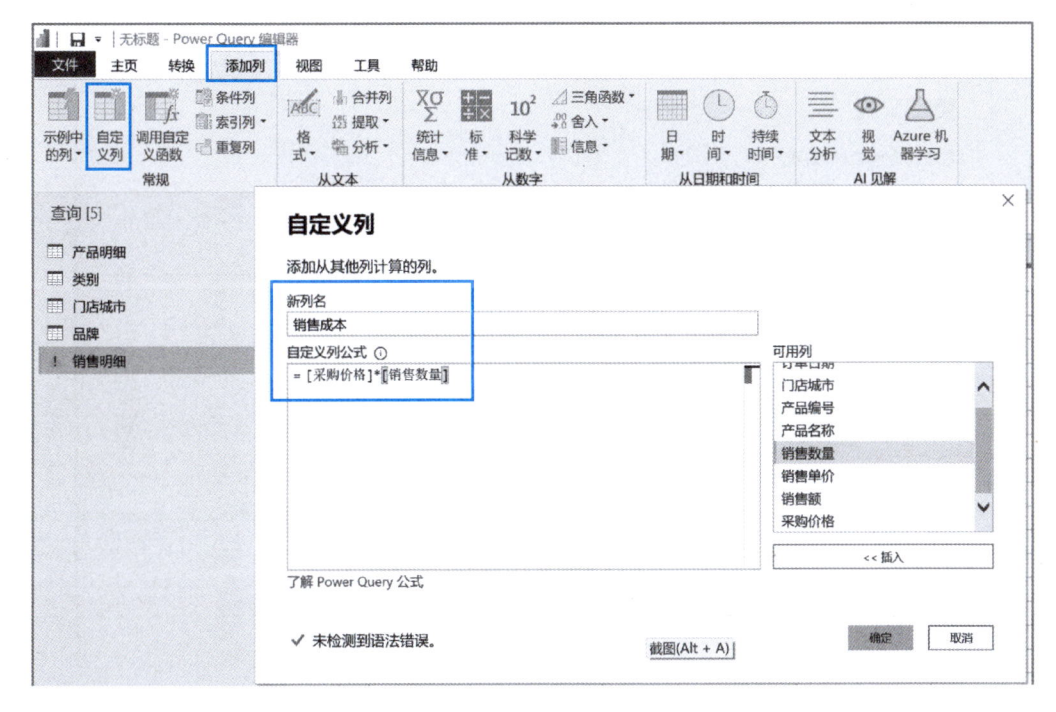

第 9 章　使用 Power BI 制作供应链数据分析可视化看板

图 9-6　新建销售成本列

图 9-7　销售成本列计算结果

6．新建销售利润列

同样的方法，新建自定义列，将"新列名"命名为"销售利润"。自定义列公式选择"=[销售额]-[销售成本]"，如图 9-8 所示。单击"确定"后，销售利润列计算结果如图 9-9 所示。

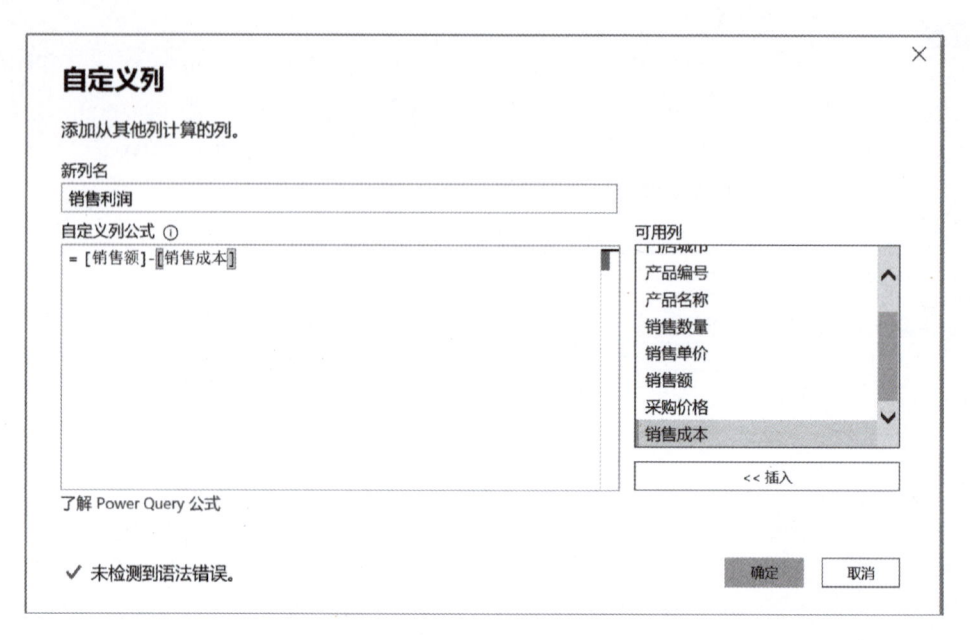

图 9-8 新建销售利润列

图 9-9 销售利润列计算结果

7. 更改数据类型

分别选中销售成本列和销售利润列,将数据类型"任意"更改为"整数",如图 9-10 所示。

图 9-10 更改数据类型

9.1.2 数据建模——规划导航页、添加书签、构建维度表及度量值

1. 制作导航页

切换到报表视图，在菜单栏中执行"插入"→"按钮"→"空白"，如图 9-11 所示。接着，将按钮拖动到画布的左边合适位置，在右侧格式栏中，边框设置为"关"，文本设置为"开"，输入文本"品牌"；字体颜色设置为白色，文本大小设置为 16 磅，填充设为灰色，"格式"按钮中宽度设置为 100，高度设置为 60，设置方法分别如图 9-12 和图 9-13 所示。

图 9-11 插入空白按钮

2. 规划页面

将品牌按钮复制 4 份，放置在左侧，全部选中后，执行"格式"→"对齐"→"纵向分布"，分别将按钮文本修改为"类别""门店城市""年度""总体概况"，第一页重命名为"品牌分析"，添加其他空白页，分别重命名，设置方法如图 9-14 所示。

图9-12　设置文本格式

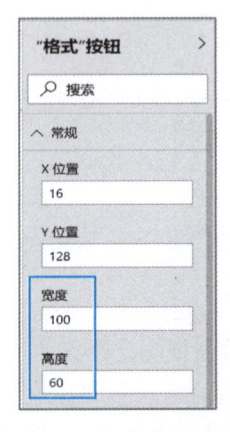

图9-13　设置宽度和高度

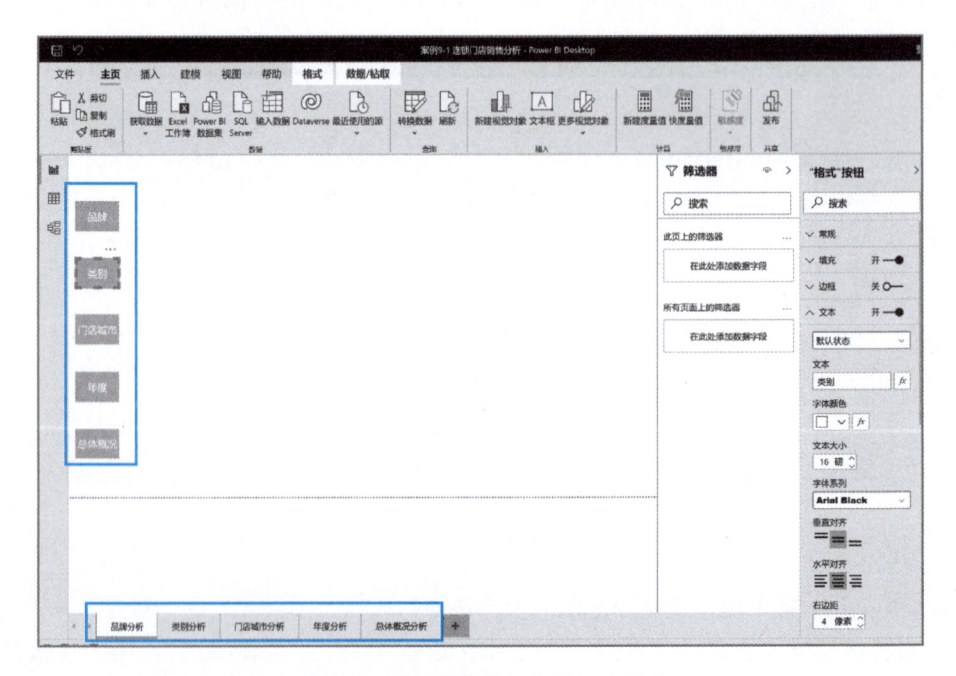

图9-14　设置其他按钮和增加分析页

3. 添加书签

单击品牌分析页,在菜单栏中执行"视图"→"书签"→"添加",将名称重命名为"品牌分析";接着用类似方法,分别单击其他页面,将书签分别重命名,结果如图 9-15 所示。

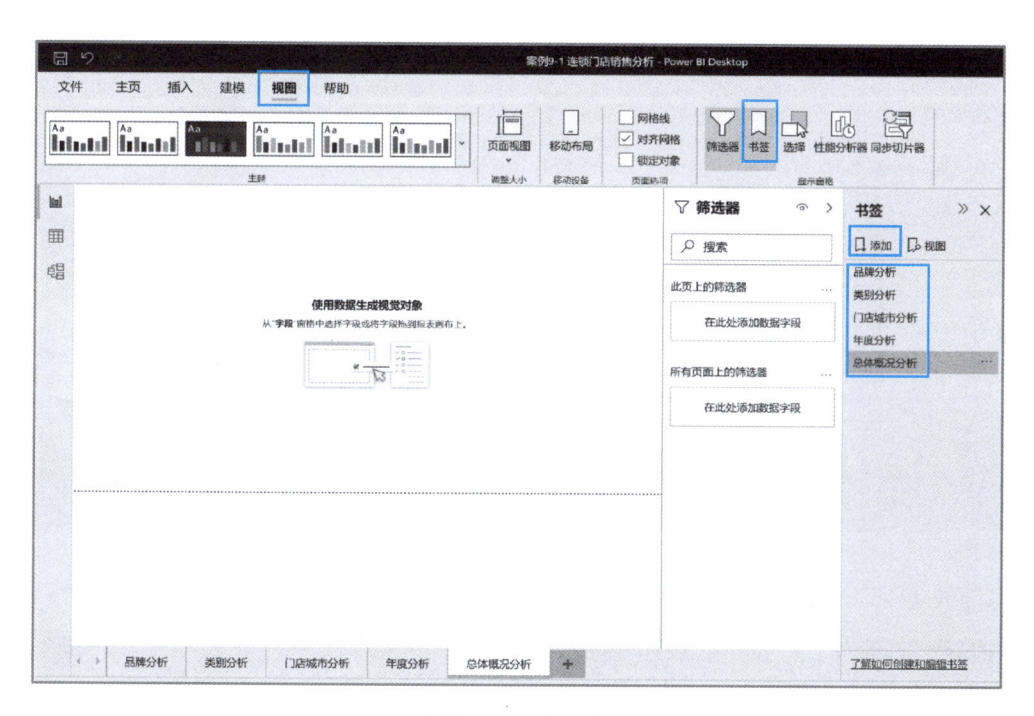

图 9-15 设置书签

4. 关联书签和按钮

选中书签按钮,在"格式"按钮中将操作设置为"开",类别选择"书签",书签选择"类别分析",设置方法如图 9-16 所示。然后,分别将品牌、门店城市、年度和总体概况进行类似方法的设置。

5. 构建维度表

在菜单栏中执行"表工具"→"新建表",用 CALENDAR 日历函数创建一个年份表,再用 ADDCOLUMNS 函数增加年、季、月三列。新建日期表的度量值如下:

```
日期表 = ADDCOLUMNS(
CALENDAR(DATE(2017,1,1),DATE(2018,12,31)),
  "年",YEAR([Date]),
  "季","Q"&FORMAT([Date],"Q"),
  "月",FORMAT([Date],"MM"))
```

图 9-16 关联书签和按钮

新建的日期表结果如图 9-17 所示，双击日期列字段，将列名更改为"日期"。

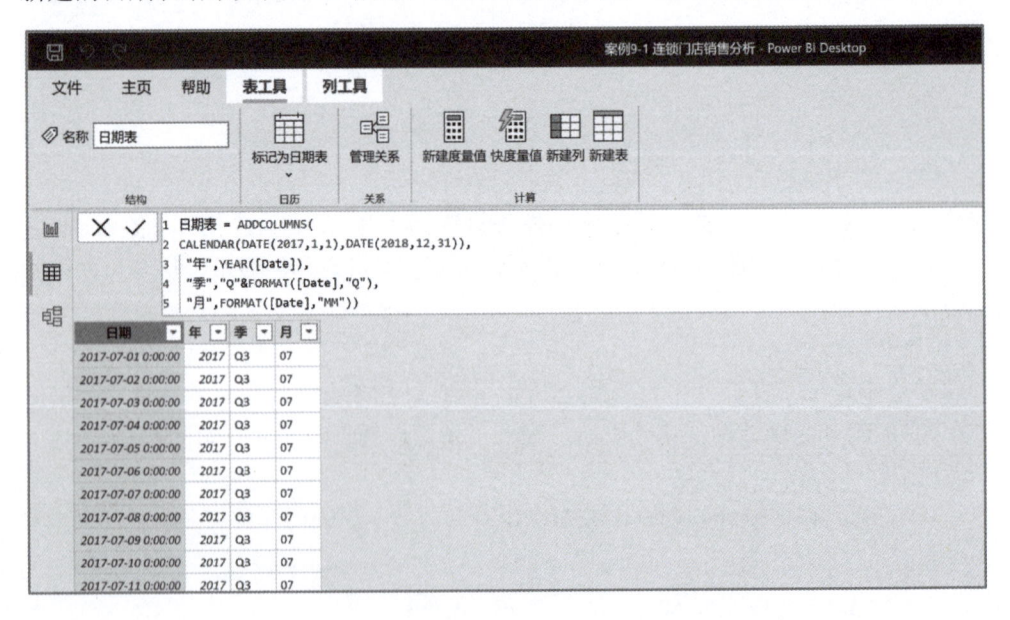

图 9-17 新建日期表

6．构建关系模型

切换到关系模型，通过鼠标拖拽构建维度表与明细表之间一对多的关系。类别表中产品类别和产品明细表中的产品类别为一对多关系，品牌表中的品牌名称和产品明细表中的品牌名称为一对多的关系，日期表中的日期和销售明细表中的订单日期为一对多关系，门店城市表中的门店城市和销售明细表中的门店城市为一对多关系，产品明细表中的产品编号和销售明细表中的产品编号为一对多关系。关系模型最终结果如图9-18所示。

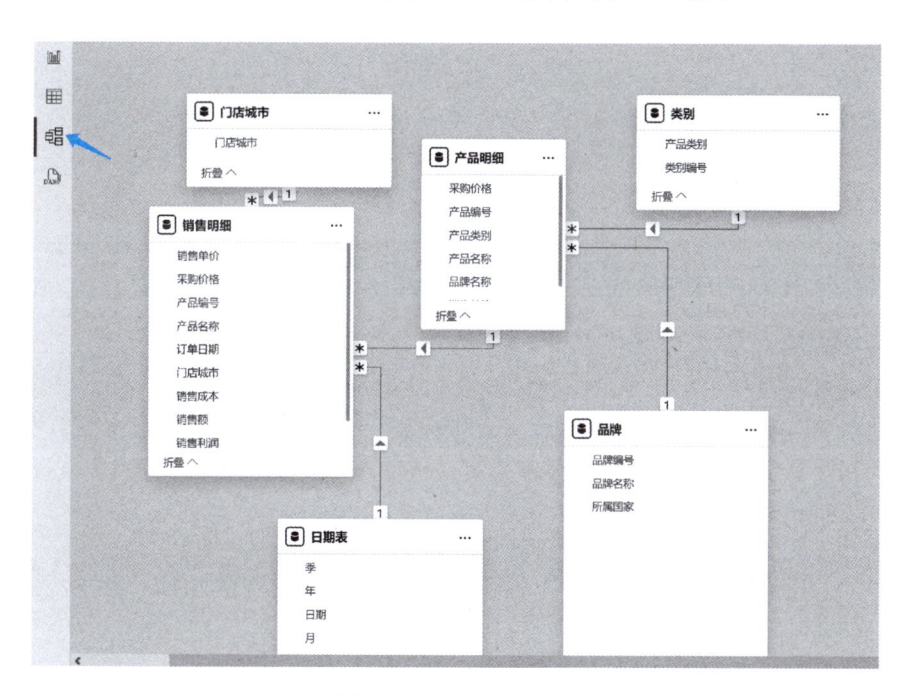

图9-18　构建关系模型

7．新建空表和度量值

首先构建一个空表，专门存放度量值，便于查找和管理。新建度量值公式如下：

度量值表 = ROW("度量值",BLANK())

然后，分别构建销售总额度量值、2017年和2018年累计销售额，以及累计同比增长率。

销售总额 = SUM('销售明细'[销售额])

2017年累计销售额 = TOTALYTD([销售总额],SAMEPERIODLASTYEAR('日期表'[日期]))

2018年累计销售额 = TOTALYTD([销售总额],'日期表'[日期])

累计同比增长率 = DIVIDE([2018年累计销售额],[2017年累计销售额])-1

构建后的度量值结果如图9-19所示。

图 9-19　新建度量值

9.1.3　数据可视化——建立多维度可视化看板

1. 制作品牌分析与类别分析可视化看板

在右侧可视化窗格中单击卡片图，将销售额度量值拖入右侧"字段"中，在格式设置栏对卡片图进行格式调整，设置方法如图 9-20 所示。用类似的方法，将销售额卡片图复制 3 份，分别将销售利润、销售数量、销售成本度量值拖入"字段"中，即构建了 4 个卡片图，结果如图 9-21 所示。

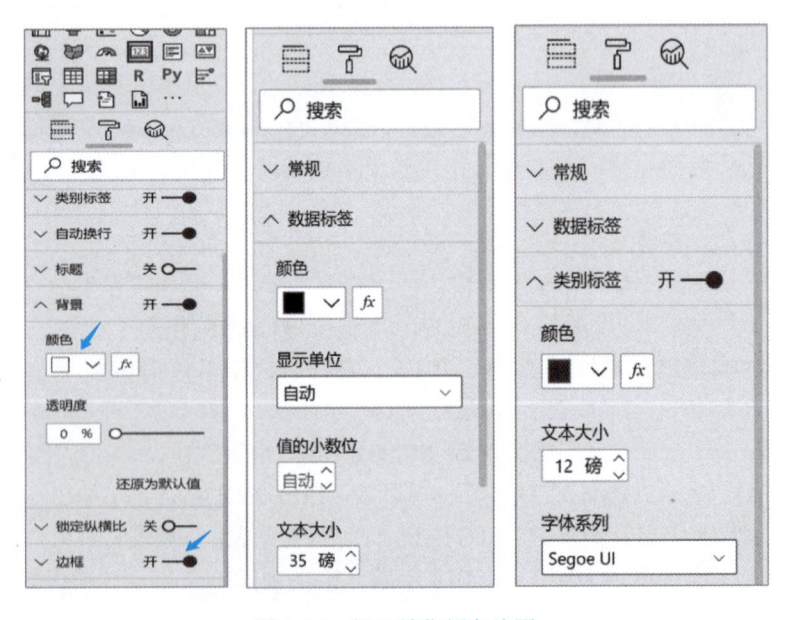

图 9-20　插入销售额卡片图

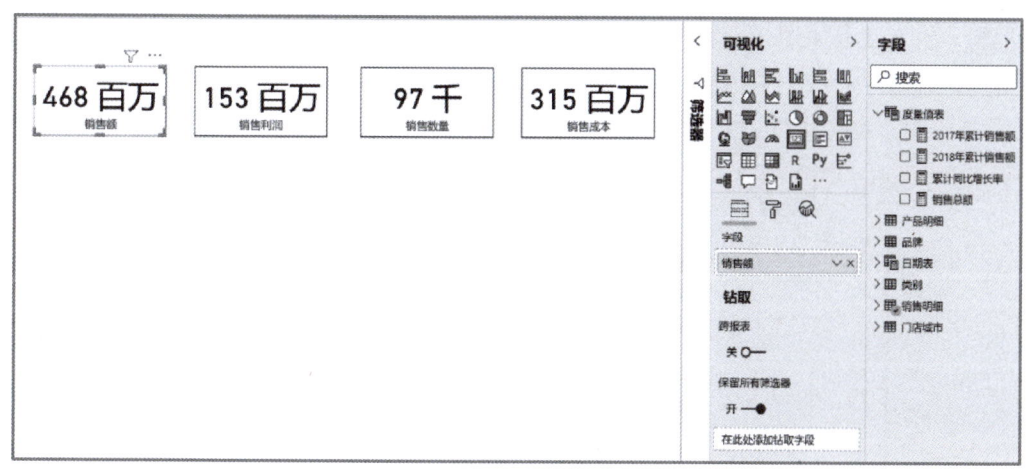

图 9-21 构建销售利润、销售数量、销售成本卡片图

2. 构建可视化组件

切换到品牌分析页，在可视化窗格中单击选择柱形图和卡片图，将日期表中的日期拖动到轴字段，品牌表中的品牌名称拖动到图例，将销售明细表中的销售额拖动到值字段，注意日期字段展开后，只选择日期，不要选择日期层次结构，然后插入品牌名称卡片图，设置方法和结果如图 9-22 所示。可以看出，通过卡片图，能清晰地观察到三个手机品牌各自销售情况和变化趋势。

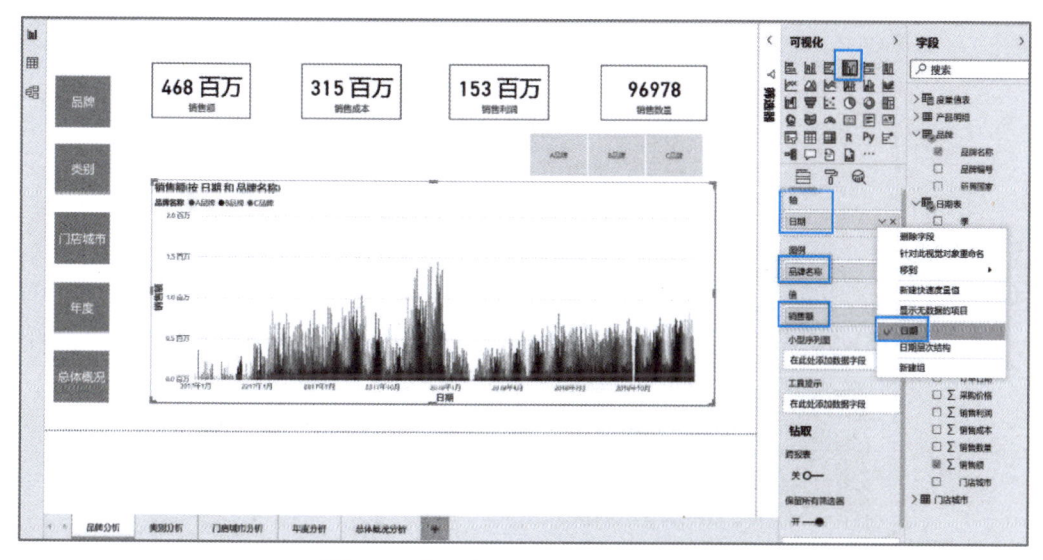

图 9-22 插入柱形图和品牌名称卡片图

3. 构建漏斗图和树状图

切换到类别分析页，插入漏斗图，字段设置方法如图 9-23 所示。在可视化窗格中单击

树状图，字段设置如图 9-24 所示。注意：在格式栏中，将显示标签下的显示单位选择"无"，此时数据标签显示为数字。可以看出，B 品牌手机销量最高，A 品牌手机次之。

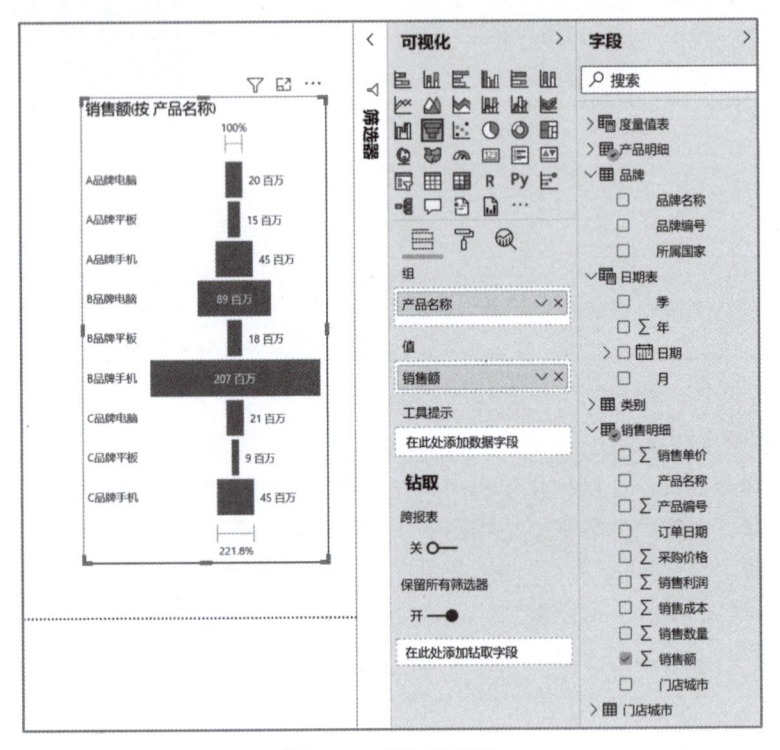

图 9-23　插入漏斗图

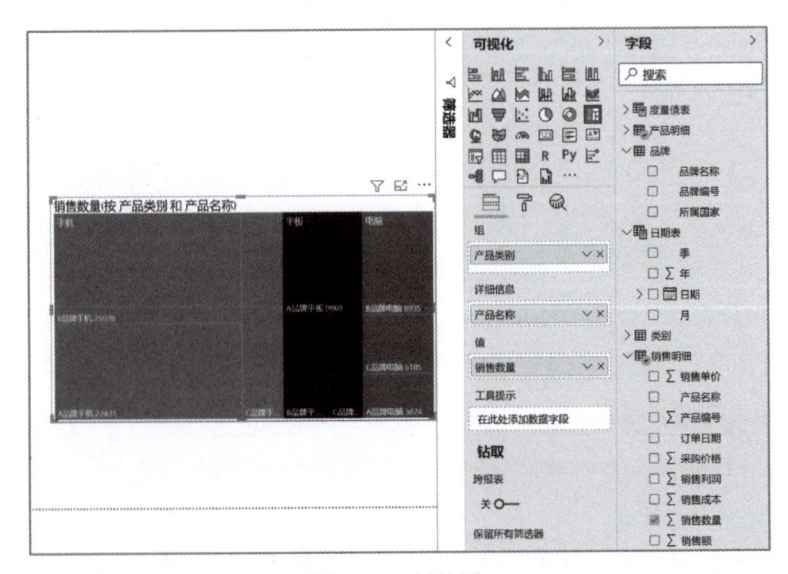

图 9-24　树状图

4．构建多行卡

插入多行卡，字段设置如图 9-25 所示。插入饼图，字段设置如图 9-26 所示。可以看出，手机销售利润最高，利润贡献过半。

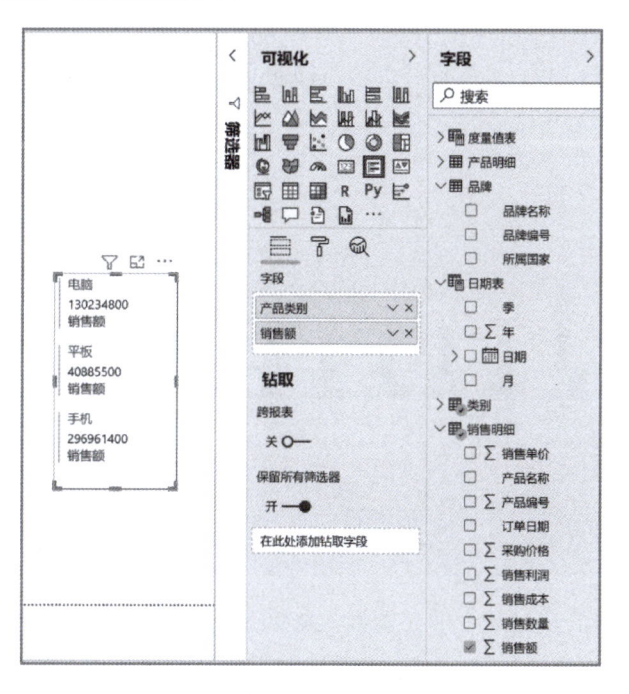

图 9-25　多行卡

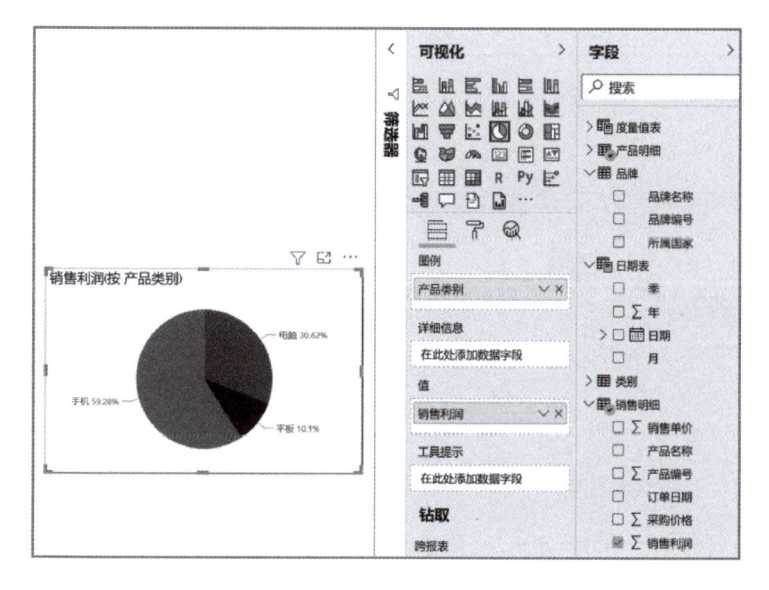

图 9-26　饼图

5．构建门店城市分析页可视化组件

在可视化窗格中选择柱形图，字段设置方法如图 9-27 所示。可以看出，杭州市和南京市的销售利润最高。可在格式栏对柱形图的颜色、字体和标题等进行设置，在此不再赘述。

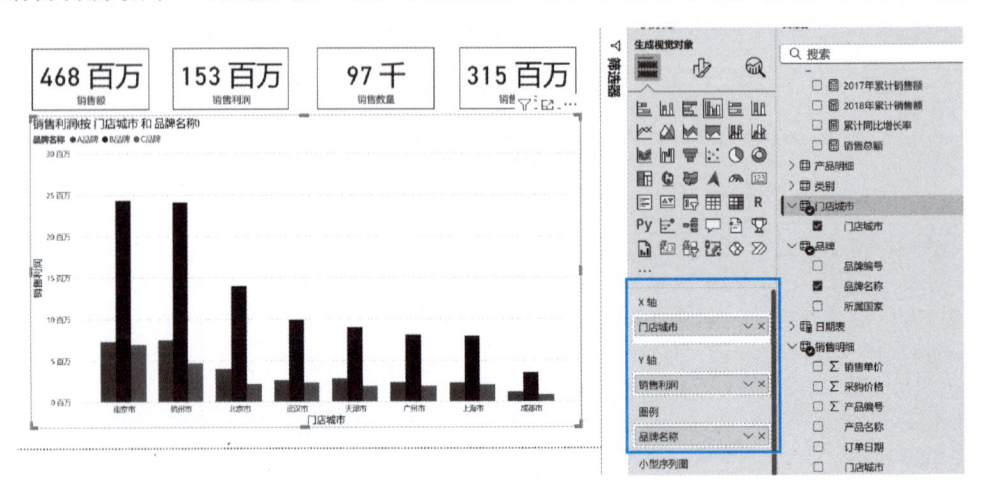

图 9-27　插入柱形图

6．构建年度分析页可视化组件

插入 2 个切片器，在日期表中分别拖入年度和月份字段，建立年度和月份切片器。然后，在"可视化"窗格中选择分区图，建立轴为"订单日期"、值为"销售额"的分区，可以观察销售额随着日期的变化趋势，设置方法和结果如图 9-28 所示。可以看出，2017 年 11—12 月销售额最高，且从 2018 年 3 月开始，销售额总体逐步上升。

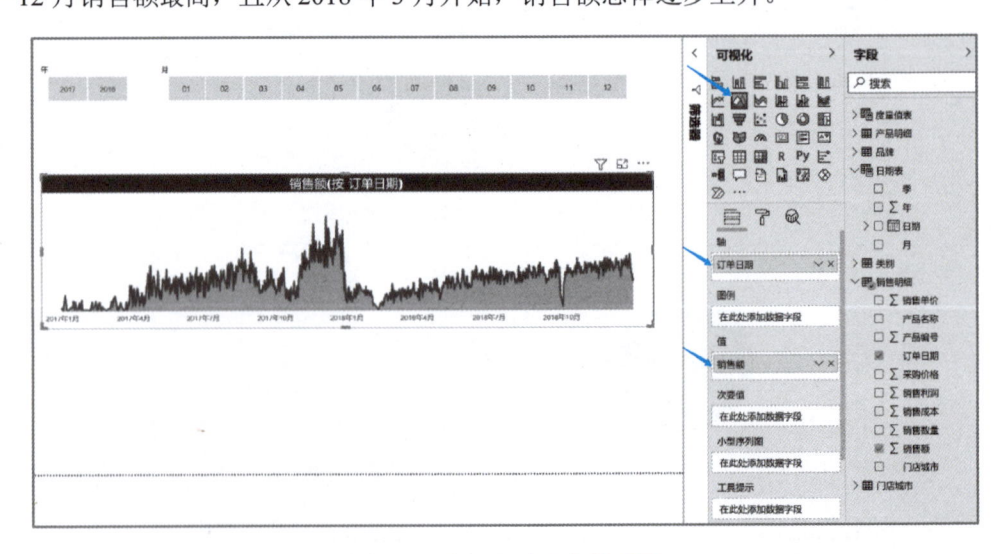

图 9-28　插入切片器和分区图

第 9 章　使用 Power BI 制作供应链数据分析可视化看板

7．构建堆积面积图

在可视化窗格中单击堆积面积图，构建各门店城市中各个产品的销售利润，设置方法和结果如图 9-29 所示。可以看出，杭州市和南京市的销售利润最高。

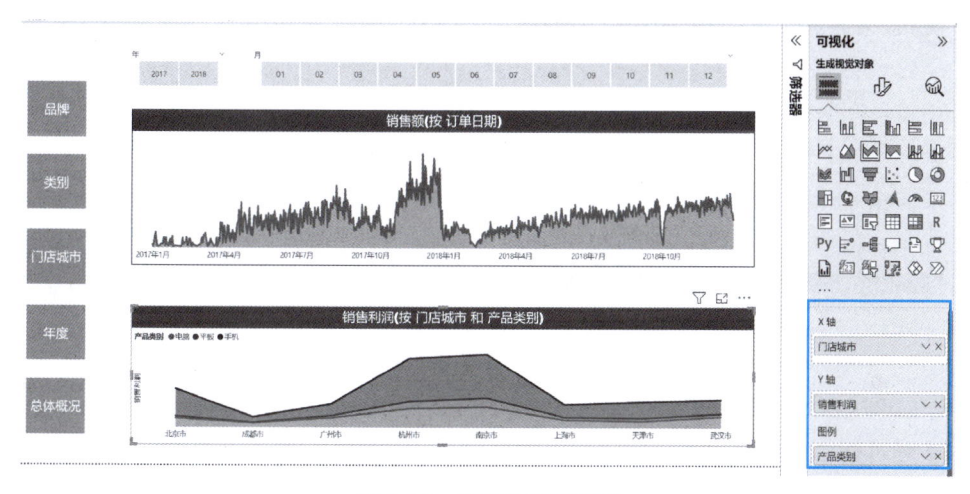

图 9-29　构建堆积面积图

8．构建总体概况分析页可视化组件

分别插入年、品牌名称、产品类别、门店城市 4 个切片器，设置方法如图 9-30 所示。设置切片器的目的是多维度动态分析销售数据。可在右侧格式窗格中对切片器的颜色、字体和标题等进行自行设置，在此不再赘述。

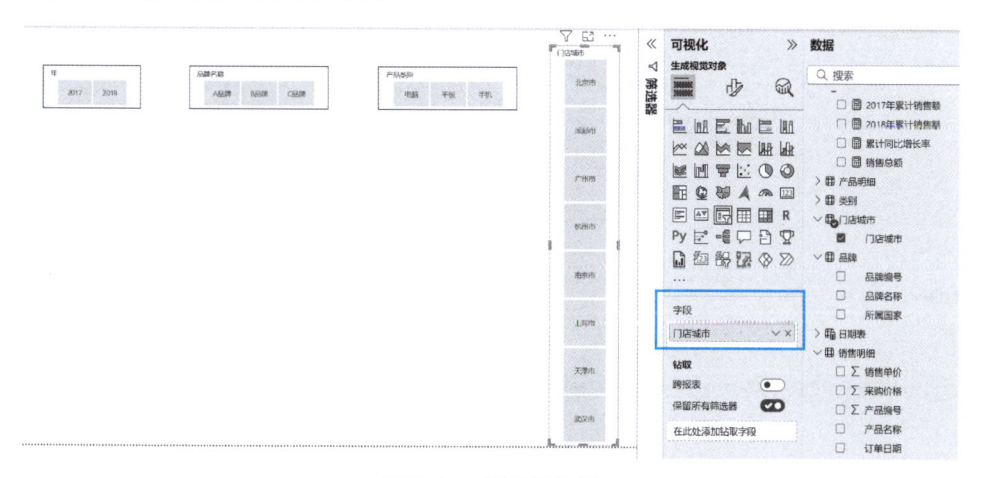

图 9-30　插入切片器

9．构建销售分析矩阵图

在"可视化"窗格中选择插入矩阵图，设置方法如图 9-31 所示。可以看出，随着月份的变化，2017 年和 2018 年的累计销售额和累计同比增长率。

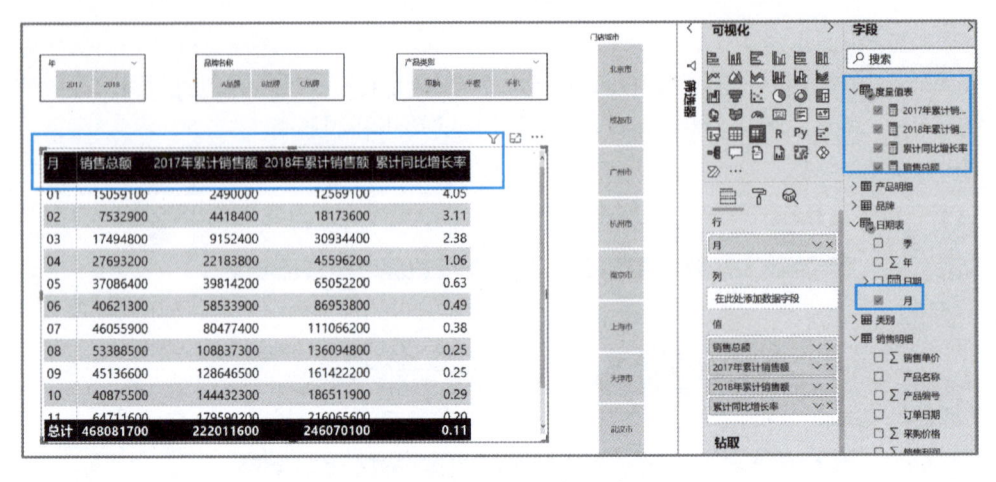

图 9-31　插入销售分析矩阵图

10. 报表发布到工作区并分享给他人

保存好可视化看板后，单击菜单栏中的"发布"按钮，在弹出的对话框中输入 BI 账号和密码（注：BI 账号需要用企业邮箱注册，没有企业邮箱的可以咨询尚西老师获取），如图 9-32 所示。然后，选择"我的工作区"，显示发布成功，如图 9-33 和图 9-34 所示。

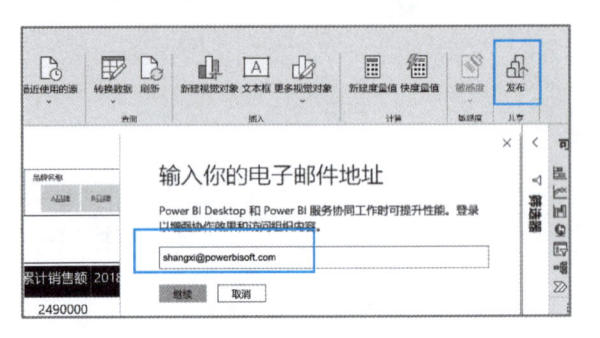

图 9-32　报表发布路径

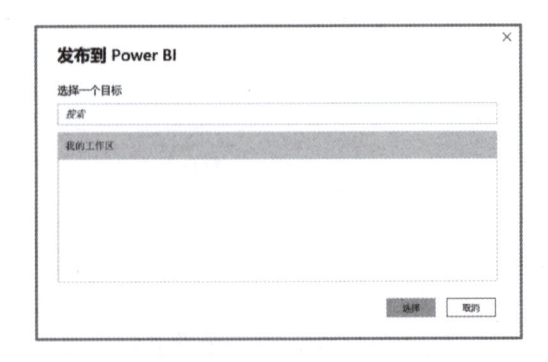

图 9-33　选择"我的工作区"

图 9-34　发布成功提示

第 9 章 使用 Power BI 制作供应链数据分析可视化看板

11．报表发布

单击图 9-34 中的文件链接，进入 Power BI 工作区，执行"文件"→"嵌入报表"→"发布到 Web（公共）"，如图 9-35 所示。

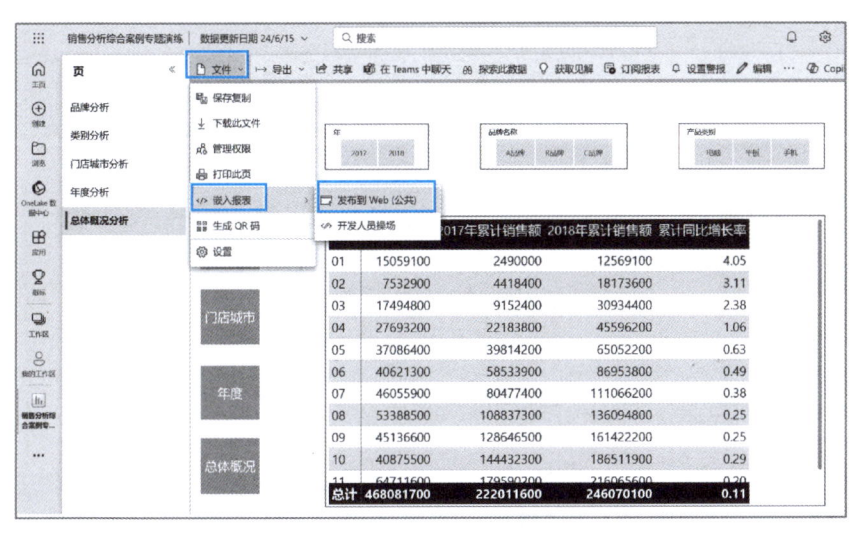

图 9-35 工作区中发布路径

12．分享 Web 链接给他人

在弹出的"嵌入代码"对话框中，选择"复制"，如图 9-36 所示，即生成了 Web 链接。可把此链接分享给他人，他人可打开链接查看看板（需要有网络，查看者无须安装 Power BI 软件）。为了数据安全，他人只能看到可视化看板，无法查看数据视图里的数据明细表，并且发布者可以随时在工作区取消分享链接。分享给他人后的页面浏览效果如图 9-37 所示。

图 9-36 生成 Web 链接

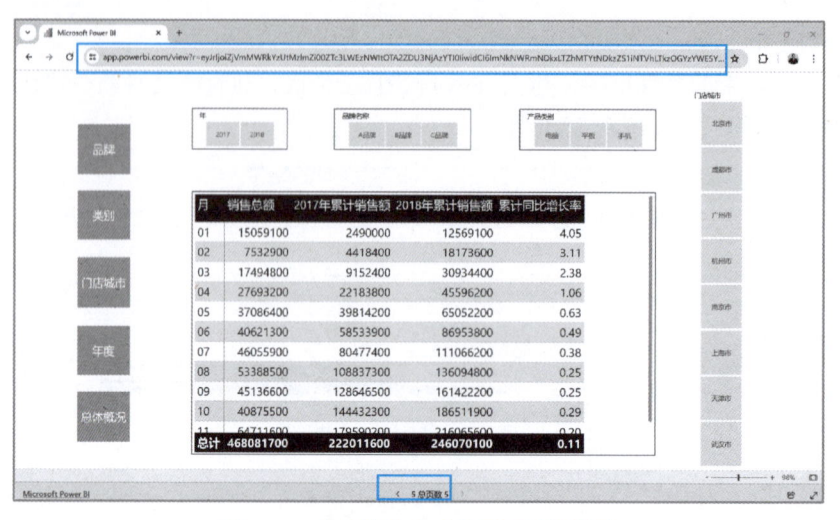

图 9-37　分享给他人后的页面浏览效果

13．案例小结

本节案例非常具有代表性，涉及 Power BI 大部分基础功能，包括数据清洗、数据建模、可视化图表制作及看板发布共享的方法。通过本节学习，读者可以掌握以下 Power BI 核心知识点：

- Power Query 合并查询技巧。
- Power BI 中添加书签与按钮的方法（重点）。
- 构建日期表的方法。
- 时间智能函数求同比增长率的方法。
- 基本可视化图表的制作方法。
- 报表发布与共享的方法。

9.2　某制造业成品物流发货数据可视化分析

案例文件：第 9 章/案例 9-2 成品物流发货明细表.xlsx

1．案例说明

本案例分析的是某计算机制造业的成品物流发货源数据，数据来自物流管理部的运输管理系统（Transportation Management System，TMS）。基于这个发货数据（取自 2019 年 8 月的发货数据，数据已脱敏处理，并删除了"客户信息"列和"代理商信息"列），利用 Power BI 进行数据清洗，并构建相关数据模型，从货量、运费、产品及区域等维度对发货数据进行可视化分析。

2．分析思路

首先将数据导入 Power BI，对不规范的数据进行清洗，比如删除重复行；然后创建计算列、计算表、维度表及度量值；最后构建基于货量、运费、产品及区域等多维度的可视化看板，可以直观洞察多维度分析视角下的销量和运费情况。

9.2.1 数据清洗——数据的导入、删空、删重与自定义列

1. 导入数据

启动 Power BI Desktop，执行"主页"→"获取数据"→"Excel"，选择目标 Excel 在本地电脑所在的位置，在"导航器"中勾选"成品物流发货明细表"，单击"转换数据"，进入 Power Query 查询编辑器页面，如图 9-38 所示。将"大区对应表"也导入 Power BI Desktop 中。

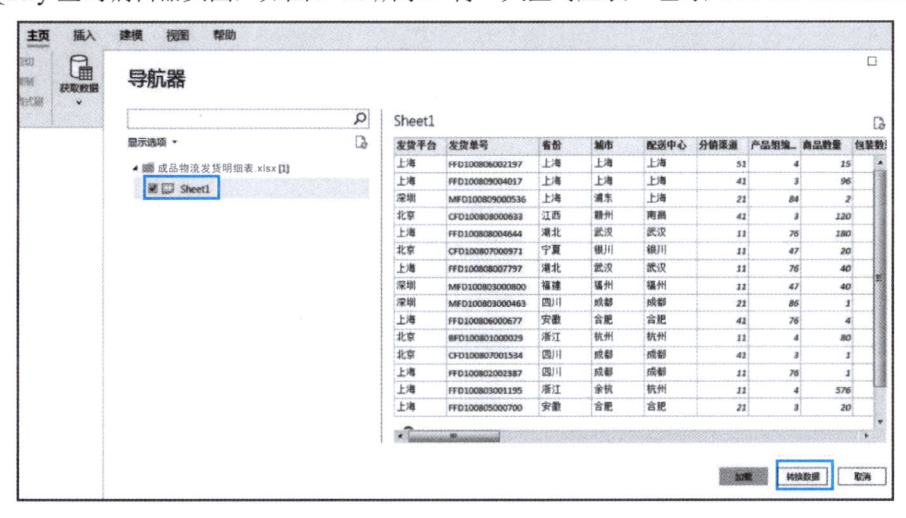

图 9-38　导入数据

2. 转换数据进入 Power Query 界面并删除空行

单击"转换数据"进入 Power Query，选中"发货单号"列，点击鼠标右键，执行"删除重复项"，如图 9-39 所示。在下拉框或菜单栏中选择"删除空"，即删除了空行，如图 9-40 所示。

图 9-39　删除重复项　　　　　图 9-40　删除空行

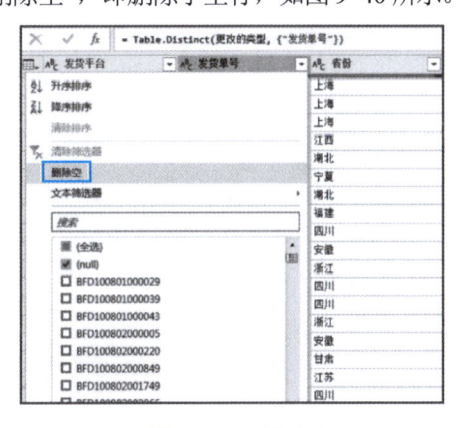

199

3. 删除空列

按住快捷键"Ctrl",用鼠标选中"Column32"列和"Column33"列,点击鼠标右键,选择"删除列",即删除了两个空列。出现空列的原因是源数据在导入前进行过数据输入和删除动作,导入 Power BI 中仍然会显示为 null 列,因此需要删除,如图 9-41 所示。

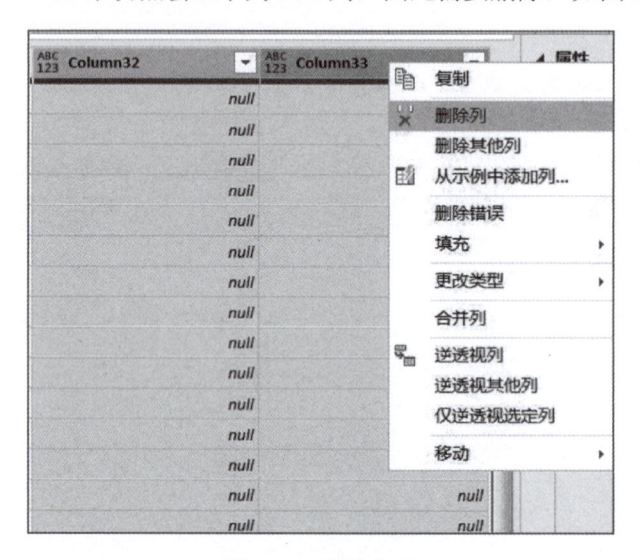

图 9-41　删除空列

4. 新增两个新列——干线运费和配送运费

执行"添加列"→"自定义列",输入新列名和公式,如图 9-42 所示。同理,配送运费是体积×配送费率,最终结果如图 9-43 所示。最后,单击"关闭并应用",数据被导入 Power BI Desktop 中,数据整理过程结束。

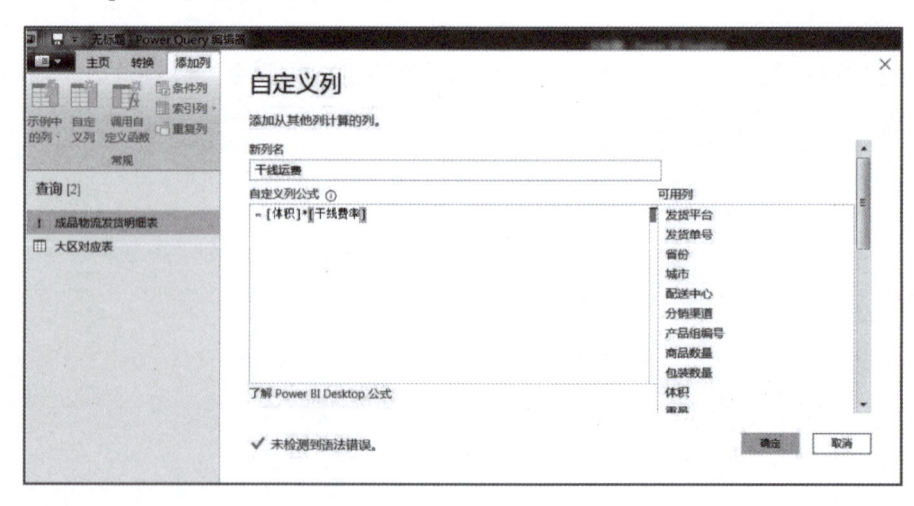

图 9-42　增加"干线运费"列

1.2 干线费率	1²₃ 配送费率	ABC 123 干线运费	ABC 123 配送运费
0	37	0	23.014
0	37	0	217.9152
4.32	37	0.0962928	0.82473
78	76	516.984	503.728
2.48	20	7.798608	62.892
4.27	19	5.26064	23.408
2.48	20	1.0168	8.2
250	25	589	58.9
7.2	20	0.0144	0.04
60.5	17	2.5652	0.7208
144	17	51.264	6.052
189	20	14.175	1.5
450	20	8.7975	0.391
31.5	70	656.1954	1458.212
60.5	17	74.2335	20.859
3.23	19	1.95092	11.476

图 9-43　新增的两个运费列

9.2.2　数据建模——创建计算列、计算表、维度表及度量值

1. 插入计算列，匹配大区

切换到"关系视图"，将维度表"大区对应表"与"成品物流发货明细表"建立一对多的关系，如图 9-44 所示。插入计算列，输入"大区 = RELATED('大区对应表'[大区])"，将大区对应表中的"大区"关联匹配到明细表中，结果如图 9-45 所示。

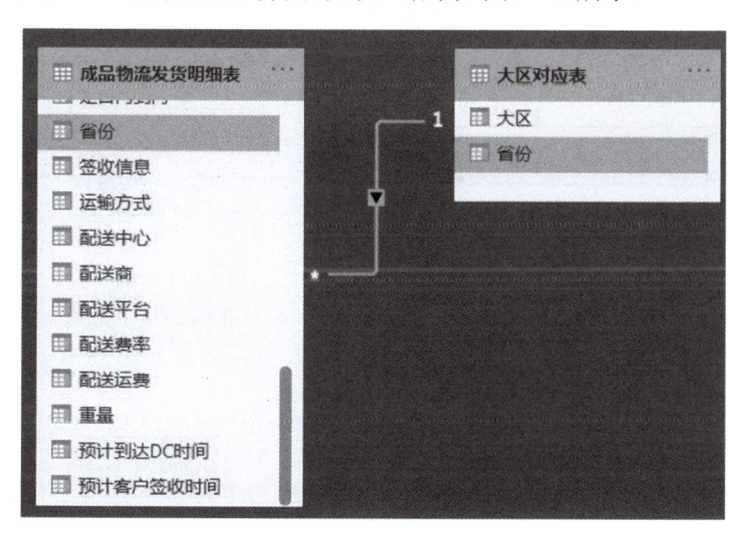

图 9-44　建立一对多关系（一）

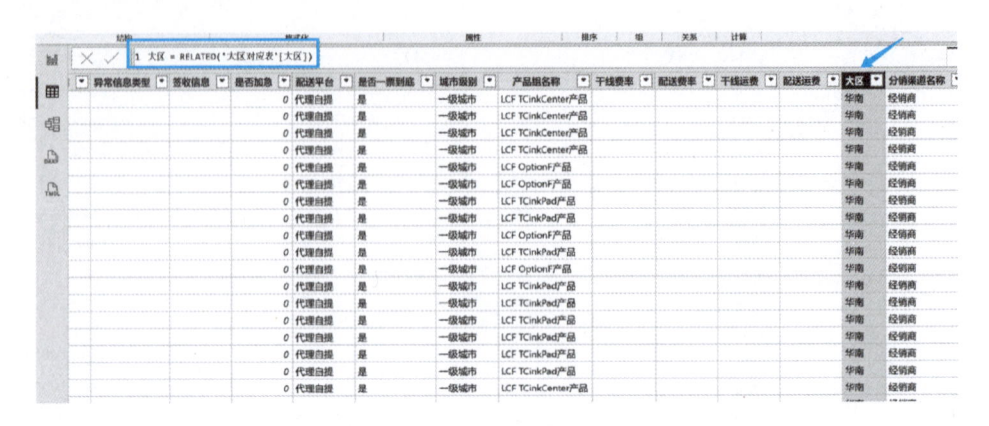

图 9-45 RELATED 函数匹配大区信息

2．创建渠道含义对照表

执行"主页"→"输入数据"，输入渠道代码及含义，如图 9-46 所示。

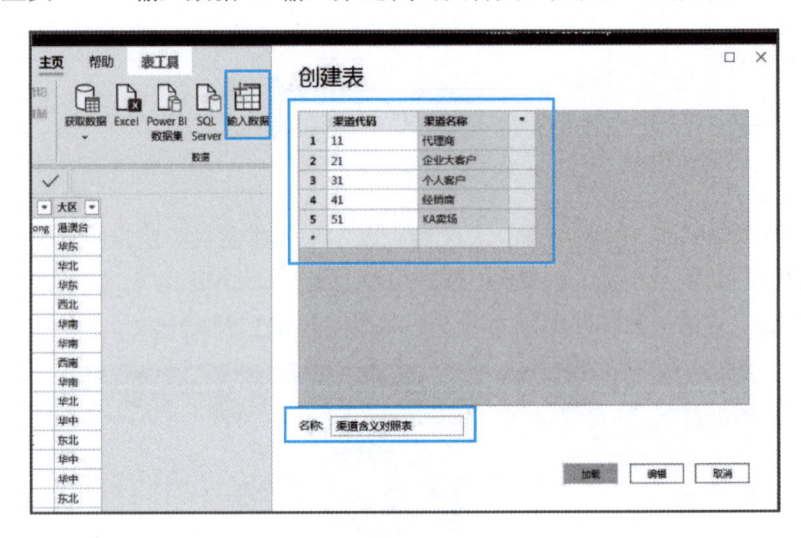

图 9-46 创建渠道含义对照表

3．构建关系视图

切换到"关系视图"，将"渠道含义对照表"与"成品物流发货明细表"建立一对多的关系，如图 9-47 所示。按照步骤 1 的方法，新建列"分销渠道名称 = RELATED('渠道含义对照表'[渠道名称])"。

4．构建度量值

新建一个空表，公式栏输入"存放度量值表 = ROW("存放度量值", BLANK())"，用于集中存放度量值。选中空表，建立以下度量值：

- 总数量 = SUM('成品物流发货明细表'[商品数量])

- 总运费 = SUMX('成品物流发货明细表',[干线运费]+[配送运费])
- 总重量 = SUM('成品物流发货明细表'[重量])
- 总体积 = SUM('成品物流发货明细表'[体积])
- 干线总运费 = SUM('成品物流发货明细表'[干线运费])
- 配送总运费 = SUM('成品物流发货明细表'[配送运费])
- 公路运费 = CALCULATE([总运费],'成品物流发货明细表'[运输方式]="公路专线"||'成品物流发货明细表'[运输方式]="公路快运")
- 铁路运费 = CALCULATE('存放度量值表'[总运费],'成品物流发货明细表'[运输方式]="铁路运输"|| '成品物流发货明细表'[运输方式]="铁路行邮")

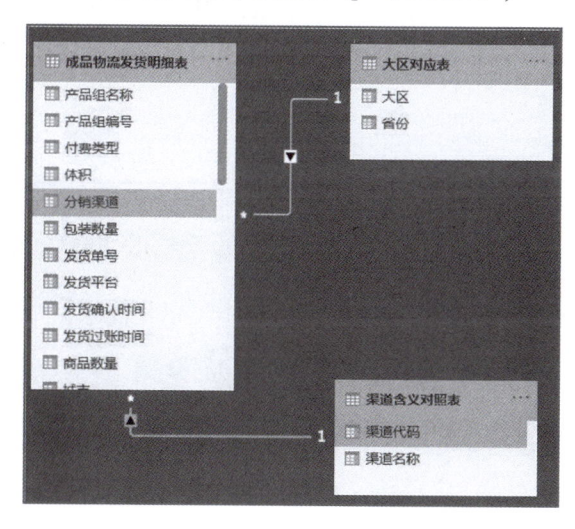

图 9-47　建立一对多关系（二）

9.2.3　数据可视化——建立基于货量、运费、产品及区域等多维度的可视化看板

1. 构建卡片图

插入五个卡片图：总数量、总体积、干线总运费、配送总运费、总运费，如图 9-48 所示。通过卡片图可清晰地观察到主要的货量指标情况。卡片图的格式整理与前面讲到的方法类似，在此不再赘述。

4276499	115991	10599046	3755723	14354770
总数量	总体积	干线总运费	配送总运费	总运费

图 9-48　插入卡片图

2. 插入切片器

分别插入大区切片器和分销渠道名称切片器，如图 9-49 所示。

图 9-49　插入切片器

3. 插入柱形图

插入簇状柱形图，显示各个大区的发货量，并可以实现钻取到大区对应的各个省份的发货量，柱形图属性设置如图 9-50 所示，最终结果如图 9-51 所示，格式整理与前面讲到的方法类似，在此不再赘述。可以看出，华东和华北的销售贡献最大，而作为经济发达地区的华南，销售情况反而不太理想，需要深入分析原因并采取对应的营销策略。

图 9-50　柱形图属性设置　　　　图 9-51　柱形图结果

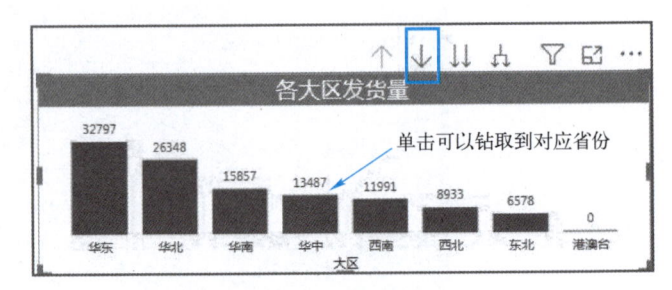

4. 插入三个圆环图

插入三个圆环图，分别展示各个分销渠道的发货量、运费以及发货平台的运费占比。发货量属性设置如图 9-52 所示，运费分析圆环图属性设置与之类似（将度量值"总运费"拖入"值"），最终结果如图 9-53 所示。可以看出，代理商是主要的销售渠道，北京发货基地发货量比重最大。

图 9-52　圆环图发货量属性设置

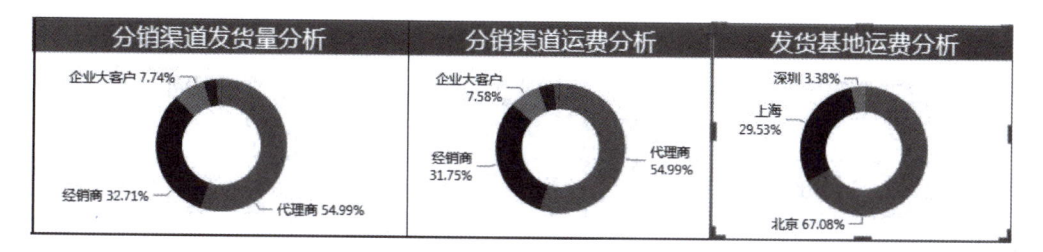

图 9-53　圆环图结果

5．插入树状图

显示各个省份的总运费，并且可以钻取到对应的大区总运费。树状图属性设置如图 9-54 所示，最终结果如图 9-55 所示。可以看出，四川、山东等运费较多，发货量也较大。

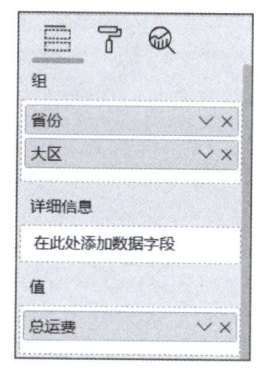

图 9-54　树状图属性设置　　　　图 9-55　树状图结果

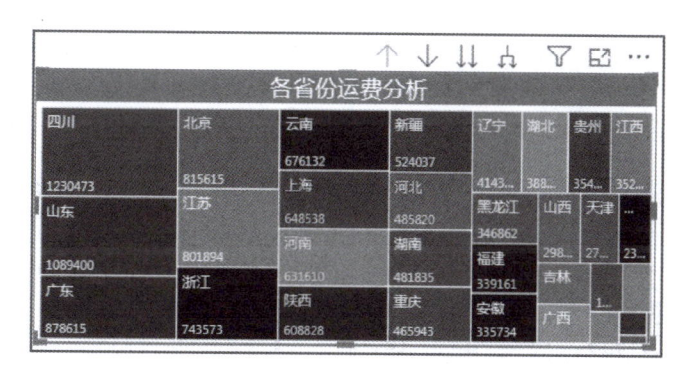

6．插入表

显示发货平台、产品、运费等分类明细，设置相应字段，如图 9-56 所示。从结果可以看出，北京发货量和总运费最大，公路干线运输占主流，结果如图 9-57 所示。

图 9-56　表的属性设置　　　　图 9-57　插入表的结果

7. 插入文本框

输入标题并调整格式和大小，将前面的图表调整布局、对齐，可根据实际情况调整颜色，最终结果如图 9-58 所示。

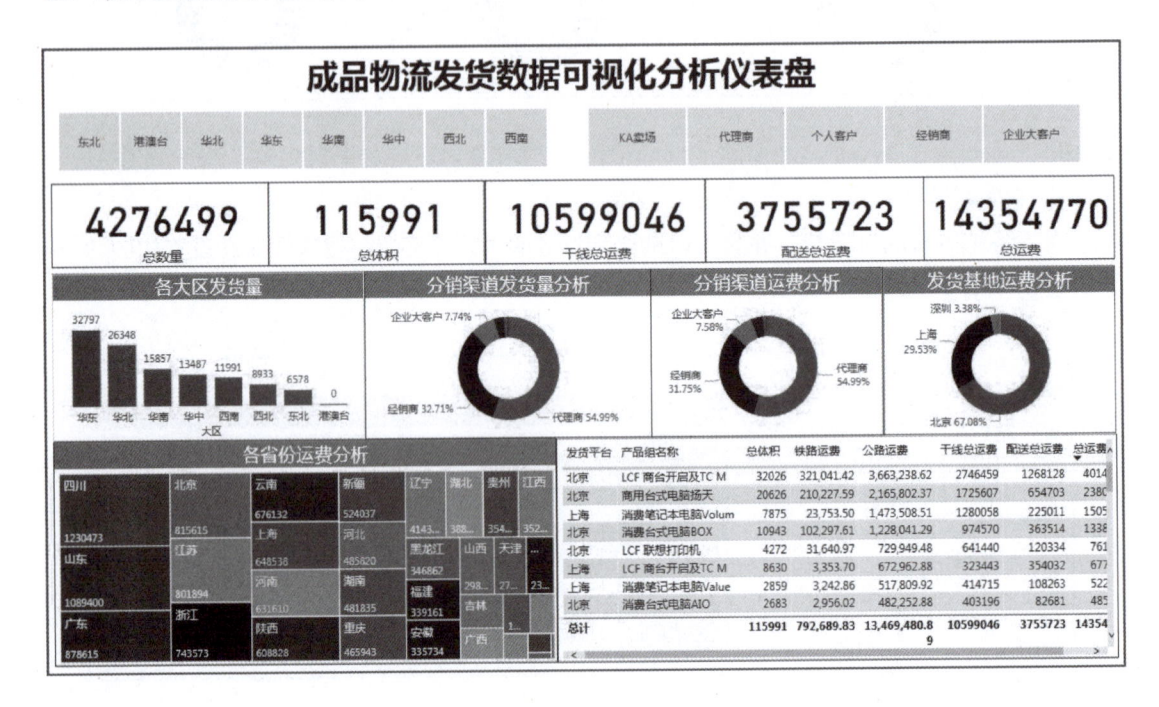

图 9-58　成品物流发货数据可视化分析结果

8. 结果解读

总体上可以得出以下基本结论：

- 发货基地以北京为主，货量和运费主要集中在华东和华北，华南的销量不太理想。
- 运输以公路干线为主，铁路和航空占比较少，运输模式相对合理。
- 销售模式仍然以传统代理商/经销商渠道为主，随着互联网和电商新零售模式的发展，后续势必会大力拓展全渠道销售模式（如线上的小批量订单发货）。对于物流而言，需要提前规划低成本、高效率的新零售物流运输模式。

9.3　某零售企业库龄与存货周转率可视化分析

案例文件：第 9 章/案例 9-3 某零售企业库龄与存货周转率可视化分析看板.xlsx

1. 案例说明

本案例分析的是某零售企业截至 2020 年 12 月 31 日的主打产品的库存和销售情况，利用 Power BI 构建可视化图表，分析主打产品的库存、库龄及存货周转率的数据表现。库龄越高，说明商品周转越慢，存在临期的风险。

2．分析思路

存货周转率又名库存周转率，既是财务指标，也是仓储管理的核心指标，体现的是资金的使用效率和仓储运营效率。及时监控并预警存货的库龄情况和提高存货周转效率，能加快资金的周转速度，提升企业盈利能力。因此，本节案例重点是库龄和存货周转率指标的度量值构建。构建度量值之前，需要对数据进行整理，如添加销售成本列。最后，构建基于类别的库龄区间分析（用瀑布图）和库存周转率分析看板，便于清晰直观地监控库龄情况，及时采取管控措施，提升库存周转率。

9.3.1 数据清洗——数据导入与整理

1．启动 Power BI Desktop

执行"主页"→"获取数据"→"Excel"，选择目标 Excel 在本地电脑所在的位置（第 9 章/某零售企业库龄与存货周转率可视化分析/库存数据表.xlsx），在"导航器"中勾选"库存数据表"，单击"转换数据"，进入 Power Query 查询编辑器页面，如图 9-59 所示。

2．删除空列

按住快捷键"Ctrl"，选中列中为"null"的两个空列字段，点击鼠标右键，选择"删除列"，即将空列删除了，如图 9-60 所示。

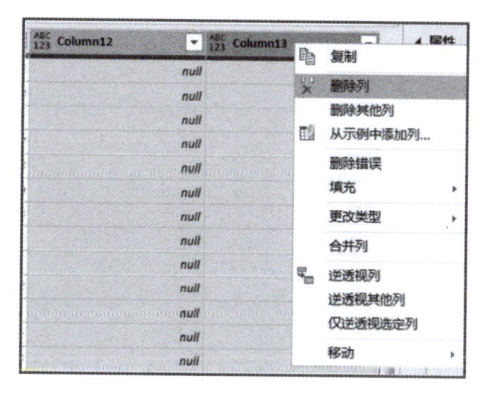

图 9-59　导入数据　　　　　　　　图 9-60　删除空列

3．添加新列——销售成本

执行"添加列"→"自定义列"，将"新列名"重命名为"销售成本"，在"自定义列公式"中输入"[采购价]*[销量]"，如图 9-61 所示。单击"确定"，结果如图 9-62 所示。最后，执行"主页"→"关闭并应用"，数据就导入 Power BI Desktop 软件中了，数据整理过程完毕。

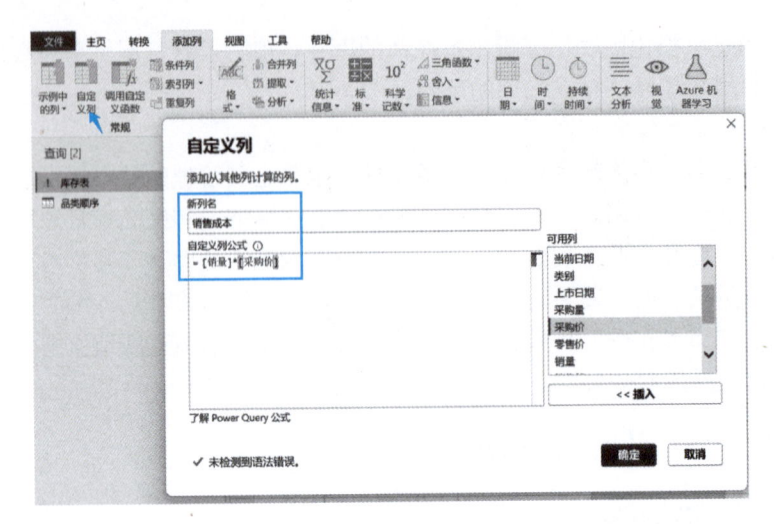

图 9-61 添加自定义列

图 9-62 新列"销售成本"

9.3.2 数据建模——构建库龄与库存周转率指标

1. 构建度量值

分别建立度量值：销售数量、销售金额、库存量、库存金额。在 Power BI 的"建模"

选项卡中选择“新建度量值”，分别建立以下度量值公式：

- 销售数量=SUM('库存数据表'[销量])
- 销售金额 = SUM('库存数据表'[销售额])
- 库存量 = SUM('库存数据表'[库存数量])
- 库存金额 = SUMX('库存数据表','库存数据表'[采购价]*'库存数据表'[库存量])

2. 计算库龄

库龄即上市日期和当前日期的差值，DAX 函数中，DATEDIFF 函数就是用于计算两个日期之间的差值，前两个参数分别为初始日期和结束日期，第三个参数是指计算差值返回的单位，为年份、月份或日等。采取新建列，输入公式“库龄 = DATEDIFF('库存数据表'[上市日期],'库存数据表'[当前日期],MONTH) ”，结果如图 9-63 所示。

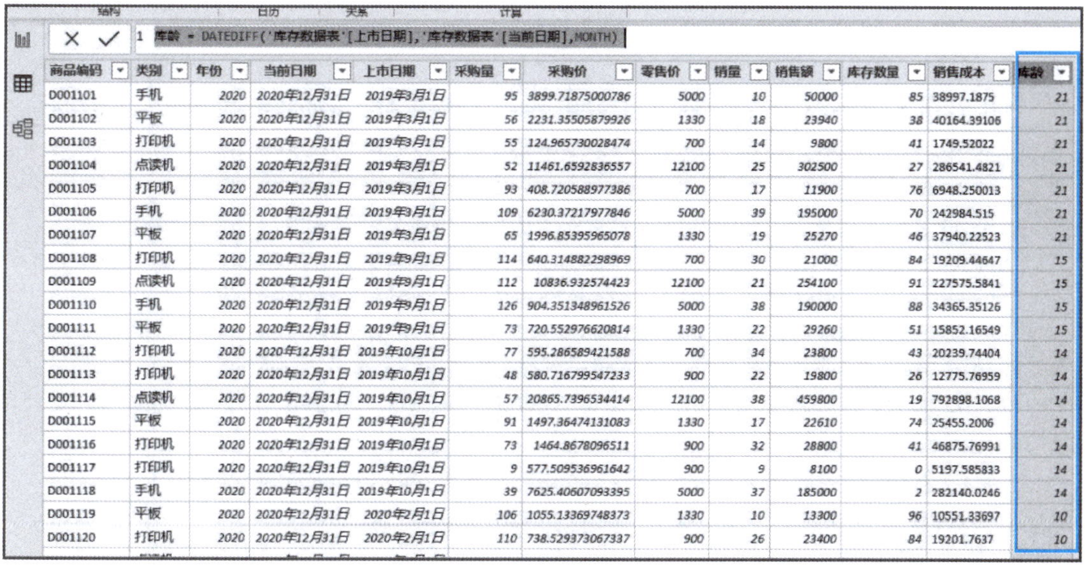

1 库龄 = DATEDIFF('库存数据表'[上市日期],'库存数据表'[当前日期],MONTH)

商品编码	类别	年份	当前日期	上市日期	采购量	采购价	零售价	销量	销售额	库存数量	销售成本	库龄
D001101	手机	2020	2020年12月31日	2019年3月1日	95	3899.71875000786	5000	10	50000	85	38997.1875	21
D001102	平板	2020	2020年12月31日	2019年3月1日	56	2231.35505879926	1330	18	23940	38	40164.39106	21
D001103	打印机	2020	2020年12月31日	2019年3月1日	55	124.965730028474	700	14	9800	41	1749.52022	21
D001104	点读机	2020	2020年12月31日	2019年3月1日	52	11461.6592836557	12100	25	302500	27	286541.4821	21
D001105	打印机	2020	2020年12月31日	2019年3月1日	93	408.720588977386	700	17	11900	76	6948.250013	21
D001106	手机	2020	2020年12月31日	2019年3月1日	109	6230.37217977846	5000	39	195000	70	242984.515	21
D001107	平板	2020	2020年12月31日	2019年3月1日	65	1996.85395965078	1330	19	25270	46	37940.22523	21
D001108	打印机	2020	2020年12月31日	2019年9月1日	114	640.314882298969	700	30	21000	84	19209.44647	15
D001109	点读机	2020	2020年12月31日	2019年9月1日	112	10836.932574423	12100	21	254100	91	227575.5841	15
D001110	手机	2020	2020年12月31日	2019年9月1日	126	904.351348961526	5000	38	190000	88	34365.35126	15
D001111	平板	2020	2020年12月31日	2019年9月1日	73	720.552976620814	1330	22	29260	51	15852.16549	15
D001112	打印机	2020	2020年12月31日	2019年10月1日	77	595.286589421588	700	34	23800	43	20239.74404	14
D001113	打印机	2020	2020年12月31日	2019年10月1日	48	580.716799547233	900	22	19800	26	12775.76959	14
D001114	点读机	2020	2020年12月31日	2019年10月1日	57	20865.7396534414	12100	38	459800	19	792898.1068	14
D001115	平板	2020	2020年12月31日	2019年10月1日	91	1497.36474131083	1330	17	22610	74	25455.2006	14
D001116	打印机	2020	2020年12月31日	2019年10月1日	73	1464.8678096511	900	32	28800	41	46875.76991	14
D001117	打印机	2020	2020年12月31日	2019年10月1日	9	577.509536961642	900	9	8100	0	5197.585833	14
D001118	手机	2020	2020年12月31日	2019年10月1日	39	7625.40607093395	5000	37	185000	2	282140.0246	14
D001119	平板	2020	2020年12月31日	2020年2月1日	106	1055.13369748373	1330	10	13300	96	10551.33697	10
D001120	打印机	2020	2020年12月31日	2020年2月1日	110	738.529373067337	900	26	23400	84	19201.7637	10

图 9-63　新建库龄列

3. 构建新列——库龄区间

用 SWITCH 函数对库龄进行分组。新增一列，输入以下公式：

```
库龄区间 =SWITCH(
TRUE(),
'库存数据表'[库龄]<=3,"3 个月以下",
'库存数据表'[库龄]<=6,"3-6 个月",
'库存数据表'[库龄]<=9,"6-9 个月",
'库存数据表'[库龄]<=12,"9-12 个月",
"一年以上")
```

结果如图 9-64 所示。

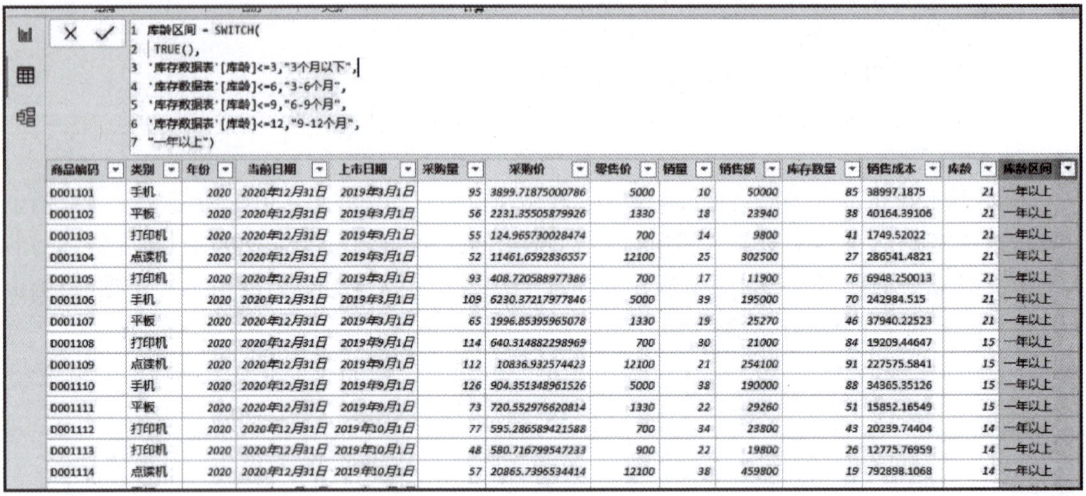

```
库龄区间 = SWITCH(
TRUE(),
'库存数据表'[库龄]<=3,"3个月以下",
'库存数据表'[库龄]<=6,"3-6个月",
'库存数据表'[库龄]<=9,"6-9个月",
'库存数据表'[库龄]<=12,"9-12个月",
"一年以上")
```

商品编码	类别	年份	当前日期	上市日期	采购量	采购价	零售价	销量	销售额	库存数量	销售成本	库龄	库龄区间
D001101	手机	2020	2020年12月31日	2019年3月1日	95	3899.71875000786	5000	10	50000	85	38997.1875	21	一年以上
D001102	平板	2020	2020年12月31日	2019年3月1日	56	2231.35505879926	1330	18	23940	38	40164.39106	21	一年以上
D001103	打印机	2020	2020年12月31日	2019年3月1日	55	124.965730028474	700	14	9800	41	1749.52022	21	一年以上
D001104	点读机	2020	2020年12月31日	2019年3月1日	52	11461.6592836557	12100	25	302500	27	286541.4821	21	一年以上
D001105	打印机	2020	2020年12月31日	2019年3月1日	93	408.720588977386	700	17	11900	76	6948.250013	21	一年以上
D001106	手机	2020	2020年12月31日	2019年3月1日	109	6230.37217977846	5000	39	195000	70	242984.515	21	一年以上
D001107	平板	2020	2020年12月31日	2019年3月1日	65	1996.85395965078	1330	19	25270	46	37940.22523	21	一年以上
D001108	打印机	2020	2020年12月31日	2019年9月1日	114	640.314882298969	700	30	21000	84	19209.44647	15	一年以上
D001109	点读机	2020	2020年12月31日	2019年9月1日	112	10836.932574423	12100	21	254100	91	227575.5841	15	一年以上
D001110	手机	2020	2020年12月31日	2019年9月1日	126	904.351348961526	5000	38	190000	88	34365.35126	15	一年以上
D001111	平板	2020	2020年12月31日	2019年9月1日	73	720.552976620814	1330	22	29260	51	15852.16549	15	一年以上
D001112	打印机	2020	2020年12月31日	2019年10月1日	77	595.286589421588	700	34	23800	43	20239.74404	14	一年以上
D001113	打印机	2020	2020年12月31日	2019年10月1日	48	580.716799547233	900	22	19800	26	12775.76959	14	一年以上
D001114	点读机	2020	2020年12月31日	2019年10月1日	57	20865.7396534414	12100	38	459800	19	792898.1068	14	一年以上

图 9-64　对库龄进行分组

4．建立库存周转率和毛利率指标

库存周转率=销售成本/平均存货余额

式中，

平均存货余额=(期初采购总成本+期末库存总金额)/2

为了使公式清晰易读，采取自定义公式。创建库存周转率度量值，公式如下：

```
库存周转率 =
VAR Pur=
SUMX('库存数据表',[采购价]*[采购量])
RETURN
DIVIDE(SUM('库存数据表'[销售成本]),DIVIDE('库存数据表'[库存金额]+Pur,2))
```

为了检测不同品类的盈利情况，建立毛利率度量值。

毛利率=DIVIDE('库存数据表'[销售金额]-SUM('库存数据表'[销售成本]),'库存数据表'[销售金额])。

9.3.3　数据可视化——制作多维度存货分析可视化看板

1．创建库龄区间瀑布图

切换到“报表视图”，选择“可视化”窗格中的“瀑布图”，选择相应字段，如图 9-65 所示。

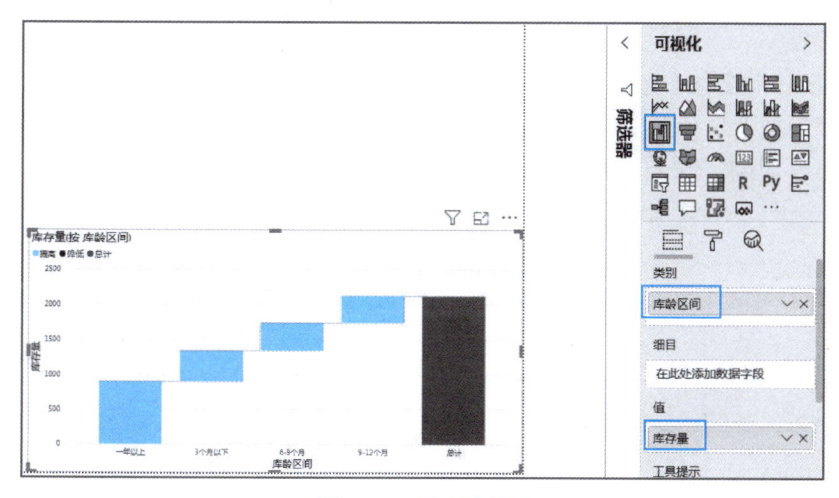

图 9-65 创建瀑布图

2．调整值的显示方式

切换到格式，右击"库存量"，选择将值显示为"占总计的百分比"，如图 9-66 所示。结果瀑布图中的 Y 轴和图形数字标签就变成了百分数，同时修改标题文字、大小、背景色、居中对齐、字体（设为 Arial Black），加上边框，最后结果如图 9-67 所示。

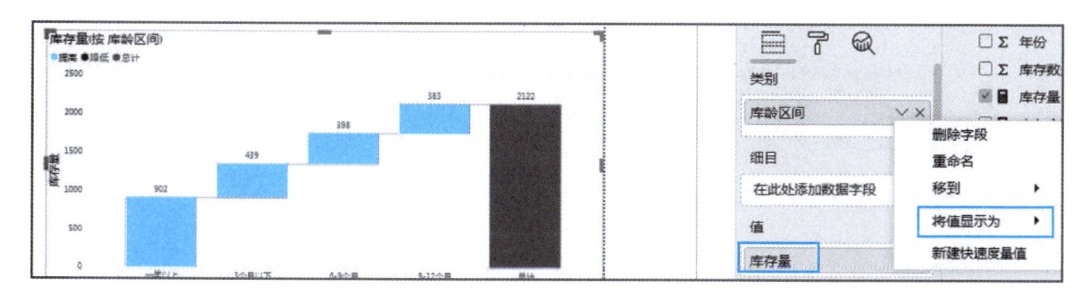

图 9-66 修改值显示

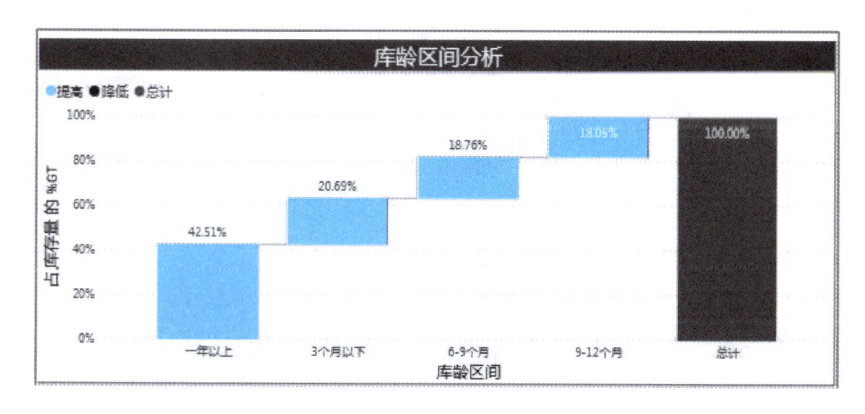

图 9-67 结果展示

3．构建多行卡

在"可视化"窗格中选择"多行卡",将前面创建的度量值"库存量""库存金额"及"库存周转率"拖入多行卡,如图 9-68 所示。选中"库存周转率"字段,并将格式设置为"十进制数字",小数点位数设为"2",如图 9-69 所示。

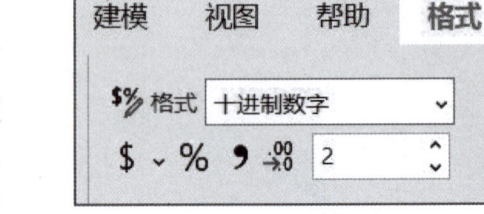

图 9-68　插入多行卡

图 9-69　调整小数位

4．查找第三方可视化组件

执行"主页"→"更多视觉对象"→"在 AppSource 上",搜索并添加自定义图表 Chiclet Slicer(品类切片器,属于第三方组件,目前免费),如图 9-70 所示。

图 9-70　搜索添加切片器

5．引用并添加第三方类别切片器

在"可视化"窗格中选择 Chiclet Slicer,创建品类切片器,加入"类别"字段,如图 9-71 所示。切换到格式栏,文本设为 14,在常规选项下将列和行均设为 2,切片器上下数据就对称了,如图 9-72 所示。

6．调整切片器类别显示顺序

切片器默认是按照拼音字母顺序排列的,由于手机和平板销售占比最高,也是公司最关注的产品,应该放在左上角第一的位置,因此需要调整顺序,可以通过建立顺序表来实现。在"主页"菜单栏中选择"输入数据",在"创建表"中手动输入品类和对应的顺序,单击"加载",如图 9-73 所示。

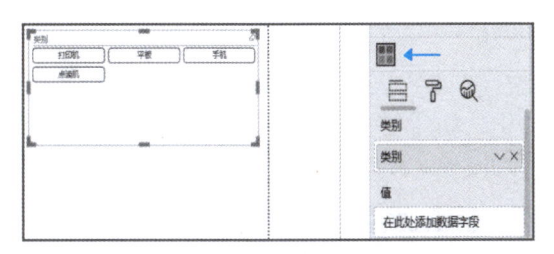

图 9-71　创建品类切片器

图 9-72　调整切片器格式

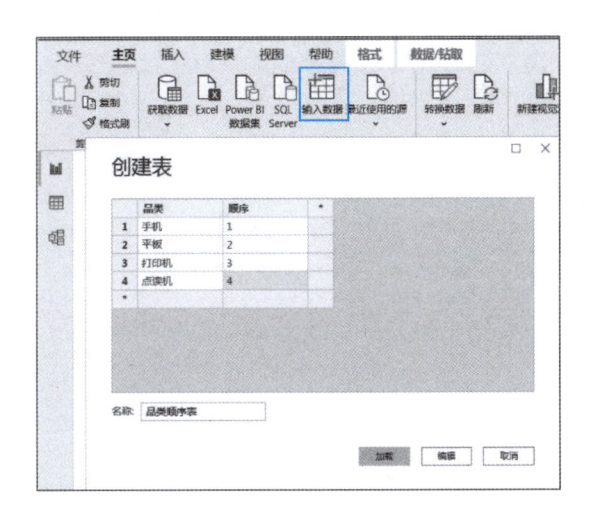

图 9-73　创建顺序表

7. 构建关系视图

切换到"关系视图",将品类顺序表的"品类"拖拽到库存数据表的"类别"列,两个表之间建立了一对多的关系,品类顺序表为维度表,库存数据表为事实表,如图 9-74 所示。

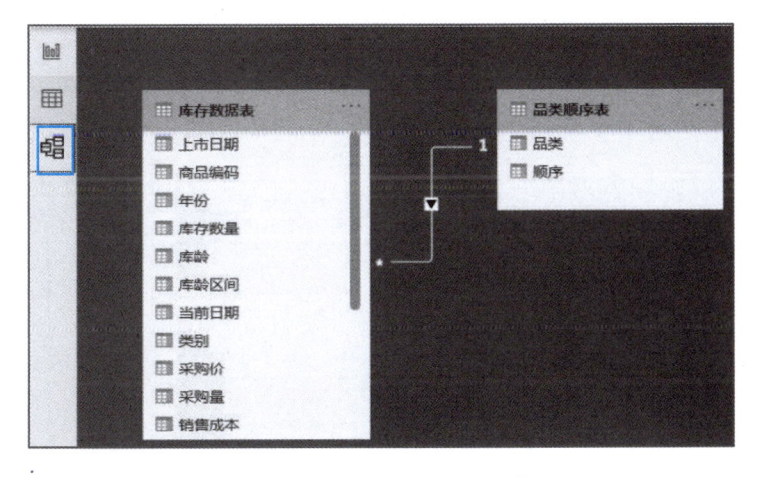

图 9-74　构建一对多的关系

213

8. 新建顺序列

切换到"建模"选项卡，单击"新建列"，在库存数据表中新建列，然后使用 RELATED 函数将品类顺序表中的顺序字段引入库存数据表中，如图 9-75 所示。

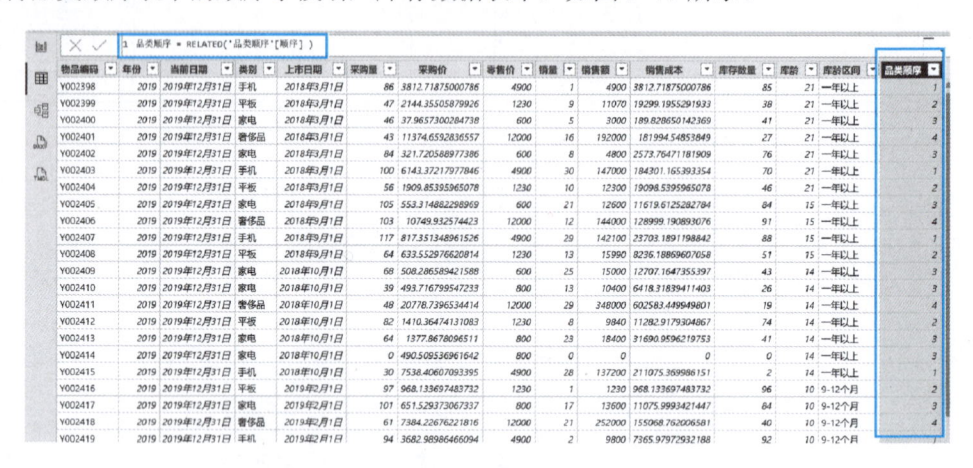

图 9-75 RELATED 函数引入品类的对应顺序

9. 类别排序

切换到"数据视图"，在数据界面选中"类别"列，排列顺序选择"顺序"，这样在切片器中，品类就会按照已经设定的顺序进行排列了，如图 9-76 所示。举一反三，当制作诸如折线图时，如果要按照自定义的顺序在横轴上展示（比如日期或类别），也是用到同样的方法。

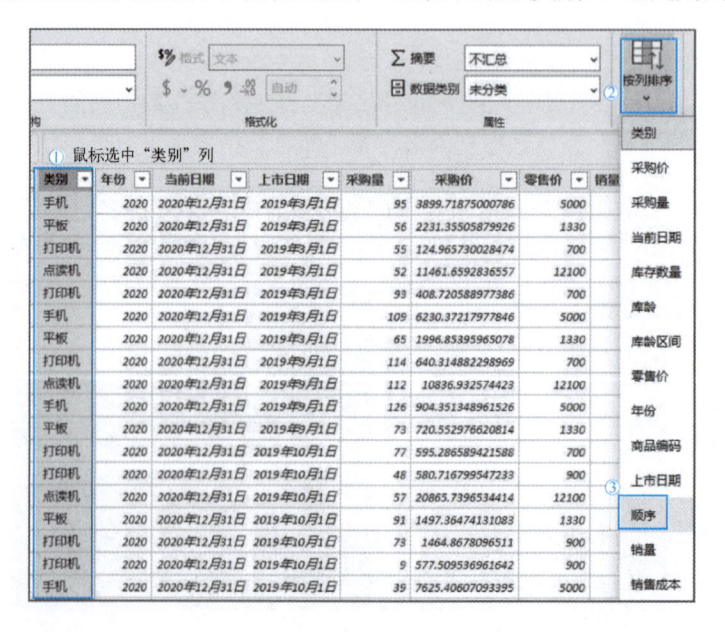

图 9-76 选择排列顺序

10. 构建毛利率柱形图

将前面制作好的"瀑布图"复制粘贴一份，在"可视化"窗格中选择"簇状柱形图"，创建各个品类的毛利率柱形图，选择相应字段，并选择"毛利率"度量值，在菜单栏选择"%"，如图 9-77 所示。

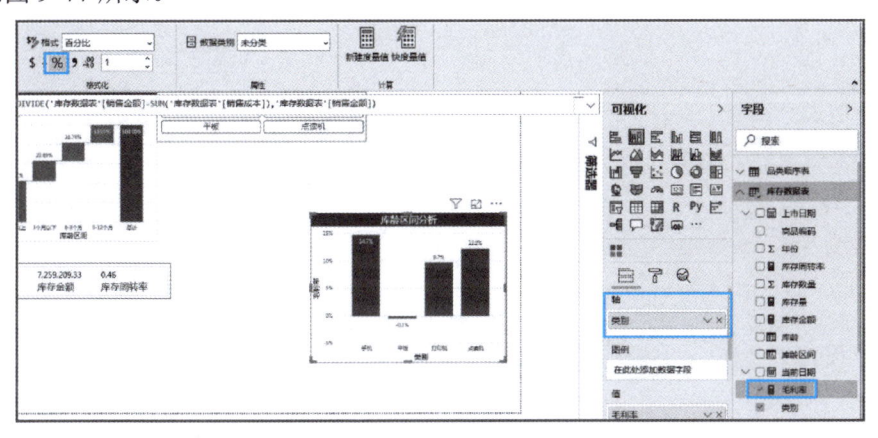

图 9-77　创建毛利率柱形图

11. 调整看板布局

格式栏中将柱形图标题修改为"毛利率分析"，将其他图表和切片图一起排版，调整页面和边框对齐，插入文本框，输入标题"2020 年底存货数据可视化分析"，最终结果如图 9-78 所示。

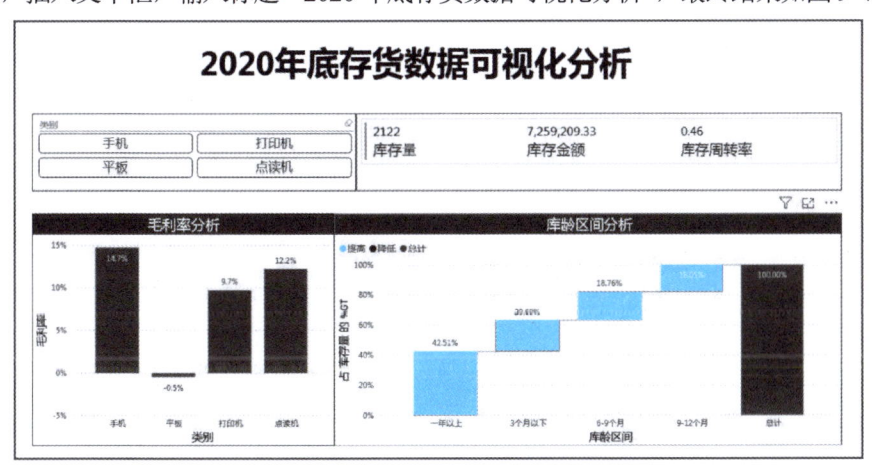

图 9-78　组合调整后的可视化图表

12. 结果解读

总体的库存周转率为 46%，一年以上库龄占比约为 43%，说明整体库存周转水平一般，需要进一步加强库存控制。从毛利率看，手机和点读机毛利较高，平板毛利较低甚至亏损，后续需要重点控制平板的库存水平。